金融财务管理研究

朱子薇 胡汶宁 吴　燕 / 编著

西南财经大学出版社
Southwestern University of Finance & Economics Press

图书在版编目（CIP）数据

金融财务管理研究/朱子薇,胡汶宁,吴燕编著.—成都:西南财经大学
出版社,2023.11
ISBN 978-7-5504-5931-1

Ⅰ.①金… Ⅱ.①朱…②胡…③吴… Ⅲ.①金融学—研究②财务
管理—研究 Ⅳ.①F830②F275

中国国家版本馆 CIP 数据核字（2023）第 170696 号

金融财务管理研究

JINRONG CAIWU GUANLI YANJIU

朱子薇 胡汶宁 吴 燕 编著

策划编辑:李邓超
责任编辑:植 苗
责任校对:廖 韧
封面设计:曹 签
责任印制:朱曼丽

出版发行	西南财经大学出版社(四川省成都市光华村街55号)
网 址	http://cbs.swufe.edu.cn
电子邮件	bookcj@swufe.edu.cn
邮政编码	610074
电 话	028-87353785
照 排	四川胜翔数码印务设计有限公司
印 刷	成都市火炬印务有限公司
成品尺寸	170mm×240mm
印 张	17.5
字 数	277 千字
版 次	2023 年 11 月第 1 版
印 次	2023 年 11 月第 1 次印刷
书 号	ISBN 978-7-5504-5931-1
定 价	72.00 元

前　言

　　财务管理是以企业财务为对象，通过组织、控制和协调资金运动的过程，并在正确处理这一过程所体现的经济关系的基础上，保证企业目标得以实现的经济管理工作。财务管理作为一种价值管理，是现代企业管理的重要内容之一，其主要内容包括资金筹集管理（筹资管理）、资金投放管理（投资管理）、资金营运管理、资金分配管理。随着知识经济时代的到来，信息技术使得当前财务管理理论面临种种挑战，如何应对这一挑战是当前理论界关注的焦点。

　　21世纪是知识经济迅速发展的时代。在知识经济时代，企业中一种知识资本的转化和通过它的投入及其创新生产的新产品，可以使企业获得丰厚的财务收益。因此，企业财务管理在知识经济时代对企业运营起到十分重要的作用。长期以来，企业财务管理的发展，无论是其规则、内容还是形式，总是较慢。但随着市场改革的深化，金融管理的时间与空间发生了变化，特别是财务管理的功能已经大大扩展。

　　当今世界正在快速发展，每个国家都希望在全球金融领域拥有一席之地，经济发展中影响最为深刻的就是金融业的发展。一个国家的微观经济由企业构成，要想发展，就需要处理好金融与企业财务管理之间的关系。本书以此为背景，对当下的财务管理与金融风险进行了研究。全书共七章：第一章为财务管理概论、第二章为企业财务投资管理、第三章为现代金融财务理论与模型、第四章为传统环境下的金融风险管理、第五章为网络银行风险管理、第六章为金融风险下的金融创新概述、第七章为财务管理与金融创新。

　　全书共七章，合计约27万字。由朱子薇、胡汶宁、吴燕编著。具体分工如下：朱子薇负责第一章、第三章、第四章的撰写，共计约14万字；胡汶宁负责第二章、

第六章的撰写，共计约8万字；吴燕负责第五章、第七章的撰写，共计约5万字。其中由王嘉冕收集本书第一章至第四章的写作素材，由姜华收集本书第五章至第七章的写作素材，由王辉审读本书，感谢王嘉冕、姜华、王辉、崔绪贞、牟慧芹、刘民、郭海峰、吴磊对本书编写提供的帮助。

因编者时间与水平有限，本书难免存在不足之处，敬请读者批评指正。

编者

2023年9月

目　　录

第一章　财务管理概论 …………………………………………………… 1

　第一节　财务管理特点 ……………………………………………… 1

　第二节　财务管理目标 ……………………………………………… 9

　第三节　财务管理在企业管理中的地位与作用 ………………… 17

　第四节　企业财务管理体系的构建 ……………………………… 23

　第五节　现代财务管理的发展与创新 …………………………… 29

第二章　企业财务投资管理 ……………………………………………… 37

　第一节　投资概述 …………………………………………………… 37

　第二节　固定资产投资整体预测 ………………………………… 43

　第三节　投资决策 …………………………………………………… 48

　第四节　企业内部长期投资 ……………………………………… 57

　第五节　证券投资 …………………………………………………… 60

　第六节　筹资管理 …………………………………………………… 66

　第七节　利润分配 …………………………………………………… 75

第三章　现代金融财务理论与模型 …………………………………… 91

　第一节　金融财务理论的发展 …………………………………… 91

　第二节　金融财务的范畴 ………………………………………… 141

　第三节　金融财务的七大理论与模型 …………………………… 148

第四章　传统环境下的金融风险管理 ………………………………… 157

　第一节　信用风险管理 …………………………………………… 157

第二节　市场风险管理 …………………………………… 169

第三节　操作风险管理 …………………………………… 174

第四节　流动性风险管理 ………………………………… 181

第五章　网络银行风险管理 ………………………………… 190

第一节　网络银行风险管理综述 ………………………… 190

第二节　网络银行传统风险管理 ………………………… 201

第三节　网络银行安全风险管理 ………………………… 213

第四节　网络银行法律风险管理 ………………………… 221

第六章　金融风险下的金融创新概述 ……………………… 234

第一节　金融创新的本质及特征 ………………………… 234

第二节　金融创新风险的概述、分类及其形成 ………… 238

第三节　金融创新对金融发展所造成的影响 …………… 244

第四节　金融创新理论与金融体系创新 ………………… 247

第五节　金融创新体系的基本框架与要素构成研究 …… 252

第六节　金融创新促进产业结构转型升级研究 ………… 260

第七章　财务管理与金融创新 ……………………………… 263

第一节　金融环境变化与企业财务管理创新 …………… 263

第二节　金融工具创新对企业财务管理问题的研究 …… 267

第三节　金融产品创新与企业财务管理 ………………… 269

参考文献 ……………………………………………………… 274

第一章　财务管理概论

第一节　财务管理特点

随着以科学技术为主体的知识的生产、分配和使用（消费）在经济发展中所占比例逐年大幅提高，管理显得日益重要。要使科学技术转化为生产力，就必须依赖于科学管理。只有科技和管理的共同进步与发展，才有可能保持经济的快速、健康增长。财务管理作为企业管理的重要组成部分，是关乎资金的获得和有效使用的管理工作。财务管理的质量，直接关系到企业的生存与发展。企业生存环境的复杂、多变，企业财务管理的观念、目标、内容、模式等都必定受到巨大影响与冲击。

一、企业财务管理的特点

（一）企业财务管理手段的智能化

随着计算机辅助管理软件在财务管理工作中应用的不断深入，企业财务管理的信息化程度和数字化程度不断提升，企业管理手段日趋程序化，管理效率大幅提高。在财务管理中，为了排除人为因素的干扰，最大限度地削减随意性和盲目性的管理，企业引入管理信息系统（MIS），这样，企业财务管理日趋缜密和简化。此外，通过对网络技术的运用，企业财务管理人员足不出户就可以对企业财务进行管理，远程财务管理已成现实。

（二）企业财务管理目标多元化

企业财务管理目标是与经济发展紧密相连的，并随着经济形态的转化和社会的进步而不断深化。企业的生存与发展必须依赖于员工富有创新性的劳动。为此，企业必须把"员工利益的最大化"纳入其财务管理目标之中，同时还要满足与企业关系密切的团体如债权人、客户、供应商、战略伙伴、潜在投资者、社会公众等的利益需要，这也是企业财务管理目标的组成部分。此外，专利权、专有技术、商标、商誉、信息等以知识为基础的无形资产在企业中所发挥的作用越来越大，由此扩展了资本范围，改变了资本结构。而不同的资本所有者对企业均有经济利益方面的要求，这决定了企业经济利益不仅归属于股东，还归属于相关利益主体。参与企业利益主体的多样性和财务管理活动的层次性，决定了财务管理目标的多元化结构和层次性结构，这就要求财务管理目标不可能简单等同于以个人利益为主体的个人目标，而是所有参与者利益博弈的结果，即它是所有参与者共同作用和相互妥协的结果，是一个多元化、多层次的目标体系。

（三）企业财务管理战略以生存为先导

企业财务活动的发展方向、目标以及实现目标的基本途径和策略是企业财务管理战略关注的焦点。企业财务管理战略的总体目标是合理调集、配置和利用资源，谋求企业资金的均衡、有效流动，构建企业核心竞争力，最终实现企业价值最大化。实施企业财务管理战略管理的价值就在于它能够保持企业健康的财务状况，有效控制企业的财务风险。在市场经济条件下，资金和人力资源是企业的核心资源，企业一旦陷于困境或破产，人力资源则会重返劳动力市场，难以用来偿债，只有资金类资源才可以用来偿债，这就说明企业在发展战略上必须坚持以"生存"为先导，始终保持企业的可持续快速发展。

（四）企业财务管理强调科学理财

企业财务管理的地位和作用受到全球经济一体化进程的加快、跨国公司国际投资引起的国际资本流动以及我国货币融资政策的调控影响而日益突出。企业财务管理必须不断吸收先进的财务管理经验和成果，大力增强现代理财意识，以积极的态度掌握和运用理财的创新工具，努力掌握现代理财技巧，助推企业健康、稳步地实现快速发展，最大限度地有效化解企业的生存风险。

一般来说，企业的生存风险主要包括经营风险和金融风险，其中经营风险主要存在于产品的更新换代，以及新产品的开发与研制方面；金融风险主要表现在企业的发展越来越离不开金融市场。这是因为金融市场的配置效率越来越高（经济全球化的驱使、信息技术的快速发展、各种金融工具的不断创新、交易费用的相对降低），资金的流动性越来越强，企业可以充分运用金融工具合理化解金融风险；将闲置资金在金融市场进行科学投资，提高资金使用效率。这样，企业的生存发展与金融市场息息相关，企业面临的金融风险将更大。在动态的金融环境中，如经常性的利率、汇率的变动，这类不利于企业的变动很可能使企业陷入困境，甚至招致破产。在动态的金融市场中，如果投资组合决策出现失误，可能使企业陷入财务危机。因此，企业财务管理必须大力提高理财技能，以保证最大限度地降低财务风险。

（五）企业财务管理对象交叉化

随着我国市场经济的快速稳步发展，社会分工进一步细化，团队协作日显重要。为了更好地适应社会和经济的发展，行业之间、企业之间、企业内部各部门之间的财务管理边界出现了"渗透"，财务管理需要以企业整体为单位，即纵向职能部门的财务小团体的组合、横向职能部门的财务组合，以及其他各部门的密切协作；客户、供应商以及其他与企业保持利益关系的人才都应该被纳入财务管理对象之列。这样，跟以往相比，企业财务管理对象就呈现出交叉化的特点，交叉化管理不但能充分挖掘本企业财务潜能，还能充分利用相关单位财务管理方面的积极因素。

（六）企业财务管理的专业性

我们说成本、利润、资金占用是反映企业经营管理水平的综合指标，而财务状况的好坏和财务的管理水平也制约着企业各个环节、各个部门的工作。财务管理的综合性决定了要做好这项工作，就必须解决好以下两个方面的问题：

一方面，直接从事财务工作的部门和人员要主动与其他部门密切结合，为实现企业经济目标和提高经济效益献计献策。财务部门的人员要走出去，把自己的工作渗透到企业管理的各个方面，为其他部门出主意、想办法，开源节流。财务部门应把这项渗透性的工作看作"分内"的事。人，如果关在屋子里算"死账"，单纯地在财务收支上打算盘，甚至以财权去"卡"别人，那么最终都将影响整个企业的经济效益和各项财务指标的完成。为此，财务人员必须具备较高的素质。他们除了应当通晓财务管理学（这是一门以政治经济学为基础，以数学为支柱，涉及多门学科的专业性经济管理科学）、会计学的专业知识外，还应懂得本企业的生产、技术知识，对企业的其他专业性管理也应懂得一些。若知识面狭窄，就不能成为一名出色的财务管理人员。

另一方面，企业的各个部门和广大职工要积极支持、配合财务部门的工作。一个企业要管好财，绝不是财务部门和少数财务人员所能办到的，必须依靠企业上下左右的通力合作。单纯靠财务部门理财，必然是"孤掌难鸣"。只有人人当家理财，企业才能财源茂盛。其中，最重要的是企业领导者必须重视、尊重、支持财务部门的工作，充分发挥财务人员的作用。同时，企业领导者自己也要懂得必要的财务管理知识，起码要做到会看财务报表，会分析财务报表，并从中发现企业管理上存在的问题。作为一个企业领导者，若不懂得财务管理，那么他的知识结构是不完备的。严格地说，这样的领导者是不称职的。当家不会理财，这个家是当不好的。

总之，财务管理是企业赖以生存发展的"血脉"。是企业管理最重要的构成部分之一。可以说，成功企业必定拥有成功的财务管理。准确把握特点，赢得财务优势，必定赢得竞争优势。

二、现代企业财务管理的内容与应用

所谓财务管理，其实就是对企业的财务活动进行管理，而企业的财务活动包括三个过程：资金筹集、资金的投放与使用、资金的收入与分配。由上述可见，财务管理的主要内容可以大致分为筹资的管理、投资的管理、股利分配管理三项。

在企业生产与经营的过程中，经济核算将系统地对这些发生的资金占用、生产中的消耗、生产的成果进行记录、核算、控制、探究，达到以较少的资金占用与消耗获得较好的经济效益。可以说，经济核算是一个企业对生产经营活动管理的基本原则，也是一个企业用来提高经济效益的重要举措。

现代企业财务管理能够促使企业经济核算运行得更加顺利。财务管理就是利用价值形式对企业生产、经营等这些活动的管理。而在经济核算中，对现阶段生产中的占用、消耗以及成果进行综合比较时，也需要借助价值形式，所以说两者是密切相关的。

经济核算的研究对象是经济效益，其主要是通过财务指标来分析考察企业的经济效益。而这些财务指标包括资金、成本、收入等。经济核算要求对企业经营生产中的占用、消耗、成果进行记录与核算，还包括对比与控制工作，达到企业增加盈利、提高资金使用的效果，而这些都需要通过财务管理来实现。财务管理需要根据利用价值形式来对企业的生产经营活动进行综合性管理，促使在企业生产经营活动中的各个环节都追求经济效益。

三、企业财务管理的作用

财务管理是企业整个管理工作中的一个重要方面。企业较高的管理水平和较好的经济效益是同健全的财务管理工作分不开的。很难设想，一个企业的资金管理混乱，而生产经营活动还能够顺利进行；也不能设想，一个企业不讲经济核算、不计消耗、大手大脚、铺张浪费，还能够取得好的经济效益。财务管理在企业管理中的作用主要表现在以下三个方面：

（一）有计划地组织资金供应，提高资金利用率

企业从事经济活动必须拥有一定数量的资金购置生产资料，支付职工工资和维持日常开支。企业资金的筹集、组织是由财务活动去实现的。这是财务管理的基本职能或一般要求。财务部门根据企业生产经营任务，按照节约使用资金的原则，确定必需的资金数量，通过正确地组织和使用银行贷款以及企业内部形成的资金来源等渠道，使企业所需要的资金得到及时供应；通过有计划地调度资金，组织资金收支在数量上和时间上的衔接与平衡，保证资金循环、周转的畅通无阻；通过经常分析资金在生产经营各个阶段上的占用情况，找出不合理的占用因素，采取措施加速资金周转。

财务管理的作用还在于严格控制、监督各项资金的使用，降低资金占用率。财务部门的组织资金供应并不意味着"有求必应"，要多少给多少，更不是说谁想怎么花就怎么花，而是要按照国家政策和规章制度及企业财务制度办事，严格控制开支范围和开支标准，在保证需要的前提下力求减少生产过程和流通过程中

的资金占用，提高资金的利用效率。

（二）降低劳动消耗，提高经济效益

提高经济效益是要以尽量少的劳动消耗和物化劳动消耗，生产出尽可能多的符合社会需要的产品。能否把我们的全部经济工作转到以提高经济效益为中心的轨道上来，直接关系到我国的经济振兴以及四个现代化建设的成败。提高经济效益是一个大课题，需要多层次、多层面地相互协作才能奏效。就企业而言，在确定产品方向、确保产品质量的前提下提高经济效益，就要在降低劳动消耗上下功夫。而财务管理的重要任务，正是合理地使用资金和设备、加强经济核算，挖掘一切潜力等，这些无一不是围绕降低消耗这个目标展开的。财务管理这个极为重要的手段，与提高经济效益之间的密切关系被形象地称为"血缘"关系，不是没有道理的。财务管理在提高企业的经济效益方面，至少可以发挥三种重要的作用：反映作用、控制监督作用和参谋作用。

1. 反映作用

企业经营好坏、效益高低是实实在在的东西，不能凭印象，而是要经过详细的、科学的计算和分析才能准确地反映出来，需要对企业在生产经营过程中原材料的消耗、劳动力价值形式进行科学的归纳、计算，这里财务和会计的固有职能。没有这种扎扎实实的计算，经济效益的好坏就无从判断。反映经济效益最重要的信息是财务报表。企业在一个时期花费了多少、盈利了多少，可以通过财务报表看得清清楚楚。

2. 控制监督作用

财务部门通过制定财务计划和财务制度，确定各项产品和劳务的成本，规定各种费用标准，严格按定额和开支标准办事，就能有效地控制消耗水平；否则，原材料消耗和开支便无章可循，甚至任意挥霍浪费，"提高经济效益"就成了一句空话。发挥财务的控制与监督作用，还可以使职工的生产经营活动有一个共同遵守的准则，有利于建设正常的生产管理秩序。这是提高经济效益的需要，也是建设现代化企业所必须具备的条件。

3. 参谋作用

财务部门通过分析资金运动中出现的问题可以敏锐地发现、揭示出资金运动背后掩盖着的经营管理中的问题，及时向企业领导和有关部门提出建议。同时，财务部门通过经济活动分析，把实际消耗水平与计划水平相比较，就能够找出差距和薄弱环节，为降低消耗、提高经济效益出谋划策。

（三）提高企业经营决策水平

随着我国计划经济体制的改革和企业自主权的扩大，企业的生产由面向仓库转为面向市场，产品主要由市场进行调节。生产什么、生产多少，要适应市场的需要；因此企业的经营决策对企业来讲至关重要。正确的经营决策能够满足社会和人民群众需要的同时，给企业带来较大的利润。与此相适应，财务管理也要冲破传统观念，提出新的研究课题，开辟新的研究领域。目前，我国有些企业的财务部门，结合实际学习国外经验，在财务管理方面进行了有益的尝试。它们变静态管理为动态管理，利用有利的条件主动参与企业经营各个环节的预测、组织调节和监督检查。由于财务部门的管理职能渗透到经济活动的各个环节，因而掌握着企业中比较完整、系统、总和的信息。据统计，目前企业管理信息中大约有2%来自财会系统，这就能使财务部门结合市场预测进行不同的定量分析，在得失相比中选择最优比值，为企业领导者决策提供方案。

搞好财务管理，对宏观经济也有着重要的意义和作用。这主要表现在，加强财务管理是改善国家财政状况、保证财政收入不断增长的重要途径。企业是国家财政收入的主要源泉。我国财政收入90%以上是由各类企业上缴税利形成的。企业财务状况直接影响、决定着国家的财政状况。加强财务管理，对确保国家财政收入有两个作用：第一，如前所述，财务工作做好了，可以有效降低劳动消耗，提高企业的经济效益和盈利水平。在企业与国家的分配比例确定的情况下，企业利润越大，自己可以多留，国家可以多得。通过发展生产提高经济效益来扩大财源，是增加财政收入的根本出路。国家财富从何而来？要靠广大劳动者在千千万万个企业中去创造。企业的经济效益搞上去了，国家的财源才能充裕。第二，加强财务管理，严格执行国家规定，及时、足额地缴纳税利，可以堵塞财政上的"跑、冒、滴、漏",从而达到企业财务管理的最佳应用效果。

四、现代企业财务管理的原则

（一）成本效益原则

在企业财务管理中，管理者关心的不仅是资金的存量、流量，更大程度上是关心资金的增长量。为了满足社会上不断增长的物质、文化生活需要，就要做到经济效益的最大化，即用最小化的劳动垫支和最小化的劳动消耗，创造出最大化、最优化的劳动成果。从根本上看，劳动占用、劳动消耗这些都属于资金占用以及成本费用，而劳动成果的表现是营业收入与利润。企业应实行成本效益原则，提高自身经济效益，使投资者权益最大化。

在筹资活动中，会有资金成本率、息税前资金利润率两者之间的对比分析问题；在投资决策中，会有各期投资收益额、投资额两者之间的对比分析问题；在日常经营活动中，会有营业成本、营业收入两者之间的对比分析问题；还有其他的诸如设备修理、材料采购、劳务供应、人员培训等问题，这些问题无不存在着经济的得失与对比分析问题。

企业一切成本、费用的发生，都是为了能取得最终的收益，这都联系着相应的收益比较问题。对此进行各方面的财务管理与决策，应当按照成本效益的原则来周密分析，因为成本效益原则是各种财务活动中广泛运用的原则。

（二）均衡原则

在财务活动中，收益与风险的高低成正比，高收益的背后往往蕴藏着高风险。比如，对于流动资产的管理，如果持有较多的现金，当然可以减少企业债务风险，从而提高偿债能力，但从另一个角度来看，银行利息低则意味着库存现金丧失了收益价值。

在筹资方面，发行债券还是发行股票、利率是否固定、利息可以在成本费用中列支等因素对企业留用利润的影响很少。如果提高自有资金的利润率，企业就要按期还本付息，承担的风险也会随之增大。

无论是投资者还是受资者，都应当谋求收益与风险相适应。要求的收益越高，风险也就越大。不同的经营者在面对风险问题时，他们的态度是有所不同的。有人宁愿求稳，不愿冒较大的风险；有人则甘愿去冒风险而谋求巨额利润。无论市场状况的好坏，无论经营者的心理状态是求稳还是求利，都应当做出全面分析和权衡，选择对自已最有利的方案。企业的经营者都是为了提高企业经济效益，把握均衡原则，利用分散风险的方式来获得均衡，将收益高、风险大的项目与收益低、风险小的项目搭配起来，使风险与收益相互均衡，这样做既降低了风险，又能获得较高的收益。

五、现代企业财务管理的职能

目前，我国现代企业财务管理的职能主要有决策、协调、反馈和监督。

（一）决策职能

决策职能是指财务管理对现代企业财务活动的预测、计划、决策等能力。

（二）协调职能

协调职能是指财务管理对现代企业资金的供求具有调节能力，并且对企业资金的使用、消耗具有控制能力。

（三）反馈职能

反馈职能是指财务管理具有根据反馈信息进行现代企业财务活动的再管理能力。

（四）监督职能

监督职能是指财务管理具有全程保证现代企业财务活动合法性、合理性的能力。

当然，在上述四种职能之间存在着一种相互作用、相互制约的关系，在现代企业财务管理系统中共存，并发挥着重要作用。

第二节　财务管理目标

财务管理目标既是财务管理理论结构中的基本要素和行为导向，也是财务管理实践中进行财务决策的出发点和归宿。科学设置财务管理目标，对实现财务管理良性循环和实现企业长远发展具有重大意义。本节对国内外学者在财务管理目标研究方面的成果进行了总结和归纳，在分析财务管理目标的特征及影响企业财务管理目标实现因素的基础上，提出了我国现代企业管理最优化目标的选择。

一、财务管理目标的概述

（一）财务管理目标的概念

财务管理是在一定的整体目标下，关于资产的购置（投资）、资本的融通（筹资）、经营中的现金流量（营运资金）以及利润分配的管理。财务管理是企业管理的一个组成部分，它是根据财经法规制度，按照财务管理的原则，组织企业财务活动，处理财务关系，以让企业实现价值的最大化为目的的一项综合性经济管理工作。

（二）研究财务管理目标的意义与重要性

我国的社会经济环境在不断优化，企业管理的观念和技术也在不断变化，对最优财务管理目标的争议从未停止。财务管理的目标对一个企业的发展方向在一定程度上起到了决定性的作用，是企业财务运行的原动力。因此，研究财务目标这一基本问题对于企业的发展起着不可磨灭的重大的现实意义。

二、财务管理目标的特征

（一）可计量性和可控制性

财务管理是运用经济价值形式对企业的生产经营活动进行管理，所研究的对象是生产和再生产中运动着的价值。因此，财务管理目标也应该可以用各种计量单位计量，以便于控制和考核指标的完成情况。

（二）层次性和统一性

层次性又称为可分解性，要求财务管理目标具有层次性是为了把财务管理目标按其主要影响因素分散为不同的具体目标。这样，企业就可以结合内部经济责任制度，按照分级分类管理的原则，把实现财务管理目标的责任落实到财务管理活动的不同环节以及企业内部的不同部门、不同管理层次或不同责任中心。统一性是指企业的财务管理目标应该能够将制约企业的发展、与目标有关的重要矛盾高度统一，将企业的财务管理目标框定在企业管理目标的范围内，协调各利益主体之间的关系，通过充分协商达成一致，利用约束机制和激励机制发挥各利益主体的向心力和凝聚力，展现企业的活力。

三、影响企业财务管理目标实现的因素

（一）外部因素

外部因素主要在于两个方面：一是国民经济的发展规划和体制改革。正确预见政府经济政策的导向，对企业理财决策会大有好处，企业如果认真加以研究国家对经济的优惠、鼓励和有利倾斜，按照政策行事，就能趋利除弊。二是政府的监管措施。政府作为社会管理者，其主要职责是为了建立一个规范的、公平的企业理财环境，防止企业财务活动中违法违规行为的发生，以维护社会公众的利益。

（二）内部因素

内部因素主要在于企业战略的目标要求。现代企业财务管理的确定应建立在企业目标的基础上，体现企业的要求。现代企业的目标可概括为生存、发展和获利，三者互为条件、相互依存。企业经营者个人利益需要站在个人的立场，目标则是提高自己的报酬、荣誉、社会地位，增加闲暇时间，降低劳动强度。

四、我国现代企业财务管理目标的最佳选择

企业财务管理目标（又称企业理财目标）是财务管理的一个基本理论问题，也是评价企业理财活动是否合理、有效的标准。目前，我国企业理财的目标有多种，当前较有代表性的企业财务管理目标是企业利润最大化、股东权益最大化和企业价值最大化，但是它们各自存在明显的缺点。随着我国经济体制改革的不断深入和推进，企业的财务管理已发生了重大变化。因此，根据当前我国企业财务管理的实际情况，有必要对企业财务管理目标的最佳选择再做探讨。

（一）对三种常见财务管理目标的缺点评述

1. 企业利润最大化目标的缺点

主张把企业利润最大化作为企业财务管理目标的人数并不少，但是其存在以下十分明显的缺点：

（1）未明确企业赚取利润的最终目的是什么，这与目标应具有的体现社会

主义基本经济规律性、统一性和明晰性三个特征不太相符。

（2）未考虑实现利润的时间价值和资金价值，容易引发经营者不顾企业长远发展而产生短期行为。

（3）未考虑利润产生的风险因素，容易引发经营者不顾风险去追求最大化利润，使企业陷入经营困境或财务困境。

（4）未考虑利润本身的"含金量"，容易误导经营者只顾追求会计利润而忽视现金流量，使企业因现金流量不足而陷入财务困境。

2. 股东权益最大化目标的缺点

其一，股东权益最大化需要通过股票市价最大化来实现，而事实上，影响股价变动的因素不仅包括企业经营业绩，还包括投资者心理预期及经济政策、政治形势等理财环境，因而具有很大的波动性，易使股东权益最大化失去公正的标准和统一衡量的客观尺度。其二，经理阶层和股东之间在财务目标上往往存在分歧。其三，股东权益最大化对规范企业行为、统一员工认识缺乏应有的号召力。人力资本所有者参与企业收益的分配，不仅实现了人力资本所有者的权益，而且实现了企业财富分配原则从货币拥有者向财富创造者的转化，这已成为世界经济发展的一种趋势。

3. 企业价值最大化目标的缺点

企业价值最大化目标在实际工作中可能导致企业所有者与其他利益主体之间的矛盾。企业是所有者的企业，其财富最终都归其所有者所有，所以企业价值最大化目标直接反映了企业所有者的利益，是企业所有者所希望实现的利益目标。这可能与其他利益主体如债权人、经理人员、内部职工、社会公众等所希望的利益目标发生矛盾。现代企业理论认为，企业是多边契约关系的总和：股东、债权人、经理阶层、一般员工等对企业的发展而言缺一不可，各方面都有自身的利益，共同参与构成企业的利益制衡机制。从这方面来讲，只强调一方利益，忽视或损害另一方利益是不利于企业长远发展的，而且我国是一个社会主义国家，更加强调职工的实际利益和各项应有的权利，强调社会财富的积累，强调协调各方面的利益，努力实现共同发展和共同富裕。因此，企业价值最大化不符合我国国情。

（二）选择企业财务管理目标的基本原则

1. 利益兼顾原则

企业的利益主体主要有投资人、债权人、经营者、职工、政府和社会公众等。确定企业财务管理的最佳目标，应该全面有效地兼顾这些利益主体的利益，并努力使每一个利益主体的利益都能持续不断达到最大化。

2. 可持续发展原则

企业财务管理的最佳目标应有利于企业的可持续发展。具体来说，企业财务管理的最佳目标应该能够克服经营上的短期行为，使各个利益主体的利益都能够做到长短结合、有效兼顾，最大限度地保证企业的长期、稳定、快速发展。

3. 计量可控原则

企业财务管理的最佳目标应该能被可靠计量和有效控制。只有这样，企业财务管理的最佳目标才变得具体化，才具有可操作性，才能进行考核和评价；否则，企业财务管理的最佳目标就会变得虚化而失去意义。

（三）企业财务管理目标的最佳选择是相关者利益持续最大化

一个企业，从产权关系来说它是属于投资人的，但从利益关系来说它却是属于各个利益主体的。因此，确定企业财务管理的最佳目标不能只考虑某一个利益主体的单方面利益，也不能只考虑某一时期的利益，要以科学发展观为指导，以人为本，考虑到所有利益主体的共同利益都能全面、持续、协调发展。因此，笔者认为，企业现阶段财务管理目标的最佳选择是使相关者利益持续最大化。

1. 内涵

相关者利益持续最大化是指企业以科学发展观为指导，采用最佳的财务政策，充分考虑资金的时间价值、风险与报酬的关系、价值与价格的关系，以及经济利益与社会责任的关系，在保证企业长期稳定发展的基础上，使企业的投资人、债权人、经营者、职工、政府、社会公众乃至供应商和客户的利益都能全面、持续、协调发展，各自的利益不断达到最大化。

2. 优点

相关者利益持续最大化并不是指忽略投资人的利益，而是兼顾包括投资人在内的各方相关者的利益，在使投资人利益持续最大化的同时，也使其他相关者利益持续达到最大化，也就是将企业财富这块"蛋糕"做到最大的同时，保证每一个相关者所分到的"蛋糕"最多。

它的显著优点包括以下七个：

（1）更强调风险与报酬的均衡，将风险控制在企业可以承担的范围之内。

（2）能创造与投资人之间的利益协调关系，努力培养安定性投资人。

（3）它关心本企业经营者和职工的切身利益，创造优美和谐的工作环境。

（4）不断加强与债权人的联系，凡重大财务决策请债权人参加讨论，培养可靠的资金供应者。

（5）真正关心客户的利益，在新产品的研究和开发上有较高的投入，不断通过推出新产品来尽可能满足顾客的要求，以便保持销售收入的长期稳定增长。

（6）讲究信誉，注重企业形象塑造与宣传。

（7）关心政府有关政策的变化，努力争取参与政府制定政策的有关活动等。

3. 优势

其优势明显反映在它特别有利于企业处理好以下三类利益关系：

一是有利于企业协调投资人与经营者之间的矛盾。

由于信息不对称，投资人无法对经营者的经营进行全面的监督，即使技术上可行也会因监督成本过大而难以承受。例如，在目前国家这一投资人（大股东）非人格化的条件下，设立监督机构和监督者对国有企业经营者进行监督，可事实证明，这些监督机构和监督者本身又需要再监督，但是谁又能说再监督部门不需要监督呢？所以在目前我国这种政治体制与所有制形式下，单凭监督很难解决投资人与经营者之间的矛盾，只有采用相关者利益持续最大化作为企业的财务管理目标，在利益分配上采用"分享制"，使经营者与投资人之间利益一致，充分发挥经营者的积极性，才能使企业资产高效运行。

二是有利于企业协调投资人与职工之间的关系。

从根本上说，由于我国实行社会主义市场经济体制，作为国有企业投资人的国家与职工之间的最终利益是一致的，但不可否认，从局部和短期来看，两者在一定程度上是存在矛盾的。过分强调投资人的利益会降低职工的积极性，从而影响企业的生产力，最终影响投资人的利益；过分强调职工的利益，又会造成企业的长期竞争力受损，造成职工大量下岗的后果。只有同时兼顾两者，才有利于企业的长期、稳定发展。

三是有利于企业协调投资人与债权人之间的关系。

如果以相关者利益持续最大化作为企业的财务目标，让债权人参与企业经营管理，一方面可以降低债权人风险，另一方面又可以降低企业的资金成本，提高企业的资产负债比率，使企业充分利用财务杠杆来提高企业的效益。同时，当企业面临财务困难时，债权人不仅不会向企业逼债，反而会追加投资，帮助企业渡过难关，在保护自身利益的同时，也保护了投资人的利益，实现了"双赢"。

五、企业财务管理目标的可持续发展

（一）对各种财务管理目标的初步评价

1. 股东财富最大化不符合我国国情

与利润最大化目标相比，股东财富最大化在一定程度上也能够克服企业在追求利润上的短期行为，目标容易量化，易于考核。但是，股东财富最大化的明显缺陷是股票价格受多种因素的影响，并非都是公司所能控制的，把不可控因素引入理财目标是不合理的。

2. 企业经济增加值率最大化和企业资本可持续有效增值的科学性值得推敲

这两个财务目标采用具体指标来量化评价标准，虽在实践中易于操作，但其指标科学性尚值得推敲。而且采用单纯的数量指标不能体现财务管理目标的全面性，不能满足理财目标的系统性、综合性特点，企业相关利益人的利益很难体现出来。

根据可持续发展理论，笔者认为，从企业长远发展来看，以综合效益最大化替代现存的企业财务管理目标具有现实战略意义。综合效益最大化是指企业在承担环境保护等社会责任的前提下，通过合理经营，采用最优的财务策略和政策，谋求经济效益和社会效益的最大化，把综合效益最大化作为企业财务管理目标，这其实也是企业社会责任的深化。

（二）确立现代企业实现可持续发展下财务管理目标应考虑的主要因素

1. 现代企业财务管理目标的确立应建立在企业目标的基础上，体现企业目标的要求

现代企业的目标可以概括为生存、发展和获利，三者互为条件、相互依存。财务管理是企业对资金运动及其所体现的财务关系的一种管理，具有价值性特征和综合性特征。作为财务管理出发点和最终归宿的管理目标，应该从价值形态方面体现资金时间价值、风险与收益均衡等观念，反映企业偿债能力、资产营运能力和盈利能力的协调统一，如此才符合企业目标的要求，从而保证企业目标的顺利实现。

2. 现代企业财务管理目标既要体现企业多边契约关系的特征，又要突出主要方面

企业所有者投入企业的资金时间最长，承担的风险最大，理应享有最多的权益。财务管理目标在体现企业各种成员的利益，使其得到保障的同时，应该突出企业所有者的利益，以适应所有者所处的特殊地位。

3. 现代企业财务管理目标应符合市场经济发展的规律，体现一定的社会责任

财务管理目标应适应市场经济规律的这一要求，引导资源流向风险低、收益率高的企业。此外，现代企业作为一种社会存在，其生存发展还要靠社会的支持。因此，财务管理目标应体现一定的社会责任和社会利益，树立良好的企业信誉和社会形象，为企业生存创造一个良好的环境，为谋求长远的发展打下基础。

（三）现代企业财务管理目标及其优越性

综合考虑上述因素，现代企业科学合理的财务管理目标应该确立为：在履行一定社会责任的基础上，尽可能提高企业权益资本增值率，实现所有者权益价值最大化。这里的所有者权益价值是指所有者权益的市场价值或评估价值，而不是账面价值。以这一目标作为现代企业财务管理目标，具有两方面优越性。

1. 既充分体现了所有者的权益，又有利于保障债权人、经营者和职工等的利益

企业所有者投入企业的资本是长期的、不能随意抽走的，所有者履行的义务

最多，承担的风险最大，理应享有最多的权利和报酬。企业债权人通常与企业签订一系列限制性条款来约束企业的财务活动，以保障获得固定的利息和承担有限的风险，所有者权益价值最大化只有在债权人利益得到保障的基础上才可能实现。企业经营者的利益与所有者权益是息息相关的，经营者若要得到丰厚的报酬和长期的聘用，就必须致力于实现所有者权益价值最大化，以博得企业所有者的信任与支持。企业职工的利益同样与所有者权益关联着，如果企业经营不善，所有者权益价值最大化无法实现，职工的收入福利就会受到影响。

2. 包含资金时间价值和风险价值，适应企业生存发展的需要

企业权益资本是所有者的长期投资。短期的、暂时的权益资本增值最大化并不是所有者所期望的。实现所有者权益价值最大化，要求权益资本增值长期最大化，需要考虑未来不同时间取得的等额投资收益因时间先后而导致的不同现值，体现预期投资的时间价值，并在考虑资金时间价值的基础上，注重企业长远利益的增加。实现所有者权益价值最大化，不仅要考虑眼前的获利能力，而且要着眼于未来潜在的获利能力；既要规避风险，又要获取收益，实现风险与收益的均衡，从而取得竞争优势，满足企业不断生存发展的需要。

综上所述，只有把投资人、债权人、经营者、政府和社会公众的利益最大化，才能最大限度地促进企业的可持续发展。企业应以综合效益最大化作为现代财务管理的最优目标，并在财务管理活动中努力兼顾、协调和平衡各方的利益，使投资人、债权人、经营者、政府和社会公众都能从企业的经营活动中获得各自最大的利益，如此才能最大限度地促进企业的可持续发展。

第三节　财务管理在企业管理中的地位与作用

财务管理指的是企业在管理过程中对企业资产进行管理的管理形式，其主要内容包括企业的投资、融资以及对流动资金的管理和利润的分配等。从财务管理的概念中我们可以发现，财务管理贯穿于企业管理的始终，是企业管理模式中不可缺少的部分。因此，要促进企业的长远发展必须要求企业管理人员加强对财务

管理的重视，做好财务管理工作。然而，我国企业财务管理的实际情况却是：部分企业领导人员错误地估计了财务管理在整个企业管理中的重要地位和作用，使得企业财务管理无法正确发挥出其效用。因而，目前我国企业的当务之急是重新认识到财务管理在企业管理中的重要作用及地位，并积极发挥其有效作用。

一、财务管理在我国企业管理中的地位

（一）符合现代化企业制度的要求

我国现代化企业制度要求企业要做到"产权清晰""科学管理"和"权责明确"。这三点实质上与企业的财务管理有着密切的联系，要符合现代化企业管理制度需要领导人充分重视财务管理的重要性。首先，就"产权清晰"而言，其指的是企业要清晰和明确相关的产权关系。在企业管理中，要清晰地处理产权关系需要企业的财务管理部门能够定期对企业的负债情况进行登记、调查和分析，要切实明确负债资金的数目、重新估计资产的价值、对资产的所有权进行重新界定。其次，就"科学管理"而言，这部分要求企业在管理过程中要做到科学、合理。企业的管理内容较为丰富，包括对设备的管理、对人力资源的管理和对生产经营的管理，当然也包括对资产财务的管理以及对技术的管理。只有当企业能够以科学的方式对各个方面进行合理管理，处理好各部门之间的管理，才能算是科学管理。而在这些管理内容中，财务管理与其他管理部门均保持着密切的联系，企业的任何一项资产出入、生产和经营活动均需要通过财务管理反映出来，以便促进企业来年获得更好的发展。最后，就"权责明确"而言，其要求企业要分清楚企业法人和企业股东之间产权的明确分界。这就要求企业财务管理部门必须要对企业资产的经营权以及法人和股东之间的产权关系进行有效管理。

（二）财务管理是企业管理的核心内容

财务管理贯穿企业管理的始终和任何环节之中。企业的主要目的是通过生产和经营活动来获取最高的商业利润。企业的活动包括生产、投资、融资或是资金的流动性管理等均属于资产的流动情况，最终均将反映在财务管理中。财务管理通过对企业一段时间或者一年的资产出入信息进行收集、整合和处理，能够反映出企业的收支相对情况和企业的盈利状况，并且能够分析出企业财务管理中的问

题。通过财务管理的财务分析，企业领导人员可以对下一阶段的经营和决策进行适当调整，以寻求更高的经济效益。从这方面来看，财务管理不仅贯穿企业管理的始终，还具有其他管理部门无法取代的重要作用。

（三）财务管理与企业各种管理关系联系密切

财务管理在企业管理中的核心地位要求其与企业其他管理部门必须具有密切的联系，也要求其他管理部门必须要依靠财务管理部门的参与才能够进行有效运转。首先，这是因为企业的生产与经营活动均需要依靠资产，如企业在进行融资和投资时则必须要依靠企业的财务管理；其次，为了获取最大的经济效益，企业在制定投资或者生产经营活动时必须要做好相关的投资计划，而投资计划的进行、生产成本的控制则需要企业结合财务管理的财务报告进行综合分析；再次，财务管理会对企业的资产进行综合管理，其中包括对企业资金进行预算管理和结算管理，通过财务管理的相关信息整合，企业领导才能够切实保证企业的盈利，促进企业更好的发展；最后，财务管理对企业管理中消耗的资金进行数据统计和分析后能够较好地指导企业进行投资再生产，达到扩大再生产、提高经济效益的目的。

二、财务管理对企业管理所发挥的作用

（一）优化管理经营理念，将财务管理的作用充分发挥出来

企业经营管理活动的最终目的是保证经济效益的最大化，增加企业的资产。市场经济条件下想要保证最高的经济效益，就要做好财务管理工作，从管理水平和管理效果两方面进行提升，将财务管理的作用充分地发挥出来，保证企业顺利发展。如今市场环境和市场需求都是变幻莫测的，愈加激烈的市场竞争使得企业的管理层要对自身的经营管理理念进行转变和优化，从企业的实际情况出发来调整或者整合管理方式，提高管理的水平。财务管理的过程中管理层的领导要适当地对企业资源进行调整，用于国内外市场的开发，并且从市场发展环境出发找寻适当的投资机会，获得更大的盈利，将财务管理中的风险预防和控制作用发挥出来，实现企业资金最大化以及最合理的使用。例如，这个时期投资房地产会获得较大的收益，那么企业可以将限制的资金投资在房地产项目上，在投资前要先评估企业投资房地产计划存在的风险，保证企业资金得到有效、有利的运用。企业

管理层要伴随着企业发展的步伐对自身的管理理念进行更新换代，将新的管理理念积极引进来并组织学习，在应用先进管理理念的时候要注意与企业的实际发展情况相契合，真正将企业管理水平提升上来，如此也就实现了财务管理作用的最好发挥。

（二）构建更为合理的企业财务管理机制

企业的发展和经营活动离不开财务管理机制的帮助，因此企业不仅要构建财务管理机制，还要保证其完善程度，这样才能提高财务管理工作的效率和效果，最大化地实现经济效益的提升。例如，企业可以通过财务管理来实现内部的成本控制，降低各项费用支出从而降低经营成本，这样一来企业可以使用最少的经营成本获得最好的经济效益。企业管理层可以制定具体的激励制度来对员工进行激励，这样不仅可以使员工更加积极地投入工作，还能利用他们的主观能动性为公司带来利益。通常来说，管理者会使用财务激励制度，也就是使用金钱或者股权来激励员工，这种财务激励机制是最直接的激励方法，效果也是非常不错的，员工工作的积极性得到了有效的调动。通过实践工作，企业可以有效地积攒财务管理经验，从而制定出制度，对于企业财务管理机制的构建有很大的帮助。对企业管理机制进行进一步的完善和丰富，可以使财务管理机制更紧密地结合企业的实际情况，在企业经济效益增加方面效果显著。

（三）提升企业财务管理人员的专业技能

财会工作是企业财务管理工作中的一个重要内容，只有保证财会工作人员良好地完成财会工作，制定出科学合理的财务管理措施，才能保证企业顺利发展。财务管理工作在企业的进步和发展过程中也要有所前进，财会工作人员在负责和执行财务管理工作的时候也需要通过不断的工作实践来提升自身的专业能力，与财务管理工作的要求相适应，并且符合市场环境的要求和发展。例如，一个企业会选择一定时间专门培训其财会人员，这样不仅可以获得更高的企业财务会计工作效率，企业的经济效益也因此得到了提升。同时，财务部门负责财会工作的人员也要有不断学习的意识，在闲暇时间有意识地去进行专业知识的学习，与新的制度变化相适应，这样如果企业制定了全新的财会制度也可以快速适应，顺利且正确地做好企业的财务管理工作，保证自身工作的效率和效果。企业对于员工的培训非常重视，员工也能够积极主动地进行学习，那么专业技能和综合素质自然能得到很大的提升，企业财务管理人员的整体水平提升了，企业自然会获得更好的经济和社会两方面的效益。

三、企业在财务管理中需要注意的重要事项

（一）明确财务管理的作用和地位

要切实发挥财务管理在企业管理中的作用，需要企业领导和管理人员能够明确财务管理的重要作用和在企业管理中的重要地位。总结来说，财务管理在企业管理中的作用表现为对资金的控制与管理、对企业生产及经营活动的预测与规划、对企业财政的监督以及对企业资本运行的实行作用。只有当企业领导和管理人员能够明确了解财务管理在企业管理中的重要作用时，企业才能够加强对财务管理的重视，制定有效的财务管理制度，切实发挥财务管理的作用。

（二）采取有效措施切实发挥财务管理的作用

第一，要切实发挥财务管理的有效作用不仅需要企业领导和管理人员加强对财务管理的重视程度，还需要企业领导注重财务管理部门和其他管理部门的联系，使各部门相互协调发展。我国部分企业在财务管理过程中容易出现这样的错误观念，即企业领导和管理人员过于看重对资金的管理，认为财务管理实际上就是对资金的管理，财务管理部门只需要做好与资金相关的管理工作即可。实际上，企业财务管理不仅是对资金的管理，还是对人际关系的管理。只有当财务管理部门工作人员与其他部门工作人员的关系密切时，才能够方便财务管理部门人员及时了解到最新的财务信息，做好财务报告，为企业的经营和发展提供更加真实有效的财务信息。因此，企业在做好财务管理工作的同时还需要加强财务管理部门和其他管理部门之间的联系。

第二，建立完善的管理制度。要切实发挥企业财务管理的作用还需要企业根据实际情况建立完善的管理体制。财务管理体制的建立需要企业明确企业财务关系，确定企业的财务管理目标，并协调各管理部门的相互关系，规定好财务管理部门工作人员的工作流程等。科学、完善的财务管理制度必须要能够适应本企业

的现实发展状况，并能够切实促进管理部门的工作开展。

第三，提高企业领导人员的风险管理意识。企业在生产和经营活动中有可能遇到各种生产和经营风险。随着社会经济的不断发展，市场经济形势变化多端。要降低企业的经营风险和财务风险，保证和提高企业的经济效益必须要求企业做好生产经营预算管理工作，并建立资产与生产经营风险预警机制。因此，企业领导和管理人员在管理过程中必须要强化风险管理意识，树立风险观念，在进行经营决策前要充分重视预算管理工作和风险管理工作，并提前制定好风险防御方案，降低企业的经济损失。

第四，重视提高财务会计人员的专业素质。财务管理作用的有效发挥不仅需要加强企业领导的重视程度，还需要提高财务会计人员的专业素质。财务会计人员需要具备的专业素质包括三个：第一，财务会计人员必须要有丰富的工作经验，对财务会计相关知识包括法律、税务知识有一定的了解和掌握；第二，财务会计管理人员需要掌握更多的现代化管理理念和方式方法，同时管理人员还需要在实践过程中不断提高自我素质，增强自身的协调能力以及对突发事件的应变能力和对重大事件的组织管理能力；第三，无论是财务会计工作人员还是财务会计管理人员，员工的基本职业道德素质要得到一定的保证和提高，使人员能够切实做到爱岗敬业。因此，为了达到这些人才素质管理标准，企业需要投入大量的时间和精力对财务管理部门人员进行分类培训。在培训过程中，企业应该加强对培训结果的重视，培训后要采用更加有效的审核方式，切实提高工作人员的综合素质。此外，为了提高财务管理工作人员的工作积极性和效率，企业还需要加强对财务管理部门工作人员的管理，建立有效的绩效考核制度和工作问责制度，将财务管理部门工作人员的工作质量和绩效奖金等联系在一起，对工作表现较好的员工进行表扬并给予奖励，对表现略差的员工给予批评并进行相应的惩罚。如此，企业可以较好地鼓励工作人员提高工作质量和效率，促进自身更好的发展。

综上所述，财务管理符合现代化企业制度的要求，是企业管理的核心内容，且与企业各种管理关系联系密切。加强对企业财务管理的重视程度可以有效促进企业经济效益的提高，对资金进行全面的预算与结算管理，且能够建立有效的运行机制，降低企业经营风险。但是，企业在财务管理的实践中需要明确财务管理的作用和地位，切实发挥财务管理的有效作用，注重财务管理部门和其他管理部门的联系，使各部门相互协调发展；同时要求企业建立完善的管理制度，进一步提高企业领导人员的风险管理意识和财务会计人员的专业素质。

第四节　企业财务管理体系的构建

随着我国社会主义市场经济的发展，国有企业改革逐步深入，现代企业制度这一崭新的企业形式开始在我国建立并完善起来。建立现代企业制度是发展社会化大生产和市场经济的必然要求，并已成为我国国有企业改革的方向。构建现代企业制度，要把财务管理作为企业管理的中心。这就要转变管理观念，正确认识财务管理在市场体制下的作用，改变"财务就是记账"的错误认识；要积极借鉴西方财务管理理论中的先进成分，探索适应当前市场经济不发达条件下财务管理的方法和机制，盘活国有企业存量资产，解决国有资产的优化配置；要全面高效地建立以财务预算为前提，以资金管理和成本管理为重点，把企业价值最大化作为理财目标并渗透到企业生产经营全过程的财务管理机制中。

一、构建企业财务管理体系的必要性

从当前的情况来看，我国企业财务管理的弱点主要是体系不健全，绝大多数企业仍在沿用传统的方式方法，以记账、算账、报账为主，甚至财务报表说明都不够真实和准确，不能跟上和适应市场经济的发展和要求。企业财务管理体系的不健全，不能给决策层提供科学、真实、准确、及时的数据，不能真实反映企业财务的现实状况及未来发展趋势，致使一些企业由辉煌走向倒闭，尤其有些企业的破产纯粹是忽视了财务管理体系及其财务管理体系未起到相应作用而造成的。

二、企业财务管理体系的主要内容

（一）科学的财务管理方法

现代企业的财务管理体系应符合企业的实际情况和市场需要，包括企业财务预算管理体系、财务控制体系、监督核查体系、风险管理体系及投资决策等内容。企业的各种管理方法应相互结合、互为补充，共同为实现企业的财务管理战略服务。

（二）明确的市场需求预测

企业财务管理是企业管理工作的一部分，企业的整体管理战略是围绕市场进行的，企业财务管理的目标也是通过市场运作来实现的。企业财务管理体系必须要准确预测千变万化的市场需求，使企业能够实现长远发展。

（三）准确的会计核算资料

企业的财务管理工作业绩是通过企业会计数据及资料体现的。会计数据及资料是企业财务决策的基础依据，也是企业所有者、债权人、管理者等企业信息使用者做出相关决策的依据。因此，企业会计资料所反映的内容必须要真实、完整、准确。

（四）完备的社会诚信机制

市场经济的竞争越来越激烈，企业财务管理工作的好坏直接影响企业竞争力。企业在竞争中要想立于不败之地，企业具体的操作者和执行者在进行财务管理过程中，必须要严守惯例和规则，重视产品质量和企业信誉，提高企业竞争力。因此，企业在建立财务管理体系过程中，要包括产品质量体系、政策法规执行体系等内容。

三、建立财务管理体系要注意的问题

（一）财务管理体系要围绕市场管理进行

财务管理是对企业资金及经营活动进行管理，企业资金是在市场中消耗的，也是在市场中循环后增值并回收的。企业资金投入市场后，只有被市场认可，才可以增值回收，实现资本增值回笼的目的。因此，市场是资本的消耗主体，更是资本的回笼与增值主体。有了市场，资本才能有效运行，财务管理活动才能够开展起来，并实现企业价值。

（二）财务管理体系要重视资本市场和产品市场

企业的财务管理是通过对企业资本动作进行规划管理，来为企业产品市场做大、做强提供保障。在企业财务管理过程中，资本市场和产品市场是有机连在一起的，不能将两者分割开来。传统的财务管理仅限于企业日常的资金管理，忽视了产品市场的管理，将导致财务管理工作与企业发展战略不合拍，在企业的战略发展中不能发挥出财务管理工作的作用。现代企业财务管理要将资本管理与市场管理紧密相连，在企业战略管理中发挥宏现调控职能。

（三）市场决定资本运动的方向

企业经营离不开资本，资本是企业的血液。企业经营的每一个方面、每一个环节都包含了资本的运作过程。企业市场规模的大小，决定了企业资本需求量的大小。根据充分满足与效益管理原则，企业的资本应能充分满足企业现有生产经营规模和市场扩充的需要，保证企业的正常经营。企业的市场管理战略决定了其财务管理战略。企业不同时期的市场竞争战略要求财务管理只能配合实施，不能造成过大的资本缺口；同时，以市场为中心的管理机构设置模式，决定了企业财务管理人员的岗位设置和各岗位之间的衔接关系。从企业物流的管理到日常支出控制，财务管理的每一个岗位及环节均应为企业对应的管理重心服务。

四、建立财务管理体系必须要遵循的基本原则

（一）货币时间价值原则

财务管理最基本的原则之一就是货币时间价值原则。在企业的资本运营管理中，货币的时间价值是用机会成本来表示的。运用货币时间价值观念，企业项目投资的成本和收益都要以现值的方式表示出来：如果收益现值大于成本现值，则项目可行；反之，则项目不可行。企业进行投资管理时，一定要运用财务管理的时间价值原则对项目进行分析论证，以保证企业投资收益，降低企业投资风险。

（二）系统性原则

企业财务管理体系是由一系列相互联系、相互依存、相互作用的元素，为实现某种目的而组成的具有一定功能的复杂统一体，其显著特征是具有整体性。财务管理是由筹集活动、投资活动和分配活动等相互联系又各自独立的部分组成的有机整体，具有系统的性质。企业在构建财务管理体系时，必须树立系统整体观念，把财务管理系统作为企业管理系统的一部分，共同服务于企业管理乃至社会经济；必须树立整体最优观念，各财务管理子系统必须围绕整个企业的财务目标

开展工作，不能各自为政；必须坚持整体可行原则，以保证系统的有效运行。

（三）资金合理配置原则

企业在进行财务管理时，必须合理配置企业资金，做到现金收入与现金支出在数量上、时间上达到动态平衡，从而实现资源优化配置。企业常用的控制资金平衡的方法是现金预算控制。企业根据筹资、投资、分配等经营计划，编制未来一定时期的现金预算，来合理控制企业资金需求、规避资金风险。同时，企业在进行资本结构决策、投资组合决策、存货管理决策、收益分配比例决策等管理决策时，也必须坚持资金合理配置原则。

（四）成本、收益、风险权衡原则

成本是企业在生产经营过程中发生的各种耗费。企业在进行财务管理决策时，要优先考虑如何在成本较低的情况下获取最大的财务收益。风险是现代企业财务管理环境的一个重要特征，企业财务管理的每一个环节都不可避免地要面对风险。在财务管理过程中，企业的每项财务决策都面临成本、收益、风险问题，因为三者之间是相互联系、相互制约的。因此，企业的财务方案必须是在风险能够接受的范围内，以较低的成本获取较高的收益为原则。财务管理人员必须牢固树立成本、收益、风险"三位一体"的原则，以指导各项具体的财务管理活动。

（五）利益关系协调原则

企业在进行财务活动过程中，一定要协调好与国家、投资者、债权者、经营者、职工等之间的经济利益关系，维护有关各方的合法权益。从这个角度分析，财务管理过程也是一个协调各种利益关系的过程。利益关系协调成功与否，直接关系到财务管理目标的实现程度大小。企业要运用国家法律规范、企业规章制度、合同、价格、股利、利息、奖金、罚款等手段，协调与相关人员的关系。因此，企业要想处理好各项经济利益关系，就必须依法进行财务管理，保障各方的合法权益。

五、企业现代财务管理体系的构建措施

（一）积极借鉴西方财务管理理论，建立有中国特色的企业财务管理体系

西方财务管理理论经过多年的发展和完善，已形成了以财务管理目标为核心

的现代财务管理理论体系和以筹资、投资、资金运营及分配为主的财务管理方法体系。我国的国有大中型企业的现状，决定了我们不能照搬套用西方做法，而应积极探索适应当前市场经济条件的财务管理内容和方法，吸收利用西方财务管理理论中的先进成分，建立起有中国特色的企业财务管理理论体系。

（二）建立财务预测系统，强化预算管理

预算管理是当今信息社会对财务管理的客观要求。目前，部分国有企业掌握信息滞后，信息反馈能力较弱，使得财务管理工作显得被动落后。要改变这种状况，就应在预算上下功夫，根据企业特点和市场信息，超前提出财务预算，有步骤、有计划地实施财务决策，使财务管理从被动应付和机械算账转变为超前控制和科学理财，编制出一套包括资产负债表、损益表和现金流量表在内的预算体系。由此，企业要充分重视以下五项工作：

一是搞好财务信息的收集工作和分析工作，提升财务预警能力。企业应注重市场信息的收集和反馈，并根据市场信息的变化安排企业工作，尽可能做到早发现问题，及时处理。

二是做好证券市场价格变化与企业现金流量变化预测工作，为企业融资与投资提供决策依据，使企业财务活动在筹资、投资、用资、收益等方面避免盲目性。

三是做好销售目标利润预测。销售预测是全面预算的基础，也是企业正确经营决策的重要前提。只有搞好销售预测，企业才能合理地安排生产，预测目标利润，编制经营计划。

四是围绕目标利润编制生产预算、采购预算、人工预算及其他各项预算。企业制定合理的目标利润及编制全面预算，有助于企业开展目标经营，为今后的业绩考评奠定基础。

五是围绕效益实绩，考核预算结果，分析产生差异的原因，积极采取措施纠正偏差。企业在日常经济活动中必须建立一套完整的日常工作记录和考核责任预算执行情况的信息系统，并将实际数与预算数相比较，借以评价各部门的工作实绩，发现偏差及时纠正，强化会计控制。

（三）增强企业风险意识，强化风险管理

在现代社会中，企业的外部环境和市场供求变化莫测，特别是国内外政治经济形势、用户需求和竞争对手等情况，对企业来说都是难以控制的因素，因而我们应重视风险，增强风险意识，分析风险性质，制定风险对策，减少并分散风险的冲击。为此，企业在经营活动中应注意以下三个方面：

一是在筹资决策上应慎重分析比较，选择最适合的筹资方式，以避免企业陷入债务危机。如果财务杠杆率过高、借入资金过多，一旦投资利润率下降、利息负担过重，就会对企业财务安全造成威胁。因此，国有企业要加强销售客户的信用调查，合理确定赊销额度，避免呆账损失。

二是对风险的信号进行监测。我们不仅要对未来的风险进行分析，还要对风险的信号进行监测。我们要密切关注企业财务状况中的一些不正常情况，如存货激增、销售下降、成本上升等，及时向企业有关部门反映，以便采取措施，防止严重后果的出现。

三是制定切实可行的风险对策，防止风险，分散风险，把风险损失降到最小。

（四）建立健全资金管理体系，挖掘内部资金潜力

一是实行资金管理责任制，抓好内部财务制度建设。企业在财务收支上要实施严格的财务监控制度，强化内部约束机制，合理安排资金调度，确保重点项目资金需求，提高资金使用效益。

二是挖掘内部资金潜力，狠抓货款回笼。企业要积极调整库存结构，压缩存货资金占用空间，提升企业支付能力，提高企业信誉。

三是建立自补资金积累机制，防止费用超支现象。企业按税后利润提取的盈余公积金，可用于补充流动资金。企业要合理制定税后利润分配政策，促进自我流动发展。

（五）强化企业成本管理，完善目标成本责任制

我国部分企业存在成本管理薄弱、费用支出控制不严等问题。为此，提高财务部门对成本的控制水平，搞好成本决策和控制，提高资金营运效益，确保出资者的资金不断增值就显得尤为关键。

一是树立成本意识，划分成本责任中心，明确各部门的成本目标和责任，并与职工个人利益挂钩，提高企业成本竞争能力。

二是对企业实行全过程的成本控制，包括事前、事中、事后的成本管理。企业通过研究市场变化，调整成本管理重点，把降低成本建立在科技进步的基础上。

三是建立严格的内部成本控制制度和牵制制度，切实加强生产经营各环节的成本管理，建立成本报表和分析信息反馈系统，及时反馈成本管理中存在的问题。

四是建立以财务为中心的成本考核体系，拓宽成本考核范围，变目前的定额成本法为目标成本核算法。企业不但要考核产品制造成本、质量成本、责任成本，还应考核产品的售前成本及售后成本。

（六）强化内部监控职能，增强财务基础建设

首先，企业要强化对法人代表的管理，真正贯彻责、权、利相结合的原则，约束其行为。对企业主要负责人应加强任期审计和离任前审计，防止其违反财经政策，损害投资者和债权人利益。其次，企业要调整财务部门的组织结构，加大管理会计的建设力度，形成会计实务系统和会计管理系统两大部分。财务部门要监督企业已发生的经济业务是否合理合法，是否符合企业各项内部管理制度。最后，企业要建立快捷灵敏的企业信息网络，即逐步建立起以会计数据处理为核心，与销售和财务报表分析等信息系统相连接的信息网络，及时反馈企业生产经营活动的各项信息，发现问题，及时处理。

第五节　现代财务管理的发展与创新

随着经济的发展和时代的进步，我国各个企业的规模和数量都在不断扩大，日益发展，关于企业财务管理创新的工作也越来越受到重视。为了使企业能够正常运转进而提高经济效益，财务管理的工作就必须做好。因此，现代企业必须进行财务管理创新，以适应时代发展的潮流。财务管理创新非常重要，如果管理得好，将会给企业带来很多积极影响，促进企业的发展。本节就当代企业的财务管理创新问题进行探讨，旨在为企业发展提供参考。

一、企业财务管理创新的含义

企业财务管理创新是指企业在原有的财务管理基础上实行的新的突破与创新，把量的积累实现成为质的蜕变，是企业财务管理的一种新的方法。随着外界环境因素以及企业内部因素的变化，原有的企业财务管理模式已经不能适应新的形势，所以企业财务管理的创新势在必行。这是一种行之有效的财务管理方法，而且还没有被企业采用过，是一种全新手段的引入，相当于给企业注入了新的血液，疏通了企业内部的财务管理状况，进而促进企业的发展，提高经济效益。一旦企业财务管理的目标发生变化，财务管理也会随之创新；否则，将不能适应新的形势。经济全球化的浪潮逐步推进，我国当代企业正面临着全新的机遇与挑战，企业能否实现更好的发展与财务管理创新关系十分密切。传统的企业财务管理模式显然已经不适应新的发展形势，所以传统企业如果不进行创新，将不会有更大的发展，甚至面临破产，走到尽头。

正如计划经济体制在中国已经不能适用，与之相对应的传统企业财务管理也会随之消失，当代企业要全力探究与社会主义市场经济相适应的企业财务管理模式，这就需要企业财务管理的创新。企业财务管理创新存在着无穷的竞争，实质上它是竞争机制的升华。企业把财务管理的各个要素与企业的生产、技术和管理理念等重要条件进行新的排列组合，原有的企业财务管理体制不攻自破。一些创新能力较差的企业会在这场企业财务管理创新的过程中被淘汰，而被淘汰企业的一些生产要素就会被财务管理创新能力较强的企业兼并，强大的企业再把这些生产要素重新组合，从而实现企业的资本优化和结构更新。

二、企业财务管理创新的原因

一是社会经济的发展需要企业进行财务管理创新。随着社会经济的发展和人民生活水平的提高，人们的物质需求和精神需求都在不断扩大，因此企业财务管理也要跟上时代发展的脚步。传统的企业财务管理模式已经不能适应新的发展状况，如果企业希望有良好的发展前景，必须要顺应时代进行创新，不能固守着原有的管理模式，这样不仅不利于企业的发展，还很可能会被时代所淘汰。

二是发展社会主义市场经济需要企业管理创新。社会主义市场经济不同于原有的计划经济，这是适应我国当今发展状况的新的经济体制。经济体制发生变化，企业管理模式也要随之更新，尤其是企业财务管理模式要适应经济体制的发展，才能实现企业更好的发展，提高企业的经济效益。

三是科技革命和管理革命需要企业财务管理创新。未来的企业必须注重科技和管理，企业竞争既是科技的竞争也是管理的竞争。新的工业技术和新的产品正在不断地被企业开发和利用，以提高企业的经济效益。企业的管理模式也在不断创新，旧的管理模式分崩离析，新型管理模式正在确立。企业财务管理要不断发展和创新，才能与企业的技术创新和管理创新相适应；否则，将会阻碍企业的发展。因此，企业财务管理要同时注重企业的科技创新和管理创新的发展，创造出能够适应企业现状的新型财务管理模式，引领企业更好的发展。

四是随着新时代的到来，不确定的因素越来越多，企业的内部状况越来越复杂，需要企业财务管理的创新。企业所处的时代环境并不是一成不变的，相反，时代在不断变化、发展和进步，有些企业总会制订固定的计划，这是一种好的发展方向，但是要注意计划也可能赶不上变化。企业所处的多变的时代，更需要企业提升自身的应变能力，这种应变能力需要企业的创新，尤其是企业财务管理的创新。财务是企业的灵魂，企业各个要素中最重要的元素之一，只有那些注重企业财务管理创新的企业才更有可能应对企业发展内部及外部的各个变化，走上健康发展的道路。

三、企业财务管理创新的原则

（一）实用性原则

企业财务管理的创新必须立足于企业当前的发展状况，对于企业而言必须要有一个实用性的目标，不能盲目地进行创新，从而忽略企业财务管理创新对于企业的影响，创新方法要行之有效。因此，企业应该注重以下四个方面：

一是在企业财务管理创新实施之前，要先对新的管理内容进行试验，如果效果良好再进行推广；否则，需要修改原有的计划。

二是不要对企业财务管理创新的概念进行过多的研究谈论，而要注重其实际应用。有效的管理方法是在实际应用中有良好的效果，所以企业财务管理创新的重点并不是概念研究，而是实际应用。

三是不要过分依赖原有的财务计划体系。财务计划体系已不能适应新时代发展的需要，要注重企业财务管理创新的实用性，即企业财务管理体系必须能够灵活变通，要不断给企业注入新鲜的血液，所以创新至关重要。

四是企业财务管理创新要注重方方面面，不要以项目的大小而定。聚沙成塔，集腋成裘，每一个小项目的成功才能造就大企业的辉煌。所以，企业在进行财务管理创新的过程中，在注重各个重大项目的同时，也不能忽视小项目。

（二）时刻保持警惕，"轻装上阵"原则

企业发展需要一种警惕心理，只有时刻保持警惕，才能有足够的创新动力。如果一个资金紧缺的企业总是能够利用创新绝处逢生，那是因为企业具有了破釜沉舟的勇气。所以企业时刻保持警惕，处于紧张状态，有利于激发企业的创新活力。企业创新也不宜带上过多的"装备"，以轻装上阵的状态进行创新更容易获得成功，如果项目过多，项目的内容过于复杂和细小，会使企业压力过大，给企业财务管理的创新造成阻碍。

（三）广泛积极参与原则

企业财务管理的创新并不只是财务部门的事情，企业的发展关系即企业的各个部门以及每个员工，如果没有广泛的参与，企业财务管理创新就无法进行。广泛参与，能够使企业各个部门的员工进行密切的接触和交流。这既有利于企业创新的开展，更有利于以后工作的进行，有较高的参与度才能使企业财务管理创新的进行更加有效率。除了广泛性，还要求参与者的积极性，不管是参与其中的部门还是员工，都应该积极行动起来。企业员工要从思想上接受企业财务管理创新的必要性，克服守旧的思想；企业要对自身财务管理创新有积极作用和影响的人进行鼓励，从而激励参与的部门和人员更好地参与其中。

四、财务管理观念的创新

首先要树立融资观念。传统的财务管理模式是固有资本的发展和延续，以自有资金为核心。市场经济下的企业，竞争成败的关键已不再是单单的自主理财，而是资本的运营、培育和扩张。因此，企业在财务管理中应树立"融资第一"的新观念，优化资源结构，顺应知识经济发展的要求。其次要树立以人为本的管理观念。人是企业生产经营过程的主人，企业的每一项活动均由人来发起、操作和控制，其成效如何也主要取决于人及其所做的努力。企业应充分发挥人的智慧和创新在现代社会中的核心作用，企业财务管理应把对人的激励与约束机制放在首位，建立权、贵、利相结合的财务运行机制，充分挖掘并发挥人的潜能。再次要树立信息理财的观念。在市场经济中，一切经济活动都必须以准、新、优、快的信息为导向，信息成为市场经济活动的重要媒介。而且，以数字化为先导，以资讯高速公路为主要内容的新技术革命，使信息的传播处理和反馈的速变大大加快，从而使交易、决策可在瞬间完成，经济活动的空间变小，出现媒体空间即网上实体，这就要求财务管理人员必须牢固树立信息理财观念，进行财务决策和资金运筹。最后要树立风险理财观念。由于信息传播、处理、反馈以及知识更新速度的加快，企业财务风险将会逐步增大，财务人员应加强风险理财观念，充分考虑各种不确定因素，采取多种防范措施，尽可能地降低企业的风险损失。

五、财务管理目标的创新

中外学术界普遍认为，现代企业财务管理的目标是股东财富最大化（它比"利润最大化"这一财务管理目标前进了一大步）。然而，这一管理目标适用于物质资本占主导地位的工业经济时代，在市场经济高速发展的今天，企业财务管理目标不仅要追求股东利益，还要追求其他相关利益主体的利益和社会利益。随着经济的发展，资本的范围在一定程度上有了扩展，资本结构被改变。在新的资本结构中，物质资本与知识资本的地位将发生重大变化，即物质资本的地位将相对下降，而知识资本的地位将相对上升。这一重大变化决定了企业财务管理目标已不仅仅归属于股东，还应归属于相关利益主体，如股东、债权人、员工、顾客等。他们都向企业投入了专用性资本，都对企业剩余做出了贡献，因而也都享有企业的剩余。正是在这样的背景下，笔者认为，企业的利益是所有参与各方的共同利益，而不只是股东的利益。另外，企业财务管理的目标还应包括企业应承担的社会责任。企业履行社会责任，如维护社会公众利益、保持生态平衡、防止公害污染、支持社区事业发展等，既有助于实现其经营目标，又有利于在社会大众中树立其良好的形象。

六、财务管理模式的创新

随着高新技术迅速发展和互联网络逐步普及，传统的财务管理方式已不再适应市场经济快速发展的需要，财务管理正逐渐向网络财务转变，网络财务的优势即计算机软件系统和财务核算与管理的完善统一越发明显。在网络财务管理中，距离已不再是管理上的难题，财务的远程掌控，资金流、物流的网上审批，会计报表的远程传输都可以通过财务指令在线管理。广大财务人员还可以在线查询各种财税法规，了解财务信息及发展动态。网络财务的出现，极大地提升了财务人员的管理能力，扩大了财务人员的核算管理范围，缩短了空间的距离，也必将提高财务人员的工作效率和企业的市场竞争能力。

七、财务管理方法的创新

风险是影响财务管理目标实现的重要因素。在市场经济高速发展的今天，企业资本经营不可避免地呈现出高风险性，主要表现在三个方面：一是开发知识资产的不确定性，会提高投资开发风险；二是企业内部财务结构和金融市场的变化使财务风险更为复杂，如人力资本产权的特殊使用寿命、知识资产摊销方法的选择会使现有资本结构不稳定，技术资本的泄密、流失、被替代或超过保护期等导致企业的损失，等等；三是作为知识资本重要构成要素的企业信誉、经营关系等变化，使企业声誉风险突出。因此，企业必须运用现代管理手段加强风险管理，确定风险管理目标，建立风险的计量、分析、报告和监督系统，以便采取恰当的风险管理政策，合理规避风险。

八、财务管理内容的创新

现代企业制度下出资人的资本管理可分为出资所有者进行的资本管理和企业管理者进行的资本管理，由于管理目标存在差异，就必然要求企业要创新管理模式。

（一）筹资管理

传统企业财务管理的筹资管理主要是财务资本的筹资，知识经济扩展了企业资本的范围，财务管理不仅要关注"筹资"，更要关心"筹知"，即从什么管道用什么方式取得知识资本，如何降低知识资本的取得成本，以及如何优化财务资本与知识资本之间的结构等方面的内容。

（二）投资管理

首先，投资管理的重点应从有形资产转向知识资产，为适应知识经济的发展，企业财务管理的重点是逐步转移到无形资产及人力资产的管理上来。企业财务管理应充分利用企业的知识资本，包括合理估计无形资产带来的收益，以及合理估算人力资源的投入价值和收益。其次，应加强风险投资管理。随着知识经济的发展，以高新技术产业为内容的风险投资在资金投资总额中的比重日趋上升。同时，由于高新技术产业的高风险性，使风险投资和风险管理在财务管理中的积极性进一步提高。为此，要求企业加强投资项目的可行性分析，并改进无形资产价值补偿方式，以控制投资风险。

（三）成本管理

首先，规模个性化生产使成本管理的重心逐渐从生产制造成本转移到产品研制成本，如何用好各种资源，使知识转化为高智力，转化为独特的策略、构思，进而形成各种新设计、新工艺、新产品。其次，成本的控制管理方法也由传统的制造成本管理向作业成本管理转化。企业应充分利用信息反馈系统、作业流程计算机化、灵活制造及网络经营等一系列新技术，在满足消费者需求的前提下尽可能地降低成本、提高盈利水平。

九、财务资金管理的创新

企业发展的加速度来源于创新，这种创新既包括技术上的创新也包括生产组合方式的创新。实现资金管理创新就是要实现金融创新、产融结合，使金融向产业渗透，企业向金融资本靠近，双方通过控股、参股或其他形式结成命运共同体。进行长期合作并通过产融结合获得额外价值，是企业进行金融创新的重要方式。企业财务管理的核心是资金，资金管理的好坏直接关系到企业管理的好坏，影响企业效益的高低。

企业在设置集团资金管理的组织结构时，要重点考虑流程化组织与资金控制的关系、网络组织与资金集约管理的关系、ERP 集成与资金管理的关系，使资金的保存和运用达到最优化的状态。

第二章 企业财务投资管理

第一节 投资概述

自 20 世纪 90 年代以来，随着全球经济一体化的深入，国际贸易自由化呈日趋扩大化趋势，全球共同大市场加速形成，客观上把我国众多中小企业推向了国际竞争的最前沿。与此同时，一些采用先进技术、现代化机器设备和专业化生产工艺的中小企业逐渐壮大起来，处于领先地位的企业自然不满足国内市场，进入国际市场已成必然。于是，我国众多中小企业纷纷跨出国门，开展对外直接投资。然而，处于起步阶段的中小企业对外直接投资仍存在一系列问题，在很大程度上制约其进一步发展壮大。

一、我国中小企业对外直接投资概况

（一）境外投资覆盖率高

目前，91% 以上的国家有我国直接投资的企业。从国别分布来看，美国、俄罗斯、日本、德国、澳大利亚的聚集度最高，集中了全球 43% 以上的境外企业。

（二）投资行业分布广泛

我国中小企业对外直接投资主要集中在能源、制造、服务等各个领域，而且其中的科技研发企业、名牌企业起带头作用向外进军。例如，TCL 科技集团股份有限公司在越南设立年产 50 万台生产线以及年产 30 万台数码相机与机电产品生产线；海尔集团在全球 30 多个国家建立了工厂；等等。

（三）规模较小，区域集中

按数量来计算，其中约 90% 的海外投资项目是由国内中小企业投资的，而

且规模普遍较小，且投资在 100 万美元以下的项目居多。根据商务部近期的调查数据显示，在投资区位上，我国中小企业对外投资首选非洲，比重达 32%。此外，东南亚占 20%、拉美占 18%，余下则依次为中东、东欧、中亚等地区。那么，在现今的国际与国内投资背景下，尤其是处在全球金融危机的大环境下，我国中小企业对外直接投资如何才能异军突起，这是一个很热门的课题，但要研透它还需要科学分析我国对外投资的优劣势。

二、我国中小企业对外直接投资优劣势分析

（一）优势分析

1. 相对区位优势

首先，周边国家多数经济正迅速崛起并和我国有着长期、广泛的联系；其次，我国的华侨遍布世界各地，靠着这种纽带关系，我国的企业可以减少跨国经营的障碍并降低风险，有利于同当地企业进行更为密切的合作；再次，因为经济、技术、环境的相似性，我国企业在海外就地取材和适应市场的能力较强，生产商品或提供服务的成本较低；最后，我国中小企业可以通过政府和行业协会的支持等来获取信息，全面了解国外投资地的区位优势。

2. 特色产品优势

经营凝聚有中国文化的特色产品是我国中小企业海外投资企业的独特优势。一些长期形成具有鲜明特色的产品，如中式菜、中药、丝绸等，享有很高的国际声誉，并具有不可模仿、难以替代等特性；加之中小企业在开发这些特色产品方面比国有企业更有效率，因此其在这方面的发展空间很大。

3. 小规模化优势

我国中小企业利用劳动力的优势和丰富的资源输出本国的设备，建立小规模劳动密集型的公司，使生产成本相对低廉。这些公司不需要像大型跨国公司那样付出昂贵的广告费和庞大的管理费用，再加上派出人员的费用和出口设备、零部件相对便宜，使产品能以低价进入国际市场，获得丰厚的利润，所以这种小规模制造产品是境外直接投资的重要竞争优势。例如，我国在纺织、玩具、制伞、鞋帽等行业有较强的竞争优势。

（二）劣势分析

1. 管理水平低，人才资源缺乏

我国大部分中小企业是民营企业，基本上还沿袭着家族式的管理模式，在人力、财务、生产、营销等方面的管理缺乏规范，且面对陌生的海外市场环境缺乏市场调查能力。此外，中小企业由于自身规模小，对外投资所占资源的份额要比大型企业大得多，所面临的风险也更大，总是希望尽快收回投资，缺乏长远战略眼光和品牌意识。因此，它们会避开存在更多不确定因素的长期目标，侧重于能很快带来收益的短期项目。外贸经营是一项复杂的工作，需要具备长远的战略视野、丰富的操作实务知识经验和通晓国际惯例的复合型经营管理人才，还要求具有较高的外语运用能力、强大的沟通能力和组织能力，而我国大多数中小企业在这方面的人才较少。此外，管理方式相对落后，主观的用人方式使得中小企业难以营造良好的外部环境来吸收科技、管理等优秀人才。

2. 技术含量低，创新能力差

我国绝大多数中小企业的技术科技含量偏低，属劳动密集型技术，缺少产品技术优势。对中小企业的长远发展而言，技术创新能力尤为重要。目前，我国中小企业大多数还属以半机械化为主的劳动密集型企业，高新技术企业所占比例不足 10%，且中小企业投入技术开发的经费仅占全国研究经费的 40%，远远低于发达国家的 70% 水平。

3. 国际竞争力弱，融资困难大

国际竞争以质量为中心，包含高品质、高档次、高附加值、高技术含量的产品竞争，而品牌则是这种竞争力的综合体现。我国中小企业恰恰缺少这方面的竞争力。例如，温州的打火机在欧洲主要占据 2 欧元以下的市场，而同样的由温州加工经韩国、日本包装后贴上其商标的打火机每只售价都在 10 欧元以上。由于没有名牌产品，高额的利润只能任由他国谋取。中小企业因自有资金不足、贷款难和融资渠道少等因素，造成市场开拓能力弱和业务难以做大做强的局面，是目前我国中小企业发展最为突出和相对普遍的问题。尤其是企业要从事跨国经营，就需要投入大量的费用进行市场调研和市场开拓、建立销售渠道和组织规模化生产，这对于既没有太多国际市场经验，又没有形成雄厚资金积累的中小企业来说十分困难。

三、我国中小企业对外直接投资策略

（一）组织形式选择

我国中小企业要"走出去"直接参与国际市场竞争，应根据自身特点，调整策略，在规模、资金等限制下，采取与之相应的投资方式。

1.连锁经营和超级市场经营

连锁经营和超级市场被称为"现代流通革命"的两大标志。20世纪中期以后，现代连锁经营在发达国家取得普遍成功。世界上最大的商业零售企业——美国沃尔玛公司，原本是一家属于传统产业的零售企业，2000年销售总额达到1 913亿美元，超过了通用汽车公司，也超过一些大银行、保险公司等金融机构，超过引领"新经济"的信息企业，其中的奥秘之一就是发展连锁经营。我国自20世纪90年代初开始发展连锁经营，目前势头良好。此后，国家经贸委将坚定不移地继续推进连锁经营，提高商品流通的组织化程度，发展现代流通组织形式和营销方式。因此，我国中小企业应加快发展连锁经营和超级市场，用新的经营组织形式改造传统商业。

2.跨国公司

跨国公司的出现及其在国际经济活动中所起到的作用日渐显着，使协调国际分工的机制也呈现出多样化和复杂化。由于跨国公司企业内部交易的增加，国际贸易中企业内贸易的比重不断上升。国际分工也不再单纯依靠市场机制来协调，跨国公司已成为国际分工日益重要的协调者和组织者。

3.境外加工

境外加工贸易的实质是境外投资。随着国际分工的发展，以跨国公司为主要动力的世界经济加速融合；以世界贸易组织（WTO）为代表的全球性经济贸易机构正推动国际贸易、投资和金融的自由化，且各国纷纷开放市场，参与全球产业分工。为实现经济效益的最大化和经营成本的最小化，跨国公司加速了产业内分工和公司内部分工，在世界各地设立了生产加工厂和分支机构。以跨国公司为

主要载体的世界性产业结构调整推动了经济的增长。美国经济的持续增长，就是利用世界各国的经济资源和劳动成本优势，依托自身的技术实力，进行产业结构的调整和升级换代。

（二）创新机制

目前，我国中小企业国际竞争力低下，不仅规模小、效益差、产业协作程度差，而且科技创新能力弱，这在很大程度上制约其对外直接投资的健康发展。建立创新机制，对提升我国对外直接投资国际竞争力有深远的意义。

1. 组织创新

我国中小企业要通过加强国内外专业化协作来促进企业组织形式的创新。我国工业生产的专业化协作水平极低，大、中、小企业之间的分工不够合理；相反，美欧企业在组织形式上越来越多地采取虚拟企业的方式，从虚拟生产到虚拟营销，从国内协作到国际战略联盟，创造了一系列提升企业国际市场竞争力的有效形式。鉴于此，我国中小企业应通过加强国内外专业化协作来提升其国际竞争力。

2. 技术创新

目前，我国中小企业一部分是属于那种拥有成熟技术、低成本运作经验的企业，另一部分是属于拥有一定技术基础，能够不断吸收先进技术、积累技术能力的企业，还有少部分是具有一定技术优势、规模优势和国际化经验的企业。这就要求我国中小企业在进行海外投资时，大力推进科技创新以提升其国际竞争力，要从战略高度上意识到未来世界经济的竞争说到底就是科技的竞争。中小企业要通过建立健全技术创新机制、跨国并购、在海外设立研究开发机构等来提升其综合竞争力。

（三）国内外融资策略

1. 国内融资策略

为解决我国中小企业的融资难题，国家经贸委开始尝试建立以信用担保为突破口的融资体系，并通过加强与财政、银行、税务、工商等部门的配合，创造了一个良好的外部环境。中国人民银行已要求各商业银行建立负责中小企业信贷工作的专门机构，将解决中小企业融资难问题列为工作重点。其他商业银行随之采取了积极的办法和措施，一些省（区、市）也制定了鼓励政策。一系列全国性政策和地方性政策的出台，缓解了中小企业融资难的矛盾。此外，各部门在通过担保方式支持商业银行增加对中小企业的信贷规模外，还通过利用外资、吸引民间投资、资产重组和加强内部资金管理等方式来缓解融资难的压力，为促进企业的发展起到了积极的推动作用。

2. 海外融资策略

由于东道国的经济和金融环境各不相同，因此中小企业在利用当地资金来源时的情况也不尽相同。有些国家如美国、加拿大、德国、日本和英国等，它们既是世界最大的资本输出国，又是世界最大的资本输入国，这些国家对外国投资者在本国市场上进行筹、融资活动则要实行不同程度的限制。例如，在欧洲，由于存在庞大的欧洲货币市场，资金的拆借比较容易。因此，在不同的地区，我国中小企业应根据不同情况采取不同方式，因地制宜地进行海外融资。

（四）风险规避策略

1. 政治风险规避

我国中小企业要区别对外直接投资流入国家（地区）的不同情况采取不同的措施：对政局稳定、支付能力强且信誉好的国家（地区），应集聚优势、精心组织、全力开拓；对政局相对稳定，但对外政策因外国势力影响有较大变数倾向的国家（地区），应冷静思考分析、密切观察，做好应变准备；对政局不稳、内忧外患且投资风险较大的国家（地区），应谨慎行为、果断决策，努力减少损失。

2. 经济风险规避

要想防范经济风险，我国中小企业首先就要认真研究世界经济形势，关注经济全球化的周期性、阶段性与区域性变化，关注汇率、利率、税率、重要工业品价格、重要期货交易价格和股市行情变化，关注上述变化对直接投资流入国家（地区）的政治、经济等方面的影响，并采取相应的措施；其次要认真研究WTO规则，重点研究对外直接投资流入国家（地区）的法律体系、政府行为和WTO规则的相关程度，并据此采取合适的进入策略和退出策略；最后要对当地市场进行认真的调查研究，对对外直接投资流入国家（地区）的市场化程度、市场交易办法、市场发展潜力、市场饱和情况和市场消费（购买）力等方面进行较为详尽的调研，以制定合理的市场策略。

综上所述，对外直接投资已经成为我国国民经济中的一个越来越重要的组成部分。虽然近年来我国对外投资发展迅速，但目前还面临不少问题，如无法回避的全球金融危机大环境。为此，我们要从政府和企业两个层面积极实施应对策略，完善政府的相关政策体系，改变企业的经营理念，这样才能更好地实现"走出去"战略，真正又好又快地发展国民经济。

第二节　固定资产投资整体预测

中小企业的固定资产投资金额较大，对企业的发展有着深刻的影响，固定资产投资之后不易发生变动。因此，中小企业固定投资面临着较大风险。

固定资产投资是中小企业最主要的内容，需要中小企业认真管理。随着现代管理制度的发展，中小企业越来越重视固定资产的投资管理问题。但是，由于受传统投资和管理模式的影响，我国中小企业固定资产投资管理过程中存在着很多矛盾和问题需要解决。

研究我国中小企业固定资产投资管理的完善策略不仅能够降低中小企业固定资产投资管理的风险，而且对中小企业的长远发展有着深刻意义。

一、固定资产投资预算管理的概念

现代企业管理中讲的预算，就是用数量表示的对未来某一特定期间企业财务、实物及人力等资源的取得和运用的详细计划，主要用来规划预算期内企业的全部经济活动及其成果，以实现企业既定的战略目标。预算包括财务预算、业务预算和专门决策预算三大类，其中财务预算是各项经营业务和专门决策的整体计划，因此也称为总预算；而各种业务预算和专门决策预算称为分预算。全面预算就是由总预算、分预算构成的经济内容和数字相互衔接的一套完整体系。

全面预算管理体系既包括预算编制，也包括预算的执行、监控以及事后对预算的考评，并且在这个过程中始终贯穿着价值和行为的双重管理。固定资产投资预算就是资本性支出预算，是根据预算期内将要实施的全部固定资产投资项目所编制的预算，是对企业未来一定时期内固定资产投资项目、投资规模、建设方案、实施进度的总体安排。

在企业全面预算管理体系中，固定资产投资预算作为专门决策预算的主要内容，具有十分重要的作用。

二、固定资产投资预算管理的特点

投资预算管理是一种管理机制而非只是一种方法，它一方面与市场机制相衔接，通过投资预算目标的确定反映市场对企业发展的要求；另一方面与企业内部管理、内部组织及其运行机制相衔接，通过责任中心的确定、预算指标的分解与落实、预算调整与执行考核等，反映企业对市场需求的应变和措施以及企业在市场竞争中的位置。以战略目标管理为导向、体现企业全方位要求的投资预算管理模式，打破了传统计划管理模式的约束和局限，构建了一整套全新的管理运行机制。

投资预算管理作为一种管理机制，通过预算目标的分解、编制、汇总与审核、执行与调整、评价与考核，将对企业起到规划发展、统一认识、协调行动、提高效益等方面的作用。投资预算的编制和管理表明了在一定期间内，公司管理层对投资所涉及的所有部门和单位的期望和要求。投资预算管理的过程，就是明确任务、发现问题、协调努力、不断改进的过程。因此，投资预算管理既非投资主管部门的特权也非其专利，而是整个企业运营管理系统的总协调和总配合。任何一个部门、单位或工作环节上的松懈和脱节都将影响投资预算的执行，进而可能影响企业的发展。

三、我国中小企业固定资产投资的风险

（一）债务风险

固定资产投资与其他投资一样，要开展筹资活动、保证资金支撑。在筹资活动中，负债形式是最主要的筹资方式。但是，由于固定资产投资周期较长，借款种类不固定，中小企业需要根据借款数量与借款种类进行合理安排，同时也要考

虑还款的本金和利息。如果中小企业在筹资的过程中不能保证长期的还债能力，会面临资金周转失灵的状况和破产的风险。

（二）投资总额变动风险

固定资产投资的预算和最终投资总会存在一定的差异，而这种差异将会给企业带来投资总额变动风险。投资总额变动风险的原因主要有三个方面：一是投资预算不准确，即企业在开展投资预算的时候，缺乏科学的预算方法，导致投资预算与实际投资之间存在着差异；二是投资实施过程中的管理漏洞，即企业在固定资产投资的过程中，投资管理不够科学规范可能导致固定资产投资存在漏洞，从而导致投资总额下降，与预算存在差异；三是筹款渠道变化，即企业在固定资产投资的过程中，如果预期的筹款渠道发生变化，投资计划和投资总额也会发生相应的变化。

（三）估算风险

企业在进行固定资产投资的时候，会运用经济数据对投资项目进行估算，但是这种估算处于一种假设状态，会与实际状况存在一定的差异。此外，固定资产投资还需要对市场营销、人力资源、生产技术等进行预测，一旦某一项预测不准确，便会导致估算风险，严重影响企业的生产和销售。

（四）投资期变动风险

固定资产的投资都有一定的过程，这一过程被称为投资期，而且固定资产的投资期可能会发生变动。例如，投资项目未能按计划进行将会严重影响到固定资产的使用状况，引起投资时间和投资收益的变化。另外，固定资产未能使投资到位，或出现其他突发性事件造成投资的变动，都会增大投资期变动风险。

四、我国中小企业固定资产投资管理的现状

（一）固定资产投资管理存在的矛盾

一是投资方向和投资数量。大多数中小企业十分重视企业的发展问题，探索企业快速发展的方法。但是，很多中小企业在发展过程中没有明确自身的发展方向，这就导致其在固定资产投资的过程中将投资作为扩大规模的重要手段，进而引起了投资方向和投资数量的矛盾。具体来说，中小企业为了实现自身的发展，

必须在短时间内扩大投资，但是资金限制要求其合理分配固定资产的投资。

二是投资成本和效益。在正常情况下，投资成本与效益是成正比的，投资成本越高，收益越大。但是，由于资金限制，中小企业虽然期望较高的投资效益，但是却难以接受较高的投资成本。因此，中小企业在固定资产投资管理的过程中需要正确处理投资成本和效益的问题。

三是投资风险和收益。投资风险对投资收益有着直接的影响，一般情况下，投资收益越高，风险就越大；投资收益越低，风险就越小。但是，大多数中小企业都希望投资风险最小化而投资收益最大化。因此，当投资风险与投资收益之间形成某种合理的关系时，才会吸引中小企业进行固定资产投资。也正因如此，中小企业在固定资产投资的过程中需要面对投资风险和投资收益的矛盾。

（二）固定资产投资管理存在的问题

一是缺乏战略眼光。大部分中小企业在固定资产投资的过程中倾向于较短的投资回收期和较小的投资规模。这种只注重眼前利益而忽视长远发展的方法，很难促进中小企业的发展。另外，中小企业在投资的过程中没有将固定投资是否符合企业战略目标的发展放在首要位置，很容易造成企业投资的盲目化和简单化。

二是投资资金短缺。中小企业普遍面临着筹资困难的现象，而这一现象使得中小企业的固定资产投资资金主要来源于其他非金融机构或企业内部，严重影响了企业的投资热情，增大了固定资产投资的难度，导致固定资产投资项目无法顺利实施。

三是缺乏科学管理。大多数中小企业缺乏专门的投资管理团队，没有对固定资产投资进行专业化管理，使得固定资产投资问题得不到及时有效的解决。并且，缺乏专业化管理容易导致固定资产投资存在漏洞，严重影响企业的资金安全。另外，由于中小企业缺乏专业的财务管理人才，无法对投资项目进行科学的评估，固定资产投资的主观性与随意性较强。

五、我国中小企业固定资产投资管理的完善策略

（一）明确管理原则

一是明确投资方向。中小企业在管理固定资产投资的过程中要充分重视企业

战略管理对固定资产投资的指导作用，树立战略管理理念，将战略管理作为企业的常规工作，明确规划企业的发展方向和发展步骤，制订出明确的企业行动计划和行动纲领。另外，企业应正确处理好投资风险、投资效益和战略发展的关系，寻找投资风险与效益的最佳平衡点，积极遵从战略优先的原则，注重固定投资的战略发展。

二是坚持筹资活动先行。中小企业应积极重视筹资困难的问题，保持对待筹资的谨慎态度，不能采取非法手段进行筹资。并且，中小企业在管理固定资产投资的过程中应坚持筹资活动优先的原则，充分考虑筹资的数量和途径，对于成本过高的投资项目要慎重考虑，避免造成资金损失。

三是提高投资决策质量。中小企业在管理固定资产投资的过程中要积极采取灵活的管理方法，根据企业的实际状况对投资决策和企业财务管理进行分析，提高投资决策质量。

（二）做好前期分析评估

一是分析投资环境。投资环境主要是指投资项目所面临的经济、政治、社会文化等各个方面的环境。企业在管理固定资产投资的时候要充分了解投资项目所处的政治背景、经济趋势和社会文化的发展趋势，选择适合政治、经济和社会发展的投资项目。另外，中小企业应积极分析固定资产投资的微观环境，深入了解投资项目的市场、技术、资本、硬件设施、政策等因素，做好市场调查，根据市场调查选择具有发展潜力的项目进行投资。

二是分析投资必要性。中小企业在管理固定资产投资的过程中应深入分析企业的发展规划对固定投资的影响，使固定投资服务于企业的发展，避免投资的盲目性。另外，中小企业要重视固定投资对资产结构的影响，重视固定资产的合理配置，避免出现固定资产过剩的现象。

三是分析固定资产投资总额。中小企业在投资之前要对企业固定资产总额和投资总额进行估算，并深入了解投资项目的资金需求和投资项目的发展前景，根据对投资项目的预算选择合理的投资总额，避免出现投资决策失误现象。

（三）科学设计投资决策分析指标

一是投资决策分析指标要坚持安全第一，加强重视固定资产投资的安全性。为此，中小企业应充分考虑投资回收期、投资风险和投资的安全程度，根据企业的发展状况和资金状况选择较为安全的投资项目，尽可能地降低投资风险。

二是中小企业固定资产投资应坚持效益优先，充分了解固定资产投资的获利规模和投资效益，从获利角度出发选择效益较好的项目进行投资。

第三节　投资决策

决策是企业进行一切经济活动的前提。决策是否正确与科学，直接影响企业的兴衰成败。因此，如何使用好企业投资决策权，并保持良好的经营状态和盈利能力，是所有企业经营者需要思考的首要问题。

一、企业投资主体地位的确立

随着企业改革的不断深化，从体制上确立了企业的主体地位，并把企业投资决策权当作企业振兴和发展乃至在市场竞争中保持不败之地的重要保证。

目前我国中小企业正在扮演着越来越重要的角色，逐步形成新的经济增长点。如何保证中小企业的健康成长与发展，就成为目前经济改革中的热点问题。不可回避的是，中小企业在发展过程中面临诸多困难，从而严重地制约着其经济健康顺利的发展。因此，尽快制定和实施中小企业促进政策，既符合世界经济发展趋势的要求，也是激活我国经济活力、解决当前问题和保证长远发展的现实选择。

按照《中华人民共和国企业法》和《全民所有制工业企业转换经营机制条例》的规定，企业享有生产经营权、产品销售权、投资决策权等14项权力。其中，企业投资决策权是我们论述的重要根据，其关系到中小企业投资决策的科学性、效益性和长远性。

二、制约中小企业投资决策的因素

目前我国中小企业已初步建立了较为独立、渠道多元化的融资体系，但是融资难、担保难、投资决策难仍然是制约中小企业发展最突出的问题。

（一）收益的不确定性

中小企业投资根本动机是追求投资收益最大化，要在投资中考虑投资收益要求、投资方案的选择，要以投资收益的大小来取舍，要以投资收益具有确定性的方案为选择对象，要分析影响投资收益的因素，并对这些因素及其对投资方案的作用、方向、程度进行综合考量，寻求提高和稳定投资收益的途径。影响收益的不确定性因素很多，其不确定性显而易见。

（二）风险的多样性

在投资中，考虑投资风险意味着必须实现投资收益与投资风险的匹配，要求充分合理地预期投资风险，减少乃至防止投资风险给企业带来损失的可能性；也需用提出合理规避投资风险的策略，以便将实施投资的风险降至最低程度。投资风险与筹资风险有着很大的联系，即投资风险的长期存在，也必然导致筹资风险或财务风险的存在。

（三）财务控制薄弱

一是对现金管理不严，造成资金闲置或不足。有些中小企业认为现金越多越好，造成现金闲置，未参加生产周转；有些企业资金使用缺少计划安排，过量购置不动产，无法应付经营急需资金，陷入财务困境。

二是应收账款周转缓慢，造成资金回收困难。其原因是没有建立严格赊销政策，缺乏有力催收措施，应收账款不能兑现或形成呆账。

三是存货控制薄弱，造成资金呆滞。很多中小企业月末存货占用资金往往超过其营业额两倍以上，造成资金呆滞、周转失灵。

四是重钱不重物，资产流失浪费严重。不少中小企业管理者对原材料、半成品、固定资产等管理不到位，出了问题无人追究，资产浪费十分严重。

（四）管理模式僵化，管理观念陈旧

一方面，中小企业典型管理模式是所有权与经营权高度统一，企业投资者同时就是经营者，这种模式势必给企业财务管理带来负面影响。中小企业中有相当一部分属于个体、私营性质，在这些企业中，企业领导者集权现象严重，并且对于财务管理理论方法缺乏应有的认识和研究，致使其职责不分、越权行事，造成财务管理混乱、财务监控不严、会计信息失真等。企业没有或无法建立内部审计部门，即使有，也很难保证内部审计的独立性。

另一方面，部分企业管理者的管理能力和管理素质较差，管理思想较为落后。有些企业管理者没有将财务管理纳入企业管理有效机制中，缺乏现代财务管理观念，使财务管理失去了它在企业管理中应有的地位和作用。

（五）约束条件多，投资弹性大

目前制约和束缚中小企业发展的主要约束包括控制权约束、市场约束、用途约束、数量约束、担保约束和间接约束等。它们与投资风险密切相关，也与投资目的相联系，并长期影响着中小企业的投资决策。

投资弹性涉及两个方面：一是规模弹性。投资企业必须根据自身资金的可供能力和投资效益或者市场供求状况，调整投资规模，或者收缩或者扩张。二是结构弹性。投资企业必须根据市场风险或市场价格的变动，调整现存投资结构。这种调整只有在投资结构具有弹性的情况下才能进行。投资企业要扩张投资只需追加投放资金，这取决于投资企业是否能筹措到足够的、用于扩张的资金。从这个意义出发，投资扩张与投资本身是否具有弹性通常无直接关系，即投资弹性主要是针对投资收缩与投资结构调整的可能性而言。中小企业经常在规模弹性与结构弹性间举棋不定。

三、中小企业的投资风险

投资风险是指某一主体对其投资行为结果的不确定性。预期的回报率越高，该项投资的风险就越大。中小企业的投资风险是指中小企业设立后，其经营者对该企业如何经营而承担的风险，包括对内投资风险和对外投资风险。

对内投资风险与其本身经营风险密切相关。对内投资后的投资风险也就转化为经营风险。经营风险是指生产经营方面的原因给企业盈利带来的不确定性，主要有来源于企业外部和企业内部的诸多因素影响。比如，由于商品、材料等供应的变动，材料价格的变动等因素带来的供应方面的风险；由于产品生产方向不对路，产品质量不合格，新产品、新技术开发试验不成功，生产组织不合理等因素带来的生产方面的风险；由于出现新的竞争对手、消费者爱好发生变化、销售决策失误、贷款回收不及时等因素带来的销售方面的风险；此外，劳动力市场供求关系变化、发生通货膨胀、自然条件变化、税收调整等方面的因素，对企业经营成果均会带来不确定性。所有这些生产经营方面的不确定性，都会引起企业盈利的变化，从而给企业对内投资带来风险。这种对内投资一旦形成后，其投资风险大小是由企业本身的经营风险所决定，是企业本身可以控制的。

中小企业对外投资风险和本企业的经营风险没有直接关系，它包括企业特别风险和市场风险。企业特别风险是指某些因素是对单个对外投资项目造成经济损失的可能性，如被投资企业在市场竞争中的失败等，这种风险可以通过投资的多样化来抵消。市场风险指的是由于某些因素给市场上所有的投资者都带来经济损失的可能性，如宏观经济状况的变化、国家税法的变化、国家财政政策和货币政策的变化等，这种风险是无法消除的。

当然，中小企业本身也是一种投资，即对设立中小型企业的单位（或个人）来说是它的一项投资。这种风险对设立中小型企业的投资者来说是一种投资风险，但对设立后的中小企业本身来说是经营风险而不是投资风险。投资风险与经营风险虽有区别，但它们之间也有一定的联系，在一定条件下又能相互转化。从严格意义上讲，经营风险是投资风险的延伸。在讨论企业投资风险时，也离不开企业的经营风险。

四、中小企业防范投资风险的措施

投资活动一般分为四个阶段，即投资准备阶段（也称决策阶段）、投资实施阶段（也称投入阶段）、投资回报阶段（也称经营阶段）和投资收尾阶段（也称清理阶段）。要防范风险，投资者就必须对投资活动进行全过程的监督与管理。为防范投资风险，投资者一般在投资的各个阶段要采取相应的一些措施。

（一）投资准备阶段

在投资准备阶段，投资者首先要认真收集相关信息，做好方案的优化工作；其次要规范投资决策的程序，还要亲自参与可行性研究报告的编制；最后要做好对可行性研究报告的专家评审工作。

在投资准备阶段，相关信息收集的内容涉及面很广，主要有经济环境、金融市场环境、政策法规环境、产品市场环境、消费者分布状况、相关技术的发展以及竞争对手的实力等。投资方案的优化是综合运用现代决策理论的过程，其中涉及"运筹学""统计学""概率论"等方面的知识，对一个或多个投资方案进行优化，通过优化可以使被选中的投资方案产生更大的预期经济效益，以及防范更多的预期风险。

编制可行性报告是对投资方案的进一步细化和具体化，其内容相当丰富，包括资金来源、能源原材料、交通运输条件的成立、产品销售的预测及财务分析等。投资者在审查已编制好的可行性报告时，要着重注意对该项目投资回报的动态财务分析。该项目是否可行，关键是看其回报率和回收期。可行性报告的专家评审是全面检验可行性报告编制的合理性和完整性，实际上是对可行性报告的评估。投资者应该优先对投资方案是否可行提出相关意见，甚至可以否定方案本身，如方案可行再请专家们提出建议和意见，这是进一步优化投资方案的有效措施。

（二）投资实施阶段

在投资实施阶段，投资者需要做好两件事：第一是选择最佳投资时机；第二是加快实施投资计划，缩短投入期，并尽快进入回收期。把握时机，抓住机遇，不要放过最佳的投资机会，这是任何投资者都必须具备的素质。投资者一旦做出投资决策，应尽快实施，缩短建设期，以降低风险。

（三）投资回收阶段

投资回收阶段是投资过程最精彩的阶段，也是最需监理的阶段。投资回收阶段也就是投资项目的经营管理过程。投资者在投资回收阶段必须做好三件事：一是做好投资项目相关信息动态的反馈工作；二是当反馈的信息显示投资的实际效果与计划有偏差时应及时研究对策，改进投资方案；三是当反馈信息连续发生严重偏离轨道的现象并经调查证实问题出在投资方案上时，如原材料供应量与方案不一致、交通运输条件根本不具备、市场预测不准确、发生了不可抗力的因素等，应该在确认使用任何方法调整均无济于事的情况下，考虑改变整个投资方案或提前清理该投资项目，以避免造成更大的损失。

（四）投资收尾阶段

投资的收尾阶段即项目的清理阶段，投资者一是要做好残值的变现，二是要做好整个项目成功经验的总结。如果现剩的实物资产还能继续利用或是通过增加投资进行技术改造可再创造财富的，投资者可以通过多种方案的优化进行新一轮的投资。

五、对中小企业投资决策的建议

中小企业投资决策是在对投资项目的全面分析的基础上进行的，是科学决策理论及其方法在投资领域的运用。中小企业投资决策要结合自身的实际制订切合实际的决策方案，除了考虑影响投资的因素外，还必须以企业总体发展战略为导向，以投资战略选择的具体原则为基础，服从和服务于企业发展战略。

（一）科学建立投资决策责任制

近年来，决策民主化、制度化、科学化和规范化虽然得到了倡导，但以相应的责任制度对决策者加以约束并没有纳入决策制度化建设的轨道，因决策失误或错误而使国家及企业利益受到损失的事例屡见不鲜，而且得不到及时处理。究其原因，就是因为决策者的权利与责任脱节，决策不负责任，想当然"拍板"决策，凭意气办事，这种决策的主观性和随意性必然带来极大的危害性和负效应。因此，不负责任的决策在客观上造成决策者缺乏高度的责任感和事业心，轻率从事，感情用事，从而使决策者走向误区。

享有多大的权利，就应负多大的责任，这是现代法制社会的一个基本特点。由于投资决策权对一个企业的发展和经济运转具有其导航作用，投资决策正确与否，都直接或间接影响企业的利益，影响企业的成败和社会效益的大小。因此，建立中小企业的投资决策责任制，促使决策者精心决策、科学决策、正确决策，显得十分迫切和重要。具体应做到：一是要分清或明确决策者应负哪些相应的责任，即对国家方针、政策负责的政治责任，对国家、企业和职工所有者权益负责的经济责任，对上级主管部门和领导负责的行政责任，受法律条款、法规限制的法律责任，对人格负责、对公平公正负责的道义责任等。二是要使责任形成有章可循的制度和有据可依的条文同决策权相呼应并融为一体。三是要狠抓责任制度的落实和执行，对决策者的失误，该追究什么责任就追究什么责任，该怎样处理就怎样处理，不避重就轻或碍于情面，要实事求是和赏罚分明。四是要坚持一视同仁和人人平等的原则，减少或避免在决策责任制度实施过程中的弹性和不公平，有利于发挥约束机制的效应。

（二）正确把握投资方向

目前，中小企业正处于孕育期和发展期，因而在发展方向上应选择较为积极的和进取的投资战略。对于处在孕育期、经济实力较弱的企业，受规模及内部经营管理体制不完善的限制，其对外筹资能力较低，这类企业基本上优先选择内部积累来实现企业扩张，战略选择上是内涵发展型投资战略。

这种战略选择也有三个侧重点：一是侧重资源开发战略，包括原材料、主要配件和能源供应等。另外，对于人力资源和社会关系资源也要加以关注。二是侧重技术开发战略，主要针对产品技术含量较高的企业而言。这类企业的发展是不断依靠改进技术、提高企业生产技术水平来实现的。三是侧重销售开发战略。企业通过有效的市场开发战略来提高企业产品的市场占有率，为企业扩大生产、增强实力打下基础。在买方市场情况下，搞好销售开发对于处于孕育期的企业来说尤为重要。因此，在投资方向上，企业不宜采取退却型投资战略和保守型投资战略。

但在经济整体环境不景气、企业发展空间萎缩的情况下，如果企业的某些部门或某些产品因缺乏竞争力而亏损，企业又缺乏足够的资源和人才扭转这种趋势，其应果断地采取退却型战略，及时从亏损投资领域抽回资金和人员，寻找有发展前途的投资领域。

（三）时刻瞄准产业发展导向

投资产业方向上的选择关系到企业长远发展规律的关键性问题。中小企业要选择自己的发展空间，首当其冲的是选择国家重点扶持的产业，在做此选择时必须充分考虑市场机会、竞争状况、企业自身综合实力及产品技术特点，选择与自身经营业务接近、市场发展前景广阔、产品适销对路的优势产业。

（四）大幅度降低资金成本

资金成本是由于资金的使用权和资金的所有权相分离而产生的，体现了两者之间的利益分配。中小企业的融资瓶颈决定了其资金成本将远远高于大企业的资金成本。中小企业在筹资的过程中已付出了高昂的代价，因此其在投资时将不得不考虑选择融资资金成本低、投入资金少、周转运筹快、利润空间大、附加值高的产业。

企业进行生产经营活动所用的资本，一般通过发行股票、债券以及借入长期贷款等途径取得，其所付出的股息、债券利息、银行贷款利息就是企业资本的使用成本。货币的时间价值是企业资本的使用成本，也是产生资本的主要原因，而资本成本则是货币具有时间价值在资本使用过程中的体现。当然，资本成本不仅包含时间价值，也包含投资者（货币所有者）要考虑的投资风险报酬。在确定资本成本时，投资者通常是根据银行正常利率、证券投资的实际利率、股东权益的获利水平以及投资的风险程度等因素进行周密的考虑，然后制定出该项投资的资本成本。资本成本在长期投资决策中非常重要，因为它是投资项目能否接受的最低报酬率，故称取舍率。如果以资本成本作为折现率，投资项目各年现金流量折算的总现值大于原始投资额的现值，那么该投资项目就是可取的；反之，就是不可取的。

（五）及时捕捉投资机会

在合适的时间和合适的地点进行合适的投资，这是投资成功的基本条件。由于消费潮流、企业竞争等因素的影响，产品一般具有一定的寿命周期，企业如果过早投资或过晚投资，都将会承受较大风险。在投资机会的选择上，要发挥中小企业的灵活性和适应性强等特点，使其在投资中更具有优势，做到人无我有、人有我优、人优我转，发挥其"船小好调头"的作用，把握机遇，与时俱进。

（六）不断优化投资组合

由于中小企业融资比较困难，在投资时其必须选择最佳的组合方式。出于其经营战略的需要，企业往往会在一定时期内组织对若干领域的项目进行投资。为此，企业应从投资方向、投资产业、投资规模、投资机会、投资的资金成本等方面统筹规划、组织协调，这对每一个投资项目的实施和总体效果的提高均具有重要作用。

从广义上讲，投资组合一是指同时期内已实施项目的协调配合，二是指某时期内已经实施与将要实施的项目之间的协调配合。在实际投资决策中，企业一般对前者较重视，对后者比较忽视。但由于投资过程的长期性，后者也必须引起企业的高度重视，以免出现战线过长和投资资金占用过多、过久而影响企业发展的情况。这对中小企业而言，更应如此。因此，中小企业一是要确保资本结构的弹性或刚性合理；二是要建立在翔实的调查研究、充分的科学论证、理智的作为等基础上进行投资；三是集中资金投入科技含量高、适销对路、竞争相对平缓的产业和产品上；四是采用分散或者循序渐进的方式分期、分批地投入；五是科学预测市场风险，时刻关注国家宏观政策。

（七）定期评估投资方案

通过经济指标分析，对投资项目做出正确的经济评价与选优，是投资决策的重要一环。它是在资本预算、预测的基础上，根据现行财税制度和现行价格，分析测算建设投资项目的收益和费用，考察项目的获利能力和清偿能力，借以判断建设项目的经济可行性。

一是评估内部收益率。它是投资方案在寿命周期内，各年净现值累计等于零时的折现率。它反映了投资项目在计算期内获利能力的动态评价指标。利用内部收益率进行投资方案决策选优时，投资者主要是将投资方案的内部收益率与理想的（基准的）内部收益率（本企业或行业先进指标）进行比较，如果前者大于后者，投资方案是可取的，内部收益率越大，说明投资效益就越高；反之，投资方案则不能接受。

二是评估投资回收期。投资回收期的计算可以分为静态和动态两种方法，其中动态回收期计算需要把各年的现金流入量和现金流出量，以部门或行业的基准收益率或折现率折算为现值的基础上进行计算。利用投资回收期进行项目评价时，如预先规定有投资回收期限要求时，则将方案回收期与要求回收期对比，方案回收期低于或等于要求年限时，则投资方案是可行的；反之则不可行。在同一条件下，多种投资方案进行评价时，回收期最短的为佳，说明其投资风险程度越小，获得盈利可能性越大。

三是评估净现值和净现值率。净现值是投资方案在整个寿命周期内各年的净现金流量，按理想的（或基准的）收益率（折现率）换算为建设初期的现值之和。利用净现值指标对投资方案决策选优时，一个独立方案的净现值为正数时，说明该方案可实现的投资率大于理想或基准（折现率）的投资收益率，该方案则不可取。

四是进行敏感性分析。投资者要把对影响投资方案经济效益最敏感的参数、投资总额、产品数量（规模）、产品成本、产品价格等的变动对投资方案的经济效益指标再评价。进行敏感性分析的目的在于各项预期参数值在多大的范围内变动，仍能保持原来结论的有效性，超过一定范围就改变了原来经济可行性的结论。所以，对主要经济评价指标进行敏感性分析，从相互联系中，具体掌握各项预期参数值变动的幅度、对经济评价指标的影响程度，有利于在建设生产经营过程中控制投资总额、掌握经济批量、降低产品成本，力争最佳价格，以达到投资方案的预期经济目标。

第四节　企业内部长期投资

随着全球经济一体化进程不断深入发展，企业之间的并购、控股、参股等频繁发生，长期投资的变化与增长较快，有成功也有失败，其中失败的原因主要是缺少严格的内部监控和管理。研究认为，企业要想加强对长期投资的内部控制和管理，需要做到三点：一是建立健全完善的内部控制制度和监督管理体系；二是建立投资风险制约机制；三是加强内部考核和监督。

一、建立健全完善的内部控制制度和监督管理体系

科学的投资决策是决策内部控制的重要内容，只有按照内部控制的程序和要求进行运作，长期投资的有效性才会得到保证，企业才能达到预想的投资目标。因此，企业应建立长期投资的内部控制制度和监督管理体系。对于大型集团公司，母公司应根据整个集团的发展战略，建立健全子公司对外投资立项、审批、控制、检查和监督制度，并重视对投资项目的跟踪管理，防止出现只投资不管理的现象，规范子公司的投资行为。企业集团要设立专门机构，由专业人员制定投资决策审

核办法,负责审核长期投资预算,监督长期投资计划的实施,并针对投资机会研究、初步可行性研究、详细可行性研究以及方案评估与选择等各阶段进行评审,从而避免长期投资管理中常见的有头无尾、有名无实、投资决策"拍脑门"等现象的发生。长期投资的管理是企业的系统工程,其内部控制环节应包括以下两个方面:

（一）长期投资的事前控制——制定细致、完整的投资策划

投资策划应包括投资目的是否合法,是否符合国家的产业政策,是否对投资决策的各个阶段工作内容、工作的细化程度、必须解决的问题、预计达到的目标和针对投资风险采取的应对措施进行了测评,是否做到每个阶段都有工作记录和阶段性成果。投资决策程序还应包括是否有民主程序,是否有专家、相关部门的参与,是否经过集体讨论或广泛地征求意见,是否按照授权和报批程序依法经国家有关部门批准,对于股份制公司重要的投资项目是否经过股东大会讨论通过,是否有财务人员从会计核算、企业整体资本结构、资金筹措、产权界定等方面进行了论证。同时,企业还应建立投资决策岗位责任制,将每个长期投资项目责任落实到个人,把投资效益作为一项硬指标纳入企业领导人业绩的考核范围,使企业利益与个人利益紧密相连,这样才能使缜密的事前控制真正成为企业减少投资风险的基础。

（二）长期投资的事中、事后分析管理

现实中,有的企业虽然制定了相关的内部控制制度,但制度明显执行不力。有的对外投资的管理办法中涉及投资后管理、投资资产处置、监督与评价的内容很少,即使有也只是一些要求,并没有具体的控制措施。还有一些企业大额资金投出后,对投资项目不参与经营管理,只是坐等投资回报,对投资效果考核没有制定出相应的指标体系及奖惩措施,致使对外投资造成损失。因此,长期投资在实施过程中,应由专门机构和包括精通财务知识的专业人员对其进行日常管理,监督投资双方的投资合同的履行情况,及时发现问题向有关领导汇报情况,及时采取调整措施;对投资效益不好或因经营不善造成严重亏损的项目,应根据项目执行的情况及时做出处置决定,以将损失降低到最低限度;在投资资产的处置过程中,要按有关规定进行资产清理,并对可转让和回收资产正确估价,保证资产

的及时回收和及时入账；年终应有对长期投资项目的投资情况分析报告；对投资收益的会计核算与资金收账，追加资金的申请批准手续与资金付出应有严格的人员分工与牵制。投资管理部门与财务部门应建立定期的核对制度，已结束的投资项目应对投资期间的盈亏进行分析，考察其是否达到了既定目标，资产的使用是否有效率。判断资产使用是否有效率的指标可以采用总资产利润率、资本保值增值率和投资收益率。在评价结果不理想时，相关人员需要查找原因，并将结果反馈给管理者、决策者以求改进。投资管理部门应设立投资项目档案，对投资的全过程进行记录，对投资文件进行保管。长期投资的事中、事后控制实际上就是对投资风险的控制保证。

二、建立投资风险制约机制

现代企业的一个基本特征就是企业经营管理的专家化。企业经营管理者由不具有财产所有者身份的专门管理人才担任，为现代企业建立投资决策法人责任制和投资项目审批责任制的投资风险制约机制奠定基础，可避免以往的投资失败后投资责任不清，领导者以经验不足等理由推脱责任，不了了之。

在完善的长期投资内部控制制度下，投资风险制约机制的建立，可明确投资责任，规范企业的长期投资行为，从而保障企业资金的安全、完整、保值和增值，防止资产的流失。

三、加强内部考核和监督

企业应加强内部稽核制度和内部审计制度的建设，发挥企业内部审计的作用，将内部审计人员从会计、财务人员中分离出来，直接对董事会负责。有的企业高级管理人员认为，稽核部门不能创造效益，还要占用人员编制，增加经营成本，因此不重视内审机制的建设。对此，笔者建议，企业相关人员应更新观念，并且切实加强考核和监督，充分发挥企业内部审计的作用；对投资项目实施跟踪监督，并对投资效果进行评价。评价的内容包括：投资方向是否正确，投资金额是否到位、是否与预算相符，股权比例是否变化、投资环境政策是否变化以及与可行性报告进行差异比较分析等，并将评价结果纳入业绩考核管理体系。内部审计应就发现的重大问题或经营异常情况成立专题调查组进行检查，并向董事会提出有关处置意见。

第五节　证券投资

一、企业证券投资概述及主要影响因素分析

在我国金融业中，证券市场是其重要的组成部分，而企业往往是进行证券投资的重要投资者，并且企业的证券投资往往也会对证券市场的走向和企业的自身发展产生较大的影响。因此，在这一前提下对企业证券投资抉择做出的主要影响因素进行分析，就具有极为重要的经济意义和现实意义。

（一）企业证券投资概述

通常来说，对于企业而言，处于成熟期的企业往往会具有相对较为充沛的现金流量。因此，在这种情况下，企业通过利用这些闲置资金来进行证券投资，将会更好地提高企业的资金使用效率，并且能够更好地提升企业的整体经营效益。这意味着企业管理层在利用企业闲置资金来进行证券投资时，应当充分考虑到影响证券市场的因素，并且考虑到在这些影响下证券市场可能存在的波动，以及这些波动所带来的风险和收益。也就是说，企业证券投资应当通过对影响因素进行分析来最大限度地提升企业在证券市场上的收益；与此同时，尽可能地避免风险的出现，最终促进企业经济效益的有效提升。

（二）宏观影响因素

宏观因素的影响对于企业证券投资是全面性的，这主要体现在经济形势变化、政策导向、通货膨胀、货币供给量变化多个环节。下面，笔者将从这四个方面出发，对影响企业证券投资抉择的宏观因素进行分析。

1. 经济形势变化

经济形势变化是影响企业证券投资抉择的重要因素。通常来说，生产能源与生产用原材料的价格波动往往是影响经济形势变化的重要因素，市场经济的发展在本质上是受到能源供给和原材料供应的影响的。以1974年全球经济危机为例，

经过研究可以发现，这场金融风暴发生的根本原因是中东战争引起的石油危机，从而在此基础上导致了证券市场的萧条，并且进一步导致了全世界的经济和企业进入了不景气的时期。因此，企业管理层在考虑证券投资时应当注重对经济形势的变化有着清晰的了解，从而在此基础上更好地做出明智的判断，促进企业投资风险的合理降低。

2. 政策导向

政策导向对于企业证券投资有着重要的影响。众所周知，国家的经济政策往往会直接影响到证券市场的变化，即证券市场是经济政策的"晴雨表"。以我国为例，在 2008 年全球金融危机之后，我国出台了 4 万亿个投资计划和振兴计划。这些计划的推出和资金的投入使得证券市场摆脱了金融危机的影响并且获得了新的发展机遇。除此之外，政策导向对于企业证券投资抉择的影响还体现在对企业所在行业的扶持和帮助上。这些扶持和帮助能够使得企业拥有更多的利润和资金，从而在证券市场上的选择权会更大些，并且抵御系统性风险的能力也会有所提升。

3. 通货膨胀

通货膨胀对于证券市场的影响是不言而喻的。通常来说，通货膨胀对于证券市场的影响主要包括影响国民经济的发展、转变投资者的投资态度、物价水平的整体上升等方面。国民经济发展不景气，企业就会受到冲击，也就不会有充裕的资金投放到证券市场上。如果投资者态度转变，则证券市场的波动性将会更大。而物价水平的整体上升则会导致企业生产成本持续上涨，最终导致企业经济效益受到较为严重的影响。

4. 货币供给量变化

货币供给量变化是影响证券市场的重要因素，并且对企业证券投资抉择也有着较为明显的影响。众所周知，对于证券市场而言，货币供给量的变化往往起着推动性的作用。例如，在金融市场上，货币供给量的持续增加会导致证券行业整体变得欣欣向荣；相反，则紧缩的银根会导致证券市场萎靡不振并且进一步影响到企业的证券投资收益。因此，在这种前提下，对于货币供给量变化进行分析，能够促进企业证券投资决策正确性的有效提升。

（三）微观影响因素

通常来说，影响企业证券投资抉择的微观因素往往是企业自身的因素，如盈利能力变化、经营能力变化、债务情况变化、资产情况变化等。以下从这四个方面出发，对影响企业证券投资抉择的微观因素进行分析：

1. 盈利能力变化

盈利能力变化对于企业证券投资抉择的影响是基础性的。通常来说，对于企业而言，其盈利能力越强，其发行证券或者购入证券就显得越安全。众所周知，企业的盈利能力指标主要是通过净资产收益率、总资产报酬率、销售利润率、成本费用利润率等重要指标来反映企业的具体经营情况和盈利能力，因此在这些因素的变化下，企业的整体资本和可用资本都会产生较大的变化，最终影响到企业的证券投资抉择。

2. 经营能力变化

经营能力变化是指企业的经营管理能力的变化。对于企业而言，其经营能力往往直接反映出企业的发展潜力和预期盈利水平，并且会影响到企业的资本增值状况以及相应的投资者回报。因此，在这种前提下，注重企业经营能力的提升，并且促进企业的资产、销售、收益等数据都得到较好的增长，就显得极为重要了。鉴于此，企业在进行证券投资过程中也应当对自身的管理层和管理方式进行合理的改良，从而促进企业证券投资整体水平的有效提升。

3. 债务情况变化

债务情况变化是影响企业证券投资抉择的核心因素之一。通常来说，对于企业而言，债务情况和偿债能力的变化会反映出企业的财务状况和相应的长期现金流量，这些因素都是关系到企业生存、竞争、发展的重要因素。与此同时，这也是影响企业证券投资抉择的关键因素。除此之外，债务情况变化对于企业证券投资抉择的影响还体现在健康的财务状况是企业进行证券投资的基础。如果没有健康的财务状况，企业是无法进行正确的证券投资抉择的。

4. 资产情况变化

资产情况变化是影响企业证券投资抉择的重中之重。通常来说，对于企业而言，自身资产总量和可用资产的状况往往会直接反映出企业所占用的经济资源的具体利用效率和相应的资产管理水平，以及企业资产的安全性等因素。

除此之外，企业资产情况变化还会影响到企业的总资产周转率和应收账款周转率，以及资产现金流动情况和不良资产比率等因素。这些因素对于企业证券投资抉择都有着千丝万缕的影响，因此只有当资产情况良好时，企业才能更好地进行正确投资抉择；否则企业的证券投资抉择就会受到财务指标的制约，最终导致企业证券投资经济收益受到较大的影响。

随着我国国民经济整体水平的持续进步和金融行业发展速度的不断加快，在企业证券投资过程中，影响着企业抉择的因素变得越来越多。因此，企业在进行证券投资抉择时应当从宏观和微观两方面进行考虑，从而在此基础上促进我国企业证券投资整体水平的有效提升。

二、企业证券投资风险控制研究

证券是一种特殊的商品，由于其自身的运行机制必然会导致泡沫的存在，而这种泡沫风险在一定时期内积累到一定程度必然会有释放的要求，所以企业需要对证券投资所带来的风险有较为清晰、透彻的认识，以便因地制宜地采取风险控制的方法。另外，收益和风险始终是共同存在的。在试图获得利益的同时，企业也要做好承担风险的准备。

（一）企业证券投资风险分析

证券投资的风险因素可以分为宏观风险和微观风险两个组成部分。其中，宏观风险是指由于企业外部、不为企业所预计和控制的因素造成的风险；微观风险是指由股份公司自身某种原因而引起的证券价格下跌的可能性，它只存在于某个具体的股票、债券上的风险，与其他有价证券无关。它来源于企业内部的微观因素。具体来讲，企业进行证券投资时急需应对的内外部风险主要有以下四种：

1. 政策风险

由于我国证券市场建立时间不长，相关法律法规还有不健全的。在从试点到规范的过程中，我国不断有各种各样的法律法规出台和调整，这势必对证券市场造成极大的影响。

2.市场价格波动风险

证券市场运行存在着自身的规律，其价格波动不可避免，投资者介入时机如在高位将有可能使未来一段时间产生投资损失。同时，上市公司经营业绩未达到预期、财务状况出现困难等情形也会导致证券价格下跌，使投资者蒙受损失。

3.流动性风险

企业的证券投资资金主要由长期沉淀资金和短期闲置资金组成，企业证券投资像开放式证券投资基金一样存在着不定期赎回的问题。如果证券投资无法及时变现，业务支付和其他用款就会出现困难，就会出现流动性风险。

4.决策与操作风险

同其他机构投资者一样，企业进行证券买卖时同样面临着决策与操作风险。对市场行情或市场热点判断失误、买入或卖出时机把握得不好、对上市公司情况了解得不充分、操作流程出现漏洞、未能有效实现内部控制以及操作者违规操作等原因，都有可能给企业带来投资损失。

（二）企业证券投资风险控制研究

企业证券投资风险控制是一个系统性、整体性的工程，所以需要综合各个环节的措施，综合性地加以控制。

1.组建专业证券投资人才队伍，建立科学决策机制，执行严格操作规程

为了防范证券投资风险，使证券投资稳健高效地运行，企业必须具备一定的条件：组建专业的证券投资人才队伍，建立科学的决策机制，执行严格的操作规程，完善各项投资制度。

（1）组建专门的证券投资部门，配备专业投资人才。

企业必须在原有优势的基础上重新组织一批专业化的证券投资人才，设置独立的证券投资部门，使证券投资得以稳健高效地进行。在证券投资的具体实施过程中，企业应实行资金管理部门和资金运作部门适当分离，即资金管理部门根据业务需要统筹安排企业的各类资金，闲置资金由资金运作部门进行证券投资。

（2）建立科学的决策机制。

证券市场是一个机遇和风险共存的市场，为了在一定风险下获得最大的利益，

任何投资主体都必须建立科学的决策机制。对企业来讲，科学的决策机制主要包括集体决策、额度管理、分级授权、自主经营四个原则。

首先，企业证券投资是在保障资金安全性的前提下进行的大规模的收益性投资。因此，为了避免个人判断失误，企业必须发挥集体的智慧，进行集体决策。

其次，无论是在企业层面还是在证券投资部门内部，都应该进行额度管理，根据对证券市场全年走势的判断和集团内部资金的安排以及风险承受能力的变化，确定当年证券投资的总体规模和具体的投资品种结构，投资额度由企业和部门逐级下达，最终落实到投资小组。分级授权是在额度管理的基础上进行的权责安排，每一级投资主体享有逐级递减的投资决策权，在授权额度内自主选择投资品种，自主确定投资组合。

在进行证券业务操作过程中，企业应遵循四个原则：①证券账户上持有的权益类证券按成本价计算的总金额不得超过证券营运资金的80%；②持有一种非国债证券按成本计算的总金额不得超过证券营运资金的20%；③买入任何一家上市公司股票按当日收盘价计算的总市值不得超过该上市公司已流通股总市值的20%；④买入任何一家上市公司股票持仓量不得超过该上市公司总股本的5%。

2. 权衡收益与风险，关注证券价格波动

（1）按照收益性与风险性相匹配的原则。

企业的投资方式可以有三种：第一种是激进型，即直接在二级市场买卖股票和参与配售新股的比例较大；第二种是保守型，即闲置资金主要存放于银行，投资于股票市场的相对较少；第三种是稳健型，即投资风格介于前两者之间。因此，企业为了充分利用好自己的闲置资金，就必须在收益性和风险性之间进行权衡，选择适合自己的投资组合，合理地分配资金，将系统风险控制于一个可以承受的水平，尽量消除非系统性风险。

（2）关注证券价格波动所带来的市场风险

要想控制市场风险，企业就要做到以下五点：

①建立强大的决策支持系统，加强信息收集研究工作。

②交易人员应敏锐地分析、判断市场变化，随时准备采取措施，调整投资策

略；应及时向公司领导小组汇报市场有关情况，以便修改有关投资计划，降低和规避市场风险。

③根据实际情况设定止损点。当投资亏损达到投资资金一定比例时，企业应断然采取减仓、清仓等措施，以减少损失。

④如遇市场突发性事件，负责证券业务的主要人员有相机决策权，但事后应及时向公司领导小组汇报。

⑤操盘人员应严守秘密，禁止向其他单位和个人泄露公司的交易情况，包括证券账户持仓量、资金运营等。

第六节　筹资管理

企业筹资是指企业作为筹资主体，根据其生产经营、对外投资和调整资本结构等需要，通过筹资渠道和金融市场，运用筹资方式，经济、有效地筹措和集中资本的活动。

一、企业筹资的意义

企业筹资的基本目的是自身的生存和发展，具体可分为：①扩张性筹资动机；②调整性筹资动机；③混合性筹资动机。

随着中国市场经济的发展，企业的融资方式发展迅速，呈现多样化的趋势。很多企业开始利用直接融资获取所需要的资金。直接融资或将成为企业获取所需要的长期资金的一种主要方式，主要是因为随着国家宏观调控作用的不断削弱，国有企业的资金需求很难得到满足；另外，银行对信贷资金缺乏有效的约束手段，使银行不良债务急剧增加，银行自由资金比率太低。这预示着中国经济生活中潜伏着可能的信用危机和通货膨胀的危机；企业本身高负债，自注资金的能力也较弱。

在市场经济条件下，企业作为资金的使用者，不通过银行这一中介机构而从货币所有者手中直接融资已成为一种通常做法。由于中国资本市场的欠发达，我国直接融资的比例较低，同时也说明了我国资本市场在直接融资方面的发展潜力是巨大的。

改革开放以来，国民收入分配格局明显向个人倾斜，个人收入比重大幅度上升。随着个人持有金融资产的增加和居民投资意识的增强，对资本的保值、增值的要求增大，人们开始把目光投向国债和股票等许多新的投资渠道。我国目前正在进行的企业股份制改造无疑为企业进入资本市场直接融资创造了良好的条件，但是应该看到，由于直接融资，特别是股票融资无须还本付息，投资者承担着较大的风险，必然要求较高的收益率，就要求企业必须有良好的经营业绩和发展前景。

二、企业筹资的分类

企业筹集的资金可按不同的标准进行分类：第一，按企业所取得资金的权益特性不同，企业筹资分为股权筹资、债务筹资和混合筹资三类；第二，按所筹集资金的使用期限是否超过 1 年，企业筹资分为长期筹资和短期筹资两种类型；第三，按是否以金融机构为媒介来获取社会资金，企业筹资分为直接筹资和间接筹资两种类型；第四，按资金的来源范围不同，企业筹资分为内部筹资和外部筹资两种类型。

在市场经济中，企业融资方式总的来说有两种：第一，内部融资，即企业在内部通过留用利润而形成的资本来源；第二，外部融资，即吸收其他经济主体的储蓄，以转化为自己投资的过程，它需要从金融市场上筹集，其中短期资本通过货币市场筹集，长期资本则通过资本市场筹集。

按照资金是否在供求双方调剂，可以把长期资金的筹集方式划分为两种方式，即直接融资和间接融资。其中，直接融资是指不通过金融中介机构，由资金供求双方直接协商进行的资金融通。通过商业信用、企业发行股票和债券方式进行的融资均属于直接融资。间接融资则是由企业通过银行和其他金融中介机构间接地向资本的最初所有者筹资，它的基本形式是银行或非银行金融机构从零散储户或其他委托人那里收集来的资本以贷款、购买企业股票或其他形式向企业融资。

内部融资不需要实际对外支付利息或者股息，不会减少企业的现金流量；同时，由于资金来源于企业内部，不会发生融资费用，使得内部融资的成本要远远低于外部融资。因此，它是企业首选的一种融资方式，企业内部融资能力的大小取决于企业的利润水平高低、净资产规模大小和投资者预期长短等因素，只有当内部融资无法满足企业资金需要时，企业才会转向外部融资。

三、筹资渠道

企业筹集资本来源的方向与通道，体现着资本的源泉和流量。

政府财政资本——国有企业的来源。

银行信贷资本——各种企业的来源。

非银行金融机构资本——保险公司、信托投资公司、财务公司等。

其他法人资本——企业、事业、团体法人。

民间资本——民间。

企业内部资本——企业的盈余公积和未分配利润。

国外和我国港澳台资本——外商投资。

四、企业筹资方式

企业筹集资本所采取的具体形式和工具，体现着资本的属性和期限。企业筹资方式主要包括：①投入资本筹资；②发行股票筹资；③发行债券筹资；④发行商业本票筹资；⑤银行借款筹资；⑥商业信用筹资；⑦租赁筹资。

企业的筹资方式与筹资渠道有着密切的关系。一定的筹资方式可能只适用于某一特定的筹资渠道；但同一筹资渠道的资本往往可以采取不同的筹资方式获得，而同一筹资方式又往往可以适用于不同的筹资渠道。因此，企业在筹资时，必须实现两者的合理配合。

五、筹资原则

企业筹资是一项重要而复杂的工作，为了有效地筹集企业所需资金，必须遵循四个基本原则：规模适当、筹措及时、来源合理、方式经济。

（一）规模适当原则

不同时期的企业资金需求量并不是一个常数，企业财务人员要认真分析科研、生产、经营状况，采用一定的方法预测资金的需要数量，合理确定筹资规模。

（二）筹措及时原则

企业财务人员在筹集资金时必须熟知资金时间价值的原理及计算方法，以便根据资金需求的具体情况，合理安排资金的筹集时间，适时获取所需资金。

（三）来源合理原则

资金的来源渠道和资金市场为企业提供了资金的源泉和筹资场所，它反映资金的分布状况和供求关系，决定着筹资的难易程度。不同来源的资金对企业的收益和成本有不同影响，因此企业应认真研究资金来源渠道和资金市场，合理选择资金来源。

（四）方式经济原则

在确定筹资数量、筹资时间、资金来源的基础上，企业在筹资时还必须认真研究各种筹资方式。企业筹集资金必然要付出一定的代价，不同筹资方式条件下的资金成本有高有低。为此，企业就需要对各种筹资方式进行分析、对比，选择经济、可行的筹资方式以确定合理的资金结构，以便降低成本、减少风险。

六、资金需要量预测

资金需要量预测是指企业根据生产经营的需求，对未来所需资金的估计和推测。企业想筹集资金，就要先对资金需要量进行预测，即对企业未来组织生产经营活动的资金需要量进行估计、分析和判断，它是企业制订融资计划的基础。

企业资金需要量的预测方法主要有定性预测法和定量预测法两种。

（一）定性预测法

定性预测法是根据调查研究所掌握的情况和数据资料，凭借预测人员的知识和经验，对资金需要量所做的判断。这种方法一般不能提供有关事件确切的定量概念，而主要是定性地估计某一事件的发展趋势、优劣程度和发生概率。定性预测是否正确，完全取决于预测者的知识和经验。企业在进行定性预测时，虽然要汇总各方人士的意见并综合说明财务问题，但也需将定性的财务资料进行量化，这并不改变这种方法的性质。定性预测主要是根据经济理论和实际情况进行理性的、逻辑的分析和论证，以定量方法作为辅助，一般在缺乏完整、准确的历史资料时采用。

1. 专家调查法

前面销售预测时，企业主要是通过向财务管理专家进行调查，利用专家的经验和知识，对过去发生的财务活动、财务关系和有关资料进行分析综合，从财务方面对未来经济的发展做出判断。

预测一般分两步进行：①由熟悉企业经营情况和财务情况的专家，根据其经验对未来情况进行分析判断，提出资金需要量的初步意见；②通过各种形式（如信函调查、开座谈会等），在与本地区一些同类企业的情况进行对比的基础上，对预测的初步意见加以修订，最终得出预测结果。

2. 市场调查法

市场的主体是在市场上从事交易活动的组织和个人，客体是各种商品和服务，商品的品种、数量和质量、交货期、金融工具和价格则是市场的配置资源。我国既有消费品和生产资料等商品市场，又有资本市场、劳动力市场、技术市场、信息市场、房地产市场等要素市场。市场调查的主要内容是对各种与财务活动有关的市场主体、市场客体和市场要素的调查。

市场调查以统计抽样原理为基础，包括简单随机抽样、分层抽样、分群抽样、规律性抽样和非随机抽样等技术，主要采用询问法、观测法和实验法等，以使定性预测准确、及时。

3. 相互影响预测法

专家调查法和市场调查法所获得的资料只能说明某一事件的现状发生的概率和发展的趋势，而不能说明有关事件之间的相互关系。相互影响预测方法就是通过分析各个事件由于相互作用和联系引起概率发生变化的情况，研究各个事件在未来发生可能性的一种预测方法。

（二）定量预测法

定量预测法是指以资金需要量与有关因素的关系为依据，在掌握大量历史资料的基础上选用一定的数学方法加以计算，并将计算结果作为预测的一种方法。定量预测方法很多，如趋势分析法、相关分析法、线性规划法等。下面，我们主要介绍两种预测方法（销售百分比法和资金习性法）。

1. 销售百分比法

销售百分比法是一种在分析报告年度资产负债表有关项目、与销售额关系的基础上，根据市场调查和销售预测取得的资料，确定资产、负债和所有者权益的有关项目占销售额的百分比，然后依据计划期销售额及假定不变的百分比关系预测计划期资金需要量的一种方法。

2. 资金习性法

资金习性是指资金占用量与产品产销量之间的依存关系。按照这种关系，我们可以将占用资金区分为不变资金、变动资金和半变动资金。其中，不变资金是指在一定的产销规模内不随产量（或销量）变动的资金，主要包括为维持经营活动展开而占用的最低数额的现金以及原材料的保险储备，必要的成品储备，厂房、机器设备等固定资产占用资金；变动资金是指随产销量变动而同比例变动的资金，一般包括在最低储备以外的现金、存货、应收账款等所占用的资金；半变动资金是指虽受产销量变动的影响，但不成同比例变动的资金，如一些辅助材料上占用的资金等，半变动资金可采用一定的方法划分为不变资金和变动资金两部分。

七、常见的资金筹集方式

常见的资金筹集方式有权益资金筹集和负债资金筹集两种。

（一）权益资金筹集

权益筹资是指以发行股票支付股息的方式筹集资金。权益资金是企业投资者的投资及其增值中留存企业的部分，是投资者在企业中享有权益和承担责任的依据，在企业账面上体现为权益资本。

1. 权益资本的形成和出资方式

权益资本的形成方式具体表现如下：①投资者以货币或者非货币资产出资或者增资；②企业通过利润分配从净利润中提取公积金；③暂不或暂少向投资者分配利润，从而得到生产经营资金。从根本上说，真正能够给企业资本总量、资本结构带来立竿见影效果的，是投资者的出资或者增资。

权益资本的出资方式具体表现如下：①货币资产出资。接受货币资金是出资者所采用的最普遍的出资方式，也是企业最愿意接受的出资方式。②非货币实物资产出资。③无形资产出资。④股权出资。⑤特定债权出资。特定债权是指出资者利用企业依法发行的可转换债券、符合有关规定转作股权的债权等进行的出资。

2.权益筹资的特点

作为一个股份有限公司，普通股筹资、优先股筹资和盈余筹资是权益资本重要的筹资方式。其中，普通股筹资作为股份公司主要的权益资本筹资方式，具有以下特点：

（1）发行普通股筹措资本具有永久性，无到期日，无须归还。这对保证公司对资本的最低需要、维持公司长期稳定发展极为有益。

（2）普通股筹资没有固定股利负担，股利的支付视公司有无盈利和经营需要而定，不存在不能偿付的风险。

（3）增加公司的举债能力，提高公司的信誉。公司发行股票并成功上市，其在市场上的地位会因此而提高。普通股作为公司最基本的资本来源，反映了公司的实力，可作为其他方式筹资的基础，尤其可为债权人提供保障，提高公司的信用价值，有效地增加公司的举债能力。

（4）站在投资者角度，普通股的预期收益较高并可在一定程度上抵消通货膨胀的影响，因此普通股筹资容易吸收资金。

3.权益筹资的优点

权益筹资的优点主要有三个：①不需要偿还本金；②没有固定的利息负担，财务风险低；③能增强企业的实力。

4.权益筹资的缺点

权益筹资的缺点主要有两个：①资金成本较高；②控制权容易分散。

（二）负债资金筹集

负债筹资是指企业以已有的自有资金作为基础，为了维系企业的正常营运、扩大经营规模、开创新事业等，产生财务需求，发生现金流量不足，通过银行借款、商业信用和发行债券等形式吸收资金，并运用这笔资金从事生产经营活动，使企业资产不断得到补偿、增值和更新的一种现代企业筹资的经营方式。其具体含义是：①资金来源是以举债的方式；②负债具有货币时间价值，到期时债务人除归还债权人本金外，还应支付一定利息和相关费用；③举债是弥补自有资金的不足，用于生产经营，以促进企业发展为目的，而不能将资金挪作他用，更不能随意浪费。

1.类型

按照所筹资金可使用时间的长短，负债筹资可分为长期负债筹资和短期负债筹资两类。长期负债是指期限超过一年的负债。筹措长期负债资金，可以解决企业长期资金的不足，如满足发展长期性固定资产的需要；同时，由于长期负债的归还期长，债务人可以对债务的归还做长期安排，还债压力或风险相对较小。但长期负债筹资一般成本较高，即长期负债的利率一般会高于短期负债利率。负债的限制较多，即债权人经常会向债务人提出一些限制性的条件以保证其能够及时、足额地偿还债务本金和支付利息，从而形成对债务人的种种约束。我国的长期负债筹资主要有长期借款和债券两种方式。

2.方式

负债筹资的方式主要有银行借款、发行债券、融资租赁和商业信用。

（1）银行借款。向银行借款是由企业根据借款合同从有关银行或非银行金融机构借入所需资金的一种筹资方式，又称银行借款筹资。

（2）发行债券。公司债券是指公司按照法定程序发行的、预定在一定期限还本付息的有价证券。

（3）融资租赁。租赁是指出租人在承租人给予一定报酬的条件下，授予承租人在约定的期限内占有和使用财产权利的一种契约性行为。融资租赁又称财务租赁，是区别于经营租赁的一种长期租赁形式，由于它可满足企业对资产的长期需要，故有时也称为资本租赁。

（4）商业信用。商业信用是指商品交易中的延期付款或延期交货所形成的借贷关系，是企业之间的一种直接信用关系。商业信用又称商业信用融资，是一种形式多样、适用范围很广的短期资金。

3.影响

（1）负债筹资对资本成本的影响。资本成本包括资金筹集费用和资金占用费用两部分，其中资金筹集费用是指在资金筹集过程中支付的各项费用，它通常是指在资金筹资时一次性支出的费用；而资金占用费用是指占用资金支付的费用，它是企业经常发生的一种费用，因此企业在筹资时就要根据企业的经营情况确定合理的计量方式计算资本成本。但是在企业管理中，企业通常用相对数作为衡量资本成本的指标来表示资本成本的高低。

资本成本 = 资金占用费 / （筹资总额 - 筹资费用）

资本成本是财务管理的重要内容之一，对企业进行负债筹资来讲，企业力求资本成本最低的筹资方式，资本成本是企业财务决策的重要参数，是选择筹资方案的依据。例如，某企业拟筹资 200 万元资金，准备采用负债筹资，若向银行借款则借款利率为 11%，每年付息一次，到期一次还本，筹资费用率为 0.5%，企业所得税率为 33%，通过计算可知该项长期借款的筹资成本为 7.4%。这样，企业就可以进行具体分析：企业是否能承受筹资成本、是选择还是放弃该种筹资方案。另外，资本成本在企业追加长期资金筹集以及在不同筹资方案的决策中均起着重要作用。

（2）负债筹资对财务杠杆的影响。企业选择负债筹资，可利用财务利息的抵税作用，发挥财务杠杆效应，降低负债成本，提高投资收益。财务杠杆是指当息税前利润增多时，每一元盈余所负担的固定财务费用就会相对减少，这能给普通股股东带来更多的盈余，通常用财务杠杆系数来表示财务杠杆的程度。财务杠杆系数是指普通股每股利润的变动率相当于税前利润变动率的倍数。这就说明，财务杠杆系数越大，财务杠杆作用越大，财务风险也就越大。企业运用负债筹资的目的是利用财务杠杆的效应，因此企业应该分析在什么情况下能够充分利用财务杠杆的效应，增大企业每股收益，且避免其产生的不良影响。

（3）负债筹资对资本结构的影响。资本结构是指企业各种长期资金筹集来源的构成与比例关系，企业的资本结构由长期债务资本和权益资本构成。由于权益资本和债务资本这两类资本在税后成本、风险、收益、流动性以及资本提供者对企业控制权要求等方面存在诸多差别，企业资本结构管理的核心任务就是要合理配置权益资本和债务资本的比例，以达到最佳的资本结构。企业要取得合理的负债筹资来调整资本结构，就必须计算两者的个别资本成本，以及对财务杠杆的影响，也要考虑企业的加权平均资本成本，对企业选择单一或组合方案筹资都有重要意义。

企业进行负债筹资后是否能达到低成本、高效益的回报，这是每个企业关心的重要问题，也是确定资本结构的重要参数。确定最佳资本结构的方法有：每股收益无差别点法、比较资金成本法和公司价值分析法。资本结构是否合理可以通过每股收益的变化来衡量，能够提高每股收益的资本结构是合理的资本结构，加权平均资本成本最低的资本结构是合理的资本结构，企业价值最大的资本结构是合理的资本结构。

综上所述，任何企业要想发展，不运用负债是很难达到预期目的的，但负债经营并非没有限度，这就要求企业必须凭借经验，确定合理的资产比率，不可过度负债而影响企业的发展，增大企业的财务风险。负债筹资不但不可以过度，更应该把负债筹资的资本成本与企业所能创造的价值进行比较，同时也要加强财务管理，利用财务杠杆的作用，提高企业每股的收益，选择合理的资本结构，创造更高的股东财富。

第七节　利润分配

利润分配是将企业实现的净利润，按照国家财务制度规定的分配形式和分配顺序，在企业和投资者之间进行的分配。

利润分配的过程与结果关系到所有者的合法权益能否得到保护，以及企业能否长期、稳定发展的重要问题，为此，企业必须加强利润分配的管理和核算。企业利润分配的主体是投资者和企业，利润分配的对象是企业实现的净利润；利润分配的时间即确认利润分配的时间，是利润分配义务发生的时间和企业做出决定向内向外分配利润的时间。

一、利润分配的意义

利润分配的重大意义表现在三个方面：①通过利润分配，国家财政能动员集中一部分利润，由国家有计划地分配使用，实现国家政治职能和经济宏观调控职能，发展高新技术、能源交通和原料基础工业，为社会经济的发展创造良好条件。②通过利润分配，企业由此而形成一部分自行安排使用的积累性资金，增加企业生产经营的财力，有利于企业适应市场需要发展生产，改善职工生活福利。③通过利润分配，投资者能实现预期的收益，从而提高企业的信誉程度，有利于增强企业急需融通资金的能力，有利于生产经营发展。

二、利润分配的原则

利润分配的原则有以下四个：

（一）依法分配原则

企业利润分配的对象是企业缴纳所得税后的净利润，这些利润是企业的权益，企业有权自主分配。国家有关法律、法规对企业利润分配的基本原则、一般次序和重大比例也做了较为明确的规定，其目的是保障企业利润分配的有序进行，维护企业和所有者、债权人以及职工的合法权益，促使企业增加积累、提升风险防范能力。国家有关利润分配的法律法规主要有《中华人民共和国公司法》《中华人民共和国外商投资法》等，企业在利润分配中必须切实执行这些法律法规。

利润分配在企业内部属于重大事项，企业的章程必须在不违背国家有关规定的前提下，对本企业利润分配的原则、方法、决策程序等内容做出具体而又明确的规定，企业在利润分配中也必须按规定办事。

（二）资本保全原则

资本保全是责任有限的现代企业制度的基础性原则之一，企业在分配中不能侵蚀资本。利润的分配是对经营中资本增值额的分配，不是对资本金的返还。按照这一原则，一般情况下，企业如果存在尚未弥补的亏损，应先弥补亏损，再进行其他分配。

（三）充分保护债权人利益原则

债权人的利益按照风险承担的顺序及其合同契约的规定，企业必须在利润分配之前偿清所有债权人到期的债务，否则不能进行利润分配；同时，在利润分配之后，企业还应保持一定的偿债能力，以免产生财务危机，危及企业生存。此外，企业在与债权人签订某些长期债务契约的情况下，其利润分配政策还应征得债权人的同意或审核方能执行。

（四）多方及长短期利益兼顾原则

利益机制是制约机制的核心，而利润分配的合理与否是利益机制最终能否持续发挥作用的关键。利润分配涉及投资者、经营者、职工等多方面的利益，企业必须兼顾，并尽可能地保持稳定的利润分配。在获得稳定增长的利润后，企业应增加利润分配的数额或百分比；同时，由于发展及优化资本结构的需要，除依法必须留用的利润外，企业仍可以出于长远发展的考虑，合理留用利润。在积累与消费关系的处理上，企业应贯彻积累优先的原则，合理确定提取盈余公积金和分配给投资者利润的比例，使利润分配真正成为促进企业发展的有效手段。

三、利润分配的程序

利润分配程序是指公司制企业根据适用法律、法规或规定，对企业在一定时间内实现的净利润进行分配必须经过的先后步骤。

根据《中华人民共和国公司法》等有关规定，企业当年实现的利润总额应按国家有关税法的规定做出相应的调整，然后依法交纳所得税。交纳所得税后的净利润按下列顺序进行分配：

（一）弥补以前年度的亏损

按我国财务制度和税务制度的规定，企业的年度亏损可以由下一年度的税前利润弥补，下一年度税前利润尚不足以弥补的，可以由以后年度的利润继续弥补，但用税前利润弥补以前年度亏损的连续期限不超过 5 年；5 年内弥补不足的，用本年税后利润弥补。本年净利润加上年初未分配利润为企业可供分配的利润，只有可供分配的利润大于零时，企业才能进行后续分配。

（二）提取法定盈余公积金

根据《中华人民共和国公司法》的规定，法定盈余公积金的提取比例为当年税后利润（弥补亏损后）的 10%。当法定盈余公积金已达到注册资本的 50% 时，可不再提取。法定盈余公积金可用于弥补亏损、扩大公司生产经营或转增资本，但公司用盈余公积金转增资本后，法定盈余公积金的余额不得低于转增前公司注册资本的 25%。

（三）提取任意盈余公积金

根据《中华人民共和国公司法》的规定，公司从税后利润中提取法定公积金后，经股东会或者股东大会决议，还可以从税后利润中提取任意公积金。

（四）向投资者分配利润

根据《中华人民共和国公司法》的规定，公司弥补亏损和提取公积金后所余税后利润，可以向股东（投资者）分配股利（利润），其中有限责任公司股东按照实缴的出资比例分取红利，但全体股东约定不按照出资比例分取红利的除外；股份有限公司按照股东持有的股份比例分配，但股份有限公司章程规定不按持股比例分配的除外。根据《中华人民共和国公司法》的规定，在公司弥补亏损和提取法定公积金之前向股东分配利润的，股东必须将违反规定分配的利润退还公司，公司持有的本公司股份不得分配利润。

四、股利支付的方式

股利支付的方式主要有：现金股利、股票股利、财产股利和负债股利。

（一）现金股利

现金股利是最常见的一种分红方式，也是大多数股东喜欢的方式，但发放现金股利需要充足的变现能力、强大的资产做保证，对一个正在迅速发展的公司而言，资金需求量大，发放现金股利，并不多见，这也是国内上市公司派发现金红利较少的原因。

（二）股票股利

股票股利是指增加发行股票给现有股东。从会计角度来看，股票股利只是资金在股东权益账户之间的转移，将资金从留存盈利账户转移到股东权益账户，不改变股东的股权比例，也不增加公司资产。

从理论上讲，就股东而言，股票股利除了增加其所持的股票数量之外，几乎没有任何价值，因为公司的盈利不变，其所持的股份比例不变，股价会同比例减少。因此，每位股东所持有股票的市场价值总额也保持不变。但对公司而言，股东分享了公司的利润而又无须分配现金，由此可以将更多的现金保存下来用于再投资，有利于公司长期健康、稳定地发展。发放股票股利在国内习惯称为送红股。股票分割是指将一股面值较高的股票交换成数股面值较低的股票的行为。例如，将原来的一股股票交换成两股股票。股票分割不属于某种股利，但其所产生的效果与发放股票股利相似。

（三）财产股利

财产股利是以现金以外的资产支付的股利，主要是以公司所拥有的其他企业的有价证券，如债券、股票作为股利支付给股东。

（四）负债股利

负债股利是公司以负债支付的股利，通常以公司的应付票据支付给股东，不得已情况下也有发行公司债券抵付股利的。

财产股利和负债股利实际上是现金股利的替代。目前我国企业很少使用这两种股利方式，但并非法律所禁止。

从上市公司的分红方案来看，其主要采用送配股和发放现金红利并用的方式。

采用这种方式对公司而言有很大的好处：①通过送红股，使股东感到公司发放了红利，而公司又没有现金的流出；②通过送股，扩大了流通在外股数；③通过配股，将会使投资者再次投资于本公司股票，公司可以再从资本市场上获得资金。

国内上市公司之所以敢于连续采用这种分红方式，关键是由国内特殊的情况形成的：①资本市场股票供应量不能满足投资者的需要，公司不必担心自己的股票会因为送配股而大幅度降低；②上市公司多为国有企业，国有股、法人股都是不具备流通条件的，公司不担心自己在股票市场上的行为不佳而被兼并收购，外部压力较小。在分析股份制企业的分红方案时，我们要对分红方案做连续三年至五年的对比分析，从企业的分红政策的变化间接考察其财务政策和经营状况。

以上介绍的方法从股东权益状况、企业盈利能力、投资价值和股利政策几个方面对股份有限公司进行分析与评价，多是站在投资人的角度来考虑。信贷人员利用这些指标提供的信息，从投资人对公司的信心程度及预测投资人将会采取的行动中，可以作为判断公司的现状及发展趋势的一种依据，同时结合其他指标的分析对股份公司做出全面评价并指导信贷决策。

五、影响利润分配的因素

利润分配通常受八个因素的影响，即法律因素、现金能力因素、税收因素、股东构成因素、负债因素、资本成本因素、企业拓展因素和通货膨胀因素。

（一）法律因素

企业在进行利润分配时，应坚持法定利润分配程序，不能以企业资本分配利润，不能以当年无利润为由而动用以前年度留存的收益分配利润等，都是企业利润分配过程中所必须遵循的法律规定。

相关要求主要体现在以下三个方面：

（1）资本保全约束。企业不能用资本（包括实收资本或股本和资本公积）发放股利，目的在于维持企业资本的完整性，保护企业完整的产权基础，保障债权人的权益。

（2）资本积累约束。企业必须按一定的比例和基数提取各种公积金。另外，企业在进行股利分配时，一般应当贯彻"无利不分"的原则。

（3）超额累积利润约束。如果企业为了避税而使盈余的保留大大超过了其目前及未来的投资需求时，将被加征额外的税款。

（二）现金能力因素

企业若想以现金的形式分配利润，就必须考虑现金的支付能力。企业盈利不等于一定有相应的现金。实践中，企业往往出现会计账面利润很多，但现金十分拮据的情况。这是由于企业在创利的过程中，同时进行实物资产的购置，从而使以往的盈利和当期的利润固定化为非现金资产，影响了资产的流动性。

（三）税收因素

股票投资的目的是获取股利，或是通过低吸高抛，取得资本利得收益。但对于股东来说，两者所缴纳的所得税是不同的，现金股利的税负高于资本利得的税负。

（四）股东构成因素

不同阶层、不同收入水平以及不同投资项目的股东，对股利分配的要求也是不同的。

（五）负债因素

当企业举借长期债务时，债权人为了保护自身的利益，可能会对企业发放股利加以限制。

（六）资本成本因素

在企业的各种筹资方法中，留用利润的资本成本是最低的而且是稳定可靠的，还可以使企业保持较强的外部筹资能力，企业的资产负债率可以保持在较理想的水平之上。但过分地强调留用利润，股利支付过少也会使企业走向负面，因为股价有可能因投资者的不满、抛售而跌落，企业声誉受损，反而会影响其外部筹资能力。

（七）企业拓展因素

当企业处于发展上升阶段，具备广泛的投资机会时，需要大量的发展资金，这时企业可以考虑减少股利支出，将大部分盈利用于扩大再生产，将来给股东以更加满意的回报，这很可能会被多数股东所接受。当企业处于盈利充裕、稳定、并无良好的拓展机会时，可考虑采用较高的股利以回报投资者。

（八）通货膨胀因素

在通货膨胀时期，企业的购买力下降，原计划以折旧基金为来源购置固定资产则难以实现。为了弥补资金来源的不足，企业购置长期资产，往往会使用企业的盈利，因此股利支付会较低。

六、股利分配政策

股利分配政策包含剩余股利政策、固定或持续增长股利政策、固定股利支付率政策和低正常股利加额外股利政策四种。

（一）剩余股利政策

1. 分配方案的确定

股利分配与公司的资本结构相关，而资本结构又是由投资所需资金构成的，因此实际上股利政策要受到投资机会及其资本成本的双重影响。剩余股利政策就是在公司有着良好的投资机会时，根据一定的目标资本结构（最佳资本结构）测算出投资所需的权益资本，先从盈余当中留用，然后将剩余的盈余作为股利予以分配。

采用剩余股利政策时，公司应遵循以下四个步骤：

（1）设定目标资本结构，即确定权益资本与债务资本的比率，在此资本结构下，加权平均资本成本将达到最低水平。

（2）确定目标资本结构下投资所需的股东权益数额。

（3）最大限度地使用保留盈余来满足投资方案所需的权益资本数额。

（4）投资方案所需权益资本已经满足后若有剩余盈余，再将其作为股利发放给股东。

2.采用本政策的理由

奉行剩余股利政策，意味着公司只将剩余的盈余用于发放股利，这样做的目的是保持理想的资本结构，使加权平均资本成本最低。

（二）固定或持续增长股利政策

1.分配方案的确定

这一股利政策是将每年发放的股利固定在某一相对稳定的水平上并在较长的时期内不变，只有当公司认为未来盈余会显著地、不可逆转地增长时，才会提高年度的股利发放额。

2.采用本政策的理由

固定或持续增长股利政策的主要目的是避免出现由于经营不善而削减股利的情况。采用这种股利政策的理由如下：

（1）稳定的股利向市场传递公司正常发展的信息，有利于树立公司的良好形象，增强投资者对公司的信心，稳定股票的价格。

（2）稳定的股利额有利于投资者安排股利收入和支出，特别是对那些对股利有着很高依赖性的股东更是如此；而股利忽高忽低的股票，则不会受这些股东的欢迎，股票价格会因此而下降。

（3）稳定的股利政策可能会不符合剩余股利理论，但考虑到股票市场会受到多种因素的影响，其中包括股东的心理状态和其他要求，因此为了使股利维持在稳定的水平上，即使推迟某些投资方案或者暂时偏离目标资本结构，也可能要比降低股利或降低股利增长率更为有利。

该股利政策的缺点在于股利的支付与盈余相脱节。当盈余较低时公司仍要支付固定的股利，这可能导致其资金短缺，财务状况恶化；同时不能像剩余股利政策那样保持较低的资本成本。

（三）固定股利支付率政策

1. 分配方案的确定

固定股利支付率政策是公司确定一个股利占盈余的比率，然后长期按此比率支付股利的政策。在这一股利政策下，每年股利额随公司经营的好坏而上下波动，获得较多盈余的年份股利额高，获得盈余少的年份股利额就低。

2. 采用本政策的理由

主张实行固定股利支付率的人认为，这样做使股利与公司盈余紧密配合，以体现多盈多分、少盈少分、无盈不分的原则，真正公平地对待每一位股东。但是在这种政策下，各年的股利变动较大，极易造成公司的不稳定，对于稳定股票价格不利。

（四）低正常股利加额外股利政策

1. 分配方案的确定

低正常股利加额外股利政策，是指在一般情况下，公司每年只支付固定的、数额较低的股利，在盈余多的年份，再根据实际情况向股东发放额外股利。但额外股利并不固定化，并不意味着公司永久地提高了规定的股利率。

2. 采用本政策的理由

（1）这种股利政策使公司具有较大的灵活性。当公司盈余较少或投资需用较多资金时，可维持设定的较低但正常的股利，股东不会有股利跌落感；而当公司盈余有较大幅度增加时，则可适度增发股利，把经济繁荣的部分利益分配给股东，使他们增强对公司的信心，这有利于稳定股票的价格。

（2）这种股利政策可使那些依靠股利度日的股东每年至少可以得到虽然较低但比较稳定的股利收入，从而留住这部分股东。

七、股票分割

股票分割又称股票拆细,即将一张较大面值的股票拆成几张较小面值的股票。股票分割对公司的资本结构不会产生任何影响,一般只会使发行在外的股票总数增加,资产负债表中股东权益各账户(股本、资本公积、留存收益)的余额都保持不变,股东权益的总额也保持不变。

股票分割给投资者带来的不是现实的利益,但是投资者持有的股票数增加了,给投资者带来了今后可多分股息和更高收益的希望,因此股票分割往往比增加股息派发对股价上涨的刺激作用更大。股票分割具有如下作用:

第一,股票分割会在短时间内使公司股票每股市价降低,买卖该股票所必需的资金量减少,易于增加该股票在投资者之间的换手,并且可以使更多的资金实力有限的潜在股东变成持股的股东。因此,股票分割可以促进股票的流通和交易。

第二,股票分割可以向投资者传递公司发展前景良好的信息,有助于提高投资者对公司的信心。

第三,股票分割可以为公司发行新股做准备。公司股票价格太高,会使许多潜在的投资者力不从心而不敢轻易对公司的股票进行投资。在新股发行之前,利用股票分割降低股票价格,可以促进新股的发行。

第四,股票分割有助于公司并购政策的实施,增加对被并购方的吸引力。

第五,股票分割带来的股票流通性的提高和股东数量的增加,会在一定程度上加大对公司股票恶意收购的力度。

第六,股票分割在短期内不会给投资者带来太大的收益或亏损,即给投资者带来的不是现实的利益,而是给投资者带来了今后可多分股息和更高收益的希望,是利好消息,因此对除权日后股价上涨有刺激作用。

八、股票回购

股票回购是指上市公司利用现金等方式,从股票市场上购回本公司发行在外的一定数额的股票的行为,公司在股票回购完成后可以将所回购的股票注销。但在绝大多数情况下,公司将回购的股票作为"库藏股"保留,不再属于发行在外的股票,且不参与每股收益的计算和分配。库藏股日后可移作他用,如发行可转换债券、雇员福利计划等，或在需要资金时将其出售。

（一）股票回购的目的

1. 反收购措施

股票回购在国外经常作为一种重要的反收购措施被运用。回购将提高本公司的股价，减少在外流通的股份，给收购方造成更大的收购难度；股票回购后，公司在外流通的股份少了，可以防止浮动股票落入进攻企业手中。

2. 改善资本结构

股票回购是改善公司资本结构的一个较好途径。利用企业闲置的资金回购一部分股份，虽然降低了公司的实收资本，但是资金得到了充分利用，每股收益也提高了。

3. 稳定公司股价

过低的股价，无疑将对公司经营造成严重影响，股价过低，使人们对公司的信心下降，消费者对公司产品产生怀疑，削弱公司出售产品、开拓市场的能力。在这种情况下，公司回购本公司股票以支撑公司股价，有利于改善公司形象；股价在上升过程中，投资者又重新关注公司的运营情况，消费者对公司产品的信任增加，公司也有了进一步配股融资的可能。因此，在股价过低时回购股票，是维护公司形象的有力途径。

（二）股票回购的影响

股票回购对上市公司的影响主要表现在三个方面：①股票回购需要大量资金支付回购成本，容易造成资金紧张，从而降低资产流动性，影响公司的后续发展；②股票回购无异于股东退股和公司资本的减少，导致不仅在一定程度上削弱了对债权人利益的保护，而且忽视了公司的长远发展，损害了公司的根本利益；③股票回购容易导致公司操纵股价。

关于股票回购业务，这里举一个简单的例子。假定投资者张三持有1万股中国石油（601857）股票，当时市价为9.8元。张三临时需要用钱，但他看好中国石油的后市，不愿意卖出持股，此时张三便可以将中国石油股票按照7.8元的价格卖给券商，并约定一个月之后按照8元的价格买回，券商赚了0.2元的差价，张三获得了临时的周转资金，大家都合适。

应该说，股票回购业务还是有一定价值的，但是它又与融资融券、股票质押有雷同的一面。比如说，张三需要现金时，除了将股票卖给券商外，还可以用持有的股票作为抵押向券商融资，或者卖出一半股票，取出现金后，然后用融资融券的方式再买回一半股票，也能达到类似的目的，股票回购并不是唯一获得资金的办法。

其实，张三用股票换得现金后，还是面临着比较大的风险：一是遇到股价下跌需要追加保证金的风险；二是到期无法筹得资金买回股票的风险。这些风险都是张三无法回避的，当然，融资融券、股票质押也需要面对这些问题。

其实 A 股市场并不适合全面开展股票回购业务，小范围的试点还是可以的，但是其进入门槛不应太低，至少应与股指期货、融资融券持平，过小的投资者或许并没有应对保证金交易的经验，如果强行参与，可能会有预料不到的麻烦。如果估计不错的话，能够进行股票回购的股票池极有可能参照融资融券的股票池，并非所有的股票都能参与，同时仍在禁售期的有限售条件股不知能否卖给券商，如果可以，或许相当多的限售股会成为"死当"，券商就成为大股东。

应该说，试点券商完全有必要按照经营当铺的思路去经营股票回购，随时做好投资者不再买回股票的准备。对于投资者来说，也完全可以使用股票回购将自己的风险转嫁给券商。例如，前期包钢稀土因稀土价格保持高位而股价坚挺，此时看好包钢稀土又不愿意承担过高风险的投资者，就可以将股票卖给券商。待到需要回购时，如果股价继续上涨，那么投资者就买回股票；如果股价不断走低，投资者干脆也就不要了，这也可以算是一种止损。

（三）股票回购的方式

1. 场内公开收购和场外协议收购

按照股票回购的地点不同，其可以分为场内公开收购和场外协议收购两种。

场内公开收购是指上市公司把自己等同于任何潜在的投资者，委托在证券交易所有正式交易席位的证券公司，代自己按照公司股票当前市场价格回购。在国外较为成熟的股票市场上，这一种方式较为流行。据不完全统计，在 20 世纪 80

年代，美国公司采用这一种方式回购的股票总金额在 2 300 亿美元左右，占整个
回购金额的 85% 以上。虽然这一种方式的透明度比较高，但很难防止价格操纵
和内幕交易，因而美国证券交易委员会对实施场内回购的时间、价格和数量等均
有严格的监管规则。

场外协议收购是指股票发行公司与某一类（如国家股）或某几类（如法人股、
B 股）投资者直接见面，通过在店头市场协商来回购股票的一种方式。协商的内
容包括价格和数量的确定，以及执行时间等。很显然，这一种方式的缺陷就在于
透明度比较低，有违于股市"三公"原则。

2. 举债回购、现金回购和混合回购

按照筹资方式，股票回购可以分为举债回购、现金回购和混合回购。

举债回购是指企业通过向银行等金融机构借款的办法来回购本公司股票。如
果企业认为其股东权益所占的比例过大，资本结构不合理，就可能对外举债，并
用举债获得的资金进行股票回购，以实现企业资本结构的合理化。有时候，这还
是一种防御其他公司的敌意兼并与收购的保护措施。

现金回购是指企业利用剩余资金来回购本公司的股票。这种情况可以实现分
配企业的超额现金，起到替代现金股利的作用。

混合回购是指企业动用剩余资金，以及向银行等金融机构借贷来回购本公司
股票。

3. 出售资产回购或利用债券和优先股交换

按照资产置换范围，股票回购可以分为出售资产回购股票、利用手持债券和
优先股交换（回购）公司普通股、债务股权置换。

出售资产回购股票是指公司通过出售资产筹集资金回购本公司股票。

利用手持债券和优先股交换（回购）公司普通股是指公司使用手持债券和优
先股换回（回购）本公司股票。

债务股权置换是指公司使用同等市场价值的债券换回本公司股票。例如，
1986 年，Owenc Corning 公司使用 52 美元的现金和票面价值 35 美元的债券交换
其发行在外的每股股票，以提高公司的负债比例。

4.固定价格要约回购和荷兰式拍卖回购

按照回购价格的确定方式，股票回购可以分为固定价格要约回购和荷兰式拍卖回购。

固定价格要约回购是指公司在特定时间发出的以某一高出股票当前市场价格的价格水平，回购既定数量股票的要约。为了在短时间内回购数量相对较多的股票，公司可以宣布固定价格回购要约。它的优点是赋予所有股东向公司出售其所持股票的均等机会，而且通常情况下公司享有在回购数量不足时取消回购计划或延长要约有效期的权力。与公开收购相比，固定价格要约回购通常被认为是更积极的信号，其原因可能是要约价格存在高出市场当前价格的溢价。但是，溢价的存在也使固定价格回购要约的执行成本较高。

荷兰式拍卖回购首次出现于1981年Todd造船公司的股票回购。此种方式的股票回购在回购价格确定方面给予公司更大的灵活性。在荷兰式拍卖的股票回购中，首先，公司指定回购价格的范围（通常较宽）和计划回购的股票数量（可以上下限的形式表示）；其次，股东进行投标，说明愿意以某一特定价格水平（股东在公司指定的回购价格范围内任选）出售股票的数量；最后，公司汇总所有股东提交的价格和数量，确定此次股票回购的"价格—数量曲线"，并根据实际回购数量确定最终的回购价格。

5.可转让出售权回购

可转让出售权是指实施股票回购的公司赋予股东在一定期限内以特定价格向公司出售其持有股票的权利。之所以称为"可转让"，是因为此权利一旦形成，就可以同依附的股票分离，而且分离后可在市场上自由买卖。执行股票回购的公司向其股东发行可转让出售权，那些不愿意出售股票的股东可以单独出售该权利，从而满足各类股东的需求。此外，因为可转让出售权的发行数量限制了股东向公司出售股票的数量，所以这种方式还可以避免股东过度接受回购要约的情况。

（四）股票回购的意义

1.对于股东的意义

股票回购后，股东得到的资本利得需缴纳资本利得税，发放现金股利后股东则需缴纳股息税。在前者低于后者的情况下，股东将得到纳税上的好处。但是，各种因素很可能因股票回购而发生变化，结果是否对股东有利难以预料。也就是说，股票回购对股东利益具有不确定的影响。

2. 对于公司的意义

进行股票回购的最终目的是有利于增加公司的价值。

（1）公司进行股票回购的目的之一是向市场传递股价被低估的信号。股票回购有着与股票发行相反的作用。股票发行被认为是公司股票被高估的信号，如果公司管理层认为公司的股价被低估，通过股票回购，向市场传递了积极信息。股票回购的市场反应通常是提升股价，有利于稳定公司股票价格。如果回购以后股票仍被低估，剩余股东也可以从低价回购中获利。

（2）当公司可支配的现金流量明显超过投资项目所需的现金流量时，可以用自由现金流量进行股票回购，有助于增加每股盈利水平。股票回购减少了公司自由现金流量，起到了降低管理层代理成本的作用。管理层通过股票回购试图使投资者相信公司的股票是具有投资吸引力的，公司没有把股东的钱浪费在收益不好的投资中。

（3）避免股利波动带来的负面影响。当公司剩余现金是暂时的或者是不稳定的，没有把握能够长期维持高股利政策时，可以在维持一个相对稳定的股利支付率的基础上，通过股票回购发放股利。

（4）发挥财务杠杆的作用。如果公司认为资本结构中的权益资本比例较高，可以通过股票回购提高负债比率，改变公司的资本结构，并有助于降低加权平均资本成本。虽然发放现金股利也可以减少股东权益、增加财务杠杆，但两者在收益相同情形下的每股收益不同。特别是，如果是通过发行债券融资回购本公司的股票，可以快速提高负债比率。

（5）通过股票回购，可以减少外部流通股的数量，提高股票价格，在一定程度上降低公司被收购的风险。

（6）调节所有权结构。公司拥有回购的股票（库藏股），可以用来交换被收购或被兼并公司的股票，也可以用来满足认股权证持有人认购公司股票或可转换债券持有人转换公司普通股的需要，还可以在执行管理层与员工股票期权时使用，避免发行新股而稀释收益。

第三章 现代金融财务理论与模型

第一节 金融财务理论的发展

一、金融市场概述

（一）金融市场的构成要素

1.金融市场的定义

金融是一种资金融通的活动。通俗地讲，金融就是指资金由资金盈余者处流向资金短缺者处的过程。融资的形式主要有两种：直接融资和间接融资。其中，直接融资是指直接发行股票、债券等各种有价证券而实现的资金融通；间接融资是指资金经过银行和非银行的金融机构而实现的资金融通。

金融市场是指资金融通活动的场所或进行金融资产交易的场所，它是以金融资产为交易对象而形成的供求关系及其机制的总和。对此，我们应当从以下三方面理解：

一是金融市场的交易对象是同质的金融商品。金融商品的内容十分广泛，不仅包括货币资金，还包括银行存贷款、股票、债券外汇期货、保险值托、黄金等。

二是金融市场的参与者是资金的供给者和需求者。前者拥有闲置的盈余资金，后者则资金不足。交易双方的关系不再是单纯的买卖关系，而是建立在信用基础上的一定时期内的资金使用权的有偿转让关系。

三是金融市场不受固定场所、固定时间的限制。随着现代通信技术的发展和计算机网络的普及，越来越多的金融交易借助于无形市场，在瞬间便可以完成。

金融市场通常分为广义金融市场和狭义金融市场。其中，广义金融市场是所有金融交易和资金融通的总和；狭义金融市场主要是指进行直接融资活动的金融市场，如股票、债券等有价证券买卖交易的场所。金融市场作为一个惯用的经济范畴，在经济生活中已经形成了一种惯例性的概念模式。我们可以将金融市场定义为：金融市场是办理各种票据、有价证券、外汇和金融衍生产品买卖，以及同业之间进行货币借贷的场所。

2. 金融市场的形成与发展

（1）金融市场的形成。

据推算，金融市场形成于17世纪的欧洲大陆。早在古罗马时代，地中海沿岸的贸易活动就已有相当规模，并开始使用各种票据结算，汇票便是这一时期意大利人的一个发明。13—14世纪，欧洲大陆出现了许多商品集散地和贸易交易所，这成为证券交易所的前身。这种经济贸易形势的继续发展，不仅使资本主义生产方式在欧洲萌芽，而且引发了初始工业革命（1540—1640年），而与工业革命相伴的金融革命，无疑是金融市场产生的历史动因。

欧洲经济贸易的飞速发展，扩大了商品经济对金融的内在需求，从而引起金融自身的革命，首当其冲的是银行业的变革。14世纪与15世纪之交，是银行产生的年代。银行的产生，标志着金融关系发生了根本的变化。1397年成立的梅迪西银行和1407年成立于热那亚的圣乔治银行，开启新式银行的先河。此后，欧洲大陆尤其是西欧各国的银行业迅速发展。但由于仍处于初创时期，银行倒闭时有发生。银行的倒闭频频诱发金融危机，从而也孕育了新的金融革命：债券与股票的产生和流通。正如美国学者金德尔伯格所说，"（英国）金融革命的实质就在于国债的偿付"，其结果"在于资本市场的扩大使政府债务具有流动性"。

17世纪初，当资本主义还处在原始积累时期，西欧便出现了证券交易活动。比利时的安特卫普和法国的里昂被认为是出现证券交易活动最早的地区。1608年，荷兰建立了世界上最早的证券交易所，即阿姆斯特丹证券交易所。随后，荷兰于1611年建成阿姆斯特丹证券交易所大厦，这也被认为是世界上最早的证券交易所大厦。阿姆斯特丹证券交易所大厦的建成标志着金融市场已经形成。

（2）金融市场的发展。

金融市场从 17 世纪形成，迄今大约已有 400 年的历史，但其真正快速发展时期则是最近五六十年。

从 17 世纪英国堀起到第一次世界大战以前，英国都是世界最大的殖民者，国际贸易与国际金融中心向伦敦转移并确定在那里，英国证券市场随之发展起来。证券市场的发展通常有两个源流：一个是股份公司制度的成长与发育；另一个是财政方面的公债制度。而在那一时期的英国，这两者已逐渐合二为一了。

英国最早的股份公司是成立于 1600 年的东印度公司。该公司从事航海业，由出资者出资入股，在每一次航海归来时进行清算。随后，东印度公司相继设立了许多专利公司，股票也流通起来。1773 年，伦敦证券交易所的前身，英国第一家证券交易所在伦敦新乔纳森咖啡馆正式成立了。在此期间，东印度公司还发行了短期公债，交易也很盛行，并且成为证券交易所的主要交易对象，因为当时股份公司为数不多，因而股票交易的数量较少。

18 世纪 60 年代，英国兴起了产业革命。产业革命陆续波及欧洲大陆的其他国家，到了 19 世纪，产业革命在世界范围内基本完成。产业革命使机器生产代替了手工生产，大大提高了生产的社会化程度。欧美各国为了确立其产业资本，竞相在伦敦发行公债。英国国内也掀起了一个设立股份公司的高潮，从而使英国证券市场上的股票交易和债券交易都达到了相当的规模。

与此同时，世界各主要资本主义国家也都或先或后发展了各自的证券市场。德国证券市场的历史可以追潮到 16 世纪。早在 1585 年，法兰克福就已经出现了证券市场的雏形，但当时主要是供票据经纪人和硬币交换商定期开会使用，并非一开始就经营证券。

直到 1790 年，该交易所才经营部分债券。德国工业革命以后，以铁路发展为动力的各种产业相继兴起，柏林成为德国证券市场的中心。为了同英国资本主义相对抗，发展股份经济作为国家政策被德国政府强行采用，致使私人企业纷纷改组为股份公司，股票市场随之壮大起来。然而，德国的股票基本上都是通过银行认购的，在动员更多的交易者进入市场方面存在局限性，因而与其他国家的证券市场大不相同。

美国的产业资本是在从英国引进生产技术及生产设备的基础上形成的。同德国一样，美国也积极利用股份公司制度。早在1725年，美国纽约证券交易所就已经设立，当时主要从事小麦、烟草等商品交易，只有少量的证券买卖业务。到了18世纪末，美国证券市场才进入急剧发展时期。当时适逢美国独立战争，政府发行了巨额国债，为了买卖这些国债，美国东北各州分别成立了证券交易所。随后，各种股票也进入了交易市场。

到1817年纽约证券交易所正式组建时，美国的证券市场已初具规模。从19世纪30年代起，美国各州的州债大量发行，逐渐吸引了国外资金尤其是英国资金的流入，进而使美国金融市场成长为国际性的金融市场。

法国的证券交易历史悠久，17世纪路易十四时代已颁布有关证券交易的法令。此后，巴黎还曾一度与伦敦争夺过欧洲及世界金融中心的地位。

日本的证券市场大约形成于明治时期，较欧洲证券市场的形成晚了200多年。由于日本经济中的重要产业被财阀所控制，因而其证券市场也具有封闭性和排他性，各种证券不过是财阀抽取利润的工具而已。

总而言之，在第一次世界大战以前，尽管世界各国金融市场的发展极不平衡，但就世界范围而言，金融市场处在缓慢发展时期，直到第一次世界大战才使得这种局面有所改变。

第一次世界大战开始到第二次世界大战结束，是金融市场发展的转折时期。在此期间，英国在工业生产和国际贸易领域中的头等地位逐渐被美国所取代，各国在世界经济中的地位及利益格局也都发生了很大变化。在此期间，曾陆续发生了因战争爆发而使股票交易所关闭的事件（1914年），因过度投机而引发的数次"泡沫"事件，1920年伦敦股票市场的崩溃，1920年和1929年纽约股票市场的两次大崩溃，等等。这个时期可谓金融市场的多灾多难时期。然而，破坏意味着重建，这种变革不能不说是商品经济更高阶段的来临对金融市场发出的热切呼唤，战后的实践也证实了这一点。

第二次世界大战以后，世界政治经济格局发生了重大改变，金融市场也进入了急剧变革的时期。大型的国际金融市场先后形成，新的金融市场不断产生和发展，发展中国家的金融市场纷纷建立，全球金融市场出现了一体化趋势。

3. 金融市场的主体

金融市场的主体即金融市场的交易者，也就是资金的供给者或资金的需求者。金融市场的交易者可以以双重身份出现。金融市场的交易者在这一时期可能是资金供给者，在下一时期可能成为资金需求者，这样的关系转换随时随地都在发生。金融市场的交易者，既可以是法人，也可以是自然人，一般包括政府、企业、金融机构、机构投资者和家庭或个人五个类别。

（1）政府。

政府作为交易者，在金融市场运行中充当了三重角色：一是作为筹资者，二是作为调节者；三是作为监管者。首先，政府作为筹资者是为了弥补财政赤字或为了兴建公共工程等在金融市场上发行国债筹措所需资金。其次，政府是金融市场的调节者。政府发行的公债特别是国库券，是中央银行公开市场操作的主要对象。中央银行通过在公开金融市场上买卖国库券，调节金融市场上的货币供应量，达到调节经济的目的。最后，政府还是金融市场的监管者，通过监管保证整个金融市场的规范运作。

（2）企业。

在金融市场运行中，企业无论是作为资金的需求者还是资金的供给者，均居于非常突出的地位。在生产经营过程中，产供销渠道与环节的差异、周期性和季节性等的影响，会使得一些企业出现暂时性的资金盈余，而另外一些企业出现暂时性的资金短缺。资金短缺的企业除通过银行等金融中介机构进行资金的融通外，还可以在金融市场上发行相应的金融工具获得所需资金。而资金盈余的企业可以通过在金融市场上购买金融工具，将其暂时闲置的资金投资于生息资产。此外，在创建或扩大生产经营规模时，企业可以发行股票、债券等筹措所需的资金。

（3）金融机构。

金融机构又分为存款性金融机构和非存款性金融机构两种。其中，存款性金融机构是指以吸收存款方式获得资金，以发放贷款或投资证券等方式获得收益的金融机构，主要包括商业银行、信用合作社等储蓄机构；非存款性金融机构是指以发行证券或契约方式筹集资金的金融机构，包括投资银行、保险公司、养老基金、投资基金等。各类金融机构通过各种方式，一方面向社会吸收闲散资金，另一方面又向需要资金的部门、单位和个人提供资金，在金融市场上有着资金需求者和资金供给者的双重身份。

此外，中央银行也是金融市场的重要参与者。中央银行参与金融市场的目的与其他金融机构有本质的区别。其购买金融市场工具不是因为出现了临时盈余资金，出售金融市场工具也不是为了筹措资金弥补自己的资金不足。中央银行参与金融市场活动是以实现国家货币政策、调节经济、稳定货币为目的的。中央银行通过买卖金融市场工具，投放或回笼货币，从而控制和调整货币供应量。可见，中央银行既是金融市场的参与者，又是金融市场的创造者，在金融市场中起着关键作用。

（4）机构投资者。

机构投资者是指在金融市场从事交易的机构，包括保险公司、养老基金、投资基金、信托投资公司等。保险公司将投保人缴纳的保费集中起来建立保险基金，并对保险合同规定范围内的灾害所造成的损失进行经济赔偿。其间，保险公司会用吸收的保险金的一部分购入不同类型的有价证券进行投资，追求收入最大化以备偿付赔款。养老基金吸收个人的养老金，积攒现期的货币收入，在合同规定的支付期到来之前将这笔资金用于金融投资，购买一些期限长、收益高的金融市场工具，以获得较高的收益。投资基金是一种利益共享、风险共担的集合投资方式，即通过发行基金单位，集中投资者的资金，由基金托管人托管，由基金管理人运作，从事股票、债券等金融工具投资。

它的特点在于使小额资金供给者进入市场，把零散的资金汇总成额度大、期限长的资金来源，用于满足大规模的资金需求。信托投资公司也称投资公司，这类金融机构向小额投资者出售自己的股份或发行债券，以所得资金买入多种证券。对小额投资者来说，最大的困难是不能购得多样化的证券以降低投资风险，通过购买投资公司的股份或债权，将资金集中起来由投资公司代为投资，既可以使证券投资多样化，又分散了风险。

（5）家庭或个人。

家庭或个人也是金融市场重要的参与者。家庭或个人的货币收入除了进行必要的消费外，一般会出现剩余，人们通常将这部分剩余资金存放在银行或用于购买股票、债券等。因此，家庭或个人成了金融市场重要的资金供给者和金融工具的购买者。同时，家庭或个人也可以以资金需求者的身份出现在金融市场上，其目的或是为筹措资金购买另外的金融工具以转变资金投向；或是为未来的收入增加现期消费，追求消费最大化，如借入住房抵押贷款；或是为避免风险或进行投机。

4. 金融市场的客体

金融市场的客体是指金融市场的交易对象或交易的标的物，即我们通常所说的金融工具。金融工具作为法律契约，其权利和义务受法律保护，因而提高了金融工具的信誉度，使货币资金盈余者更乐于投资，使货币资金短缺者的筹资活动能够顺利进行。这样，不仅增加了金融市场主体，扩大了金融规模，也使金融工具的流动性进一步增强。

金融工具随时可以流通转让，也使金融工具持有者能在追求盈利和保障安全之间易于选择，金融工具的流通使这种选择的透明度增强。

金融工具具有更强的流动性。有的金融工具正是因为流动性强而成为货币或货币的替代物，因而金融市场成了现代市场经济条件下中央银行实施货币政策、调节货币供应量机制的重要组成部分。金融工具为数众多，在这里，我们可以从不同角度对其加以划分。

（1）按权利的标的物，金融工具可以分为票据和证券。

票据表明持有者的权利转化为对货币的索取权，如汇票、本票、支票；证券则表明一种投资的事实，体现投资者的权利，如股票和债券。

从法律上讲，证券是反映某种法律行为的书面文件或证书。证券又有证据证券、所有权证券和有价证券之分。其中，证据证券只是单纯证明事实的文件；所有权证券是认定持证人为某种权利的合法拥有者的证明，如存单和定期存折；有价证券是某种权利的化身，所有人有权取得一定收入，要行使该项权利必须拥有该证券，要转移该项权利也必须拥有该证券。上述的票据和证券都可以归类为有价证券。

有价证券又细分为商品证券、货币证券和资本证券。其中，商品证券是证明持有人有商品所有权或使用权的有价证券，如提单、运货单据等；货币证券是把商品交易等行为转化为对货币的索取权的有价证券，如汇票、本票、支票等；资本证券是表明投资的事实，即把投资者的权利转化为有价证券，如股票、公司债券等。

（2）按索取权的性质，金融工具可以分为股权证券（股票）和债权证券（债券）。

股权证券（股票）的持有人以股东的身份出现，所索取的是股息和红利；债权证券（债券）的持有人则以债权人的身份出现，索取的只是本金与利息。按发行者的身份，债权证券可分为政府债券、公司债券和金融债券。其中，政府为主体发行的债券称为政府债券；公司为主体发行的债券称为公司债券；金融机构为主体发行的债券称为金融债券。

（3）按发行期的长短，金融工具可以分为短期金融工具、中长期金融工具和永久性金融工具。

期限在1年以内的为短期金融工具；期限在1年以上的为中长期金融工具和永久性金融工具（如股票）。

此外，还可以按流动性的高低、交易费用的大小、抵押品的有无以及市场竞争条件的优劣等对金融工具做多种划分。

5.金融工具的流动性、风险性和收益性之间的关系

金融工具的流动性、风险性和收益性之间是有矛盾的。流动性强的工具，收益性一般来说比较低；风险性较高的工具，其收益性也就比较高。金融市场主体就是要在三性之间进行选择，以寻求最有利于自己的投资组合。但不同的交易者对流动性、风险性和收益性的评估与偏好又是千差万别的，而且会随着国民经济状况、家庭收支、生活习惯、个人心理、消费行为等因素的影响而发生变化。由此可见，金融市场主体与金融市场客体之间是相互促进、相辅相成的，较多的金

融工具可以为更多的交易者提供选择机会。

6. 金融市场的媒体

金融市场的媒体作为融资双方的代理人，可以提高金融市场的运作效率，是金融市场不可缺少的部分。金融市场上的媒体是多种多样的，我们将这些媒体分为两类：金融市场的经纪人和金融机构。前者主要完成市场媒体的职能，后者则着眼于媒体的存在形态和活动方式。但在金融市场的实际运作中，两类媒体并非泾渭分明，而是相互交叉完成媒介的职能。

（1）经纪人。

经纪人是指在金融市场上为交易双方成交撮合并从中收取佣金的商人或商号。经纪人一般都对其经手的交易业务具有专业知识，谙熟市场行情和交易程序，对交易双方的资信有深刻的了解。因此，许多交易主体都喜欢通过经纪人进行交易。可以说，什么地方有市场，什么地方就有经纪人。经纪人是金融市场运行中不可缺少的媒体。

金融市场的经纪人种类有很多，最重要的主要有以下四类：

①货币经纪人。货币经纪人又称市场经纪人，是指在货币市场上充当交易双方中介收取佣金的中间商人。根据经纪业务的不同，货币经纪人可以分为同业拆借经纪人、票据经纪人、短期证券经纪人。货币经纪人获利的途径有收取佣金和赚取利差。

②证券经纪人。证券经纪人是指在证券市场上充当交易双方中介和代理，买卖证券而收取佣金的中间商人。证券经纪人可以是个人经纪人，也可以是法人经纪人。证券经纪人包括佣金经纪人、两元经纪人、专家经纪人、证券自营商、零股经纪人。其中，佣金经纪人是指接受客户委托，在证券交易所内代理客户买卖有价证券，并按固定比率收取佣金的经纪人。两元经纪人是专门接受佣金经纪人委托，代理买卖有价证券的经纪人，因而又称为交易厅经纪人或居间经纪人。当佣金经纪人同时接受许多买卖证券业务的委托时，便将其中的某些委托尤其是尚未完成或不易完成的委托，请两元经纪人代为执行。这类经纪人在美国最为流行。专家经纪人是指佣金经纪人的经纪人。专家经纪人接受佣金经纪人的委托而进行

业务活动，并不直接与客户打交道。证券自营商这类经纪人既为顾客买卖证券，也为自己买卖证券。零股经纪人是指专门经营不满一个交易单位的零股交易的经纪人。

③证券承销人。证券承销人又称证券承销商，是指以包销或代销方式帮助发行人发行证券的商人或机构。证券发行主体通过证券承销商出售新发行的证券，通过承销过程，证券才真正进入流通市场。作为证券承销商，其主要收入为承销手续费。

④外汇经纪人。外汇经纪人又称外汇市场经纪人，是指在外汇市场上促成外汇买卖双方的外汇交易成交的中介人。外汇经纪人既可以是个人，也可以是中介组织，如外汇中介行或外汇经纪人公司等。

（2）金融机构。

金融市场上充当交易中介的金融机构很多，主要包括：证券公司、证券交易所、投资银行和商人银行等。

①证券公司。证券公司是金融市场上最大、最主要的中介机构，它通过承购包销证券业务，即代理证券发行人承购推销所需发行的证券，使证券发行机构与购买证券的投资者完成证券买卖。证券公司通过代理买卖业务，即作为客户代理人，代客买卖有价证券。此外，它还作为投资者直接购买有价证券，即证券公司的自营业务。自营业务使已发行的证券在二级市场上交易更为活跃。此外，证券公司还从事投资咨询等业务。证券公司的主要功能在于提高证券市场运行的效率：一方面，证券公司通过向客户提供投资咨询和投资服务，使资金最有效地分配到收益率较高的部门或企业；另一方面，证券公司通过承销、包销代理业务和自营业务，提高了证券的交易效率。

②证券交易所。证券交易所是专门的有组织的证券买卖交易场所。证券交易所本身不参加金融工具的交易，只是提供买卖双方能够顺利进行交易的场所或设施，属于服务于证券交易活动的组织。但从整个金融工具交易活动来看，证券交易所又是不可缺少的。从这方面来讲，它们也属于金融市场上的中介机构。

从组织形式上看，证券交易所可分为会员制证券交易所和公司制证券交易所。

其中，会员制证券交易所是以会员协会形式成立的不以营利为目的的组织，主要由证券交易商组成，只有会员及享有特许权的经纪人才有资格在交易所中进行交易。会员制证券交易所实行会员自治、自律、自我管理，其最高权力机构是会员大会，理事会是执行机构，理事会聘请经理人员负责日常事务。目前，世界上大多数国家的证券交易所均实行会员制，我国的上海证券交易所、深圳证券交易所也都实行会员制。公司制证券交易所以营利为目的，它是由各类出资人共同投资入股组建的公司法人。公司制证券交易所对在本所内进行的证券交易负有担保责任，必须设有赔偿基金，公司制证券交易所的证券商及其股东不得担任证券交易所的董事、监事或经理，以保证交易所经营者与交易参与者的分离。瑞士的日内瓦证券交易所和美国的纽约证券交易所都采用公司制。

证券交易所主要有以下四个功能：

一是提供证券交易场所。证券买卖双方在这个集中的交易场所可以随时把持有的证券转移变现，保证证券流通持续不断地进行。

二是形成公平合理的价格。在交易所内完成的证券交易形成了各种证券的交易价格。由于证券的买卖集中、公开进行，采用双边竞价的方式达成交易，其价格在理论水平上是近似公平与合理的，这种价格及时向社会公告，并被作为各种相关经济活动的市场依据。

三是集中各类社会资金参与投资。交易所集中了上市股票的交易，可以将来源极为广泛的资金吸引到股票投资上来，为企业发展提供所需资金。

四是引导投资的合理流向。交易所为资金的自由流动提供了方便，并通过每天公布的行情和上市公司信息，反映证券发行公司的获利能力与发展情况，使社会资金向最需要和最有利的方向流动。

③投资银行。投资银行是金融市场上从事证券的发行买卖及相关业务的一种金融机构。最初的投资银行产生于长期证券的发行及推销要求。随着金融市场的发展，投资银行的业务范围也越来越广泛。目前，投资银行业务除了传统的证券的承销与经纪业务外，还涉及证券的自营买卖、公司理财、企业并购、咨询服务、基金管理和风险资本管理等。投资银行在金融市场上发挥了重要作用：一方面，

它为需要资金的企业和政府部门提供筹集资金的服务；另一方面，投资银行充当投资者买卖证券的经纪人和交易商。投资银行适应市场发展的需要而产生，又以其在金融市场上长期运作而形成的丰富的市场经验及专长为资金的供应者和需求者提供优质服务，从而促进资金的流动和市场的发展。此外，投资银行还利用其人才优势不断地创新业务品种，不断增加金融市场的融资工具。目前，投资银行已成为金融市场上最重要的金融中介机构。

④商人银行。商人银行是指专门经营代理金融业务的金融机构，在英国和欧洲大陆较为流行，也是金融市场上重要的中介机构。商人银行最传统的业务是承兑票据，但也从事一些商业银行业务，如接受存款和提供贷款，其基本的职能是承兑票据，充当票据市场的支付中介人。它还代企业发行证券，充当金融市场的发行代理人。同时，商人银行还经营外币债券，充当外汇市场的中介等。

此外，金融公司、财务公司票据公司、信托公司、信用合作社以及国外金融机构也在金融市场上起着重要的中介作用。

7. 金融市场的价格

金融市场的价格是金融市场的基本构成要素之一。由于金融商品的交易价格与交易者的实际收益和风险密切相关，自然备受投资者关注。但不同的金融工具具有不同的价格，并且会受到众多因素的影响，从而使得金融市场变得更为复杂。

价格机制在金融市场中发挥着极为关键的作用，是金融市场高效运行的基础。在一个有效的金融市场上，金融资产的价格能及时、准确、全面地体现该资产的价值，反映各种公开信息，引导资金自动流向高效率的部门，从而优化整个经济体的资源配置。

（二）金融市场的结构

1. 按交易对象划分

按交易对象划分，金融市场可以分为货币市场、资本市场、外汇市场、黄金市场、保险市场和金融衍生工具市场。

（1）货币市场。

货币市场又称短期金融市场，是指专门融通短期资金的场所。所谓短期，通常指一年以内。短期资金多在流通领域起"货币"的作用，主要解决市场主体的短期性、临时性资金需求。在经济生活中，政府、企业、家庭和银行等金融机构都需要短期资金用于周转，因而成为短期金融市场的主体。在短期金融市场上使用的金融工具主要有货币头寸、存单、票据和短期公债（在美国即国库券）。它们因偿还期限短、风险小以及流动性强而往往被作为货币的代用品。据此，短期金融市场又可以分为同业拆借市场、票据市场和短期债券市场。

（2）资本市场。

资本市场又称长期金融市场，是指专门融通期限在一年以上的中长期资金的市场。

长期资金大都参加社会再生产过程，起的是"资本"的作用，主要是满足政府和企业部门对长期资金的需求。长期性金融工具主要是各类有价证券，即债券、股票和基金。其偿还期长，流动性小，风险较高。

长期金融市场主要包括债券市场、股票市场和基金市场。与货币市场的区别有：①期限不同。资本市场上交易的金融工具的期限均在一年以上，最长者可达数十年，有些甚至无期限，如股票等；而货币市场上一般交易的是一年以内的金融工具，最短的只有几日甚至几小时。②作用不同。在货币市场上所融通的资金，多用于工商企业的短期周转；而在资本市场上所融通的资金，多用于企业的创建、更新扩充设备和储存原料，政府在资本市场上筹集的长期资金则主要用于兴办公共事业、投资国家重点建设项目和弥补财政赤字。③风险程度不同。货币市场的信用工具，由于期限短，流动性高，价格不会发生剧烈变化，风险较低；而资本市场的信用工具，由于期限长，流动性较低，价格变动幅度较大，风险也较高。

（3）外汇市场。

外汇市场是进行各种外币或以外币计价的票据及有价证券的交易所形成的市场。同货币市场一样，外汇市场也是各种短期金融资产交易的市场。不同的是，货币市场交易的是同一种货币或以同一种货币计值的票据，而外汇市场则进行以不同种货币计值的两种票据之间的交换。在货币市场上，所有的贷款和金融资产的交易都受政府法令条例管制。但在外汇市场上，一国政府只能干预或管制本国的货币。

外汇市场有广义和狭义之分。狭义的外汇市场是指银行之间的外汇交易活动，包括同一市场各银行之间的外汇交易活动、中央银行与外汇银行之间的外汇交易活动以及各国中央银行之间的外汇交易活动，通常被称为批发外汇市场（wholesale market）。广义的外汇市场是指由各国中央银行、外汇银行、外汇经纪人及客户组成的外汇买卖、经营活动的总和，包括上述的批发市场以及银行同企业、个人间外汇买卖的零售市场（retail market）。

外汇市场的主要功能有：①通过外汇市场的外汇储备买卖和货币兑换业务，使各国之间债权债务的货币清偿和资本的国际流动得以形成，实现购买力的国际转移；②外汇市场集中了各国政府、企业等的闲置资金，并对国际贸易中进出口商进行借贷融资，从而加速了国际资金周转，调剂外汇资金余缺；③外汇市场所拥有的发达的通信设施及手段，将世界各地的外汇交易主体联成一个网络，缩短了世界各地之间的远程货币收付时间，提高了资金的使用效率；④进出口商利用市场中的远期外汇买卖业务，可有效避免或减少因汇率变动带来的风险，从而促进国际贸易的发展。此外，外汇市场提供的各种外汇资金的供求信息及其价格动态，有助于各国政府和企业据以正确地进行有关决策。

（4）黄金市场。

黄金市场是指专门进行黄金等贵金属买卖的交易中心或场所。尽管随着世界经济的发展，黄金的非货币化趋势越来越明显，但是黄金作为国际储备工具之一，仍然占有重要地位，黄金市场依旧被视为金融市场的组成部分。现在，世界上已有 40 多个黄金市场。其中，伦敦、纽约、苏黎世、芝加哥和中国香港的黄金市场被称为五大国际黄金市场。

（5）保险市场。

保险市场是保险交易的具体场所，是指参与保险商品交易的各类要素及其相互作用的方式以及实现交易的机制。保险市场的主要参与人有保险公司，保险经纪公司，保险代理商，保险代理人，被保险的企业、机构、个人以及再保险公司。主要业务种类有寿险和财产险。寿险即人寿保险，是一种以人的生死为保险对象的保险，是被保险人在保险责任期内生存或死亡，由保险人根据契约规定给付保险金的一种保险。财产险对被保险人由于约定事项造成的保险财产损失承担赔偿责任。

（6）金融衍生工具市场。

金融衍生工具市场是各种金融衍生工具的交易场所，它可以是有形的，也可以是无形的。金融衍生工具是指以原生金融工具如股票、国债等为基础而创造出来的虚拟金融工具。远期合约、期货合约期权合约、互换合约都是典型的金融衍生工具。金融衍生工具是金融创新的产物，可以用来进行风险控制、投资、投机等。

2. 按交割方式划分

按交割方式划分，金融市场可以分为现货市场、期货市场和期权市场。

现货市场是指即期交易的市场，现货交易是金融市场上最普遍的一种交易方式。相对于远期交易市场来说，现货市场是指市场上的买卖双方成交后须在若干个交易日内办理交割的金融交易市场。现货交易包括现金交易、固定方式交易和保证金交易。在现金交易中，成交日和结算日是在同一天的证券买卖。在固定方式交易中，成交日和交割日之间相隔很短的几个交易日，一般在七天以内。保证金交易也称垫头交易，它是投资者在资金不足，又想获得较多投资收益时，采取交付一定比例的现金，其余资金由经纪人贷款垫付，买进证券的一种交易方法。目前现货市场上的大部分交易均为固定方式交易。

期货市场是指交易协议虽然已经达成，交割却要在未来某一特定时间进行的标准化远期合约的市场。在期货市场上，成交和交割是分离的。在期货交易中，由于交割要按成交时的协议价格进行，而证券价格或升或降，就可能使交易者或获得利润或蒙受损失。因此，买者和卖者只能依据自己对市场的判断做出投资选择。

期权市场即各种期权交易的市场，是期货交易市场的发展和延伸。期权交易是指买卖双方按成交协议签订合同，允许买方在交付一定的期权费用（或保险费）后，取得在约定的时间内，按协议价格买进或卖出约定数量的标的资产的权利。期权交易的买方可以选择履行其权利或放弃其权利，因此期权交易又叫选择权交易。由于期权合约的购买者最大的损失不可能突破期权费，所以期权交易最大的优点是可以有效控制风险。

3.按交易程序划分

按证券的交易程序划分，金融市场可以分为初级市场和次级市场。

初级市场是新证券发行市场，又被称为一级市场。没有证券的发行，自然不会有证券的买卖和流通，初级市场的重要性不言而喻。

次级市场即已经发行的证券的交易市场，通常又称为二级市场。证券持有者需要资金，便可到次级市场出售变现。需要进行证券投资而未进入初级市场的投资者，也可以在次级市场上进行投资。而买卖双方的经常转换使证券更具有流动性，从而在社会范围内使资源得到充分利用。

初级市场与次级市场的关系是密不可分的。没有初级市场就没有次级市场，初级市场是次级市场存在的前提；次级市场是初级市场存在的条件，没有次级市场，初级市场的发行任务不可能顺利完成。可见，初级市场与次级市场是相互依赖、相互依存、相互促进的关系。

4.按成交与定价方式划分

按成交与定价方式划分，金融市场可以分为公开市场、议价市场、第三市场和第四市场。

公开市场是金融资产的交易价格通过投资主体公开竞价方式而形成的市场。金融资产在到期偿付之前可以自由交易，并且按价格优先和时间优先的原则办理成交。这类市场一般是有组织、有固定场所的。

议价市场是指没有固定场所、相对分散的市场，双方的买卖活动要通过直接谈判而自行议价成交。由于这类活动多在公开市场外面进行，故又称为场外交易。在市场经济发达的国家，绝大多数债券和中小企业的未上市股票都通过这种方式交易。随着现代电信及自动化技术的发展，该市场的交易效率已大大提高。

第三市场是指能够在交易所上市的证券转移到场外进行交易所形成的市场。第三市场的参与者主要是团体或机构投资者。与在证券交易所内交易相比，第三市场交易具有限制少、成本低的优点。

第四市场是指作为机构投资者的买卖双方直接联系成交的市场。一般是通过电脑通信网络如电脑终端机把会员联结起来，并在办公室内利用该网络报价、寻找买方或卖方，最后直接成交。第四市场的运行需要发达的科技与通信手段作为基础，参与者主要是机构投资者，一般交易数额巨大。利用第四市场交易，参与者可以大大节省手续费等中间费用，筹资成本的降低足以弥补联网的花费，而不为第三者所知，使交易保密，也不会因交易量大而影响市价，对日后的继续交易有着意想不到的好处。因此，第四市场的发展蕴含着极大的潜力。

　　5. 按交易地域空间划分

　　按金融交易地域空间划分，金融市场可以分为地方性的金融市场、全国性的金融市场、区域性的金融市场和国际金融市场。

　　地方性的金融市场和全国性的金融市场同属于国内金融市场。国内金融市场的主体是本国的自然人和法人，交易工具也多由国内发行。而区域性的金融市场同国际金融市场一样，金融市场的主体和客体都十分庞杂，分属于许多国家和地区。两者的区别只在于，前者的活动范围是某一地区，如东南亚地区、中东地区；后者的活动范围可以是整个世界。值得注意的是，国际金融市场中有一种是以证券交割地点之外的别国货币为买卖或借贷对象的市场，称为境外金融市场或离岸市场，如欧洲美元市场。

　　6. 按有无固定的交易场所划分

　　按有无固定的交易场所划分，金融市场可以分为有形市场和无形市场。

　　有形市场是指具有固定交易场所的市场，一般指证券交易所、期货交易所等固定的交易场地；而无形市场则是指在证券交易所外进行金融资产交易的总称，其本身没有固定的交易场所，市场的概念在这里仅体现出"交易"的含义。交易一般通过现代电信工具在各金融机构、证券商和投资者之间进行，它是一个无形的网络，金融资产及资金可以在其中迅速转移。目前，全球大部分的金融交易均在无形市场上完成。

　　（三）金融市场的功能

　　金融市场作为金融资产交易的场所，从整个经济运行的角度来看，它提供了五种经济功能：聚敛功能、配置功能、调节功能、反映功能和财富管理功能。

1. 聚敛功能

金融市场的聚敛功能是指金融市场引导众多分散的小额资金汇聚成可以投入社会再生产的资金集合功能。在这里，金融市场起着资金"蓄水池"的作用。在国民经济四部门中，各部门之间、各部门内部的资金收入与支出在时间上并不总是对称的。这样，一些部门、经济单位在一定的时间内可能存在暂时闲置不用的资金，而另一些部门和经济单位则存在资金缺口。金融市场提供了两者沟通的渠道。

金融市场是由资金供应者和资金需求者组成的。资金供应者就是在一定时间内的资金有余者，这些资金有余者的资金之所以暂时闲置，或者是因为要预防未来的意外急需，或者是要等到积累到足够数量之后进行某项大额投资或消费。如个人为了预防意外事件或为了满足将来生活及购买大件消费品之需而进行的储蓄，企业为了积存足够的资金投资于某个新项目而进行的资金积累等。这些暂时闲置的资金在使用之前有通过投资谋求保值增值的需要。对资金需求者来说，其资金的需求往往是由于要进行某项经济活动，或为了满足其比较迫切的需要，但手中积累的资金不足，因此需要寻求更多的资金来源。但是，各经济单位的闲置资金是相对有限的，这些暂时不用的资金相对零散，不足以满足大规模的投资要求，特别是企业为发展生产而进行的大额投资和政府部门进行大规模的基础设施建设与公共支出的要求。这就需要一个能将众多的小额资金集合起来以形成大额资金的渠道，金融市场就提供了这种渠道，这就是金融市场的资金聚敛功能。

金融市场之所以具有资金聚敛功能，一是由于金融市场创造了金融资产的流动性。现代金融市场正发展成为功能齐全、法规完善的资金融通场所，资金需求者可以很方便地通过直接或间接的融资方式获取资金，而资金供应者也可以通过金融市场为资金找到满意的投资渠道。二是由于金融市场多样化的融资工具为资金供应者寻求合适的投资手段找到了出路。金融市场根据不同的期限、收益和风险要求，提供了多种多样的可供投资者选择的金融工具，资金供应者可以依据自己的收益风险偏好和流动性要求选择满意的投资工具，实现资金效益的最大化。

2. 配置功能

金融市场的配置功能表现在三个方面：一是资源的配置；二是财富的再分配；三是风险的再分配。

在经济的运行过程中，拥有多余资产的盈余部门并不一定是最有能力和机会作为最有利投资的部门，现有的财产在这些盈余部门得不到有效的利用。金融市场通过将资源从利用效率低的部门转移到利用效率高的部门，使一个社会的经济资源能最有效地配置在效率最高或效用最大的用途上，实现稀缺资源的合理配置和有效利用。在金融市场上，证券价格的波动实际上反映着证券背后所隐含的相关信息。投资者可以通过证券交易中公开的信息及证券价格波动所反映出的信息来判断整体经济运行情况以及相关企业、行业的发展前景，从而决定其资金和其他经济资源的投向。一般来说，资金总是流向最有发展潜力、能够为投资者带来最大利益的部门和企业，这样，通过金融市场的作用，有限的资源就能够得到合理的利用。

财富是各经济主体持有的全部资产的总价值。政府、企业及个人通过持有金融资产的方式来持有财富。在金融市场上的金融资产价格发生波动时，其财富的持有数量也会发生变化：一部分人的财富量随着金融资产价格的上涨而增加了；而另一部分人则由于其持有的金融资产价格下跌，所拥有的财富量也相应减少。这样，社会财富就通过金融市场价格的波动实现了财富的再分配。

金融市场同时也是风险再分配的场所。在现代经济活动中，风险无时不在、无处不在，而不同的主体对风险的厌恶程度是不同的。利用各种金融工具，较厌恶风险的人可以把风险转嫁给风险厌恶程度较低的人，从而实现风险的再分配。

3. 调节功能

调节功能是指金融市场对宏观经济的调节作用。金融市场一边连着储蓄者，另一边连着投资者，金融市场的运行机制通过对储蓄者和投资者的影响而发挥作用。

首先，金融市场具有直接调节作用。在金融市场大量的直接融资活动中，投资者为了自身利益，一定会谨慎、科学地选择投资的国家、地区、行业、企业、项目及产品。只有符合市场需要、效益高的投资对象，才能获得投资者的青睐。而且，投资对象在获得资本后，只有保持较高的经济效益和较好的发展势头，才能继续生存并进一步扩张；否则，它的证券价格就会下跌，继续在金融市场上筹资就会面临困难，发展就会受到后续资本供应不足的抑制。这实际上是金融市场通过其特有的引导资本形成及合理配置的机制对微观经济部门产生影响，进而影响到宏观经济活动的一种有效的自发调节机制。

此外，金融市场的存在及发展，为政府实施对宏观经济活动的间接调控创造了条件。货币政策属于政府调节宏观经济活动的重要宏观经济政策，其具体的调控工具有存款准备金政策、再贴现政策、公开市场操作等。这些政策的实施都以金融市场的存在、金融部门及企业成为金融市场的主体为前提。金融市场既提供货币政策操作的场所，也提供实施货币政策的决策信息。一方面，因为金融市场的波动是对有关宏观、微观经济信息的反映，所以政府有关部门可以通过收集及分析金融市场的运行情况来为政策的制定提供依据；另一方面，中央银行在实施货币政策时，通过金融市场可以调节货币供应量、传递政策信息，最终影响到各经济主体的经济活动，从而达到调节整个宏观经济运行的目的。此外，财政政策的实施也越来越离不开金融市场，政府通过国债的发行及运用等方式对各经济主体的行为加以引导和调节，并提供中央银行进行公开市场操作的手段，这些手段也对宏观经济活动产生着巨大的影响。

4. 反映功能

金融市场历来被称为国民经济的"晴雨表"和"气象台"，是公认的国民经济信号系统。这实际上就是金融市场反映功能的写照。

金融市场的反映功能表现在如下四个方面：

（1）由于证券买卖大部分都在证券交易所进行，人们可以随时通过这个有形的市场了解到各种上市证券的交易行情，并据以判断投资机会。证券价格的变化情况在一个有效的市场中实际上反映着其背后企业的经营管理情况及发展前景。此外，一个有组织的市场，一般也要求证券上市公司定期或不定期地公布其经营信息和财务报表，这也有助于人们了解及推断上市公司及相关企业、行业的发展前景。所以，金融市场是反映微观经济运行状况的指示器。

（2）金融市场交易直接和间接地反映了国家货币供应量的变动。货币的紧缩和放松均是通过金融市场进行的。货币政策实施时，金融市场会出现波动以表示紧缩和放松的程度。因此，金融市场所反馈的宏观经济运行方面的信息，有利于政府部门及时制定和调整宏观经济政策。

（3）由于证券交易的需要，金融市场有大量专业人员长期从事商情研究和分析，并且他们每日与各类工商企业直接接触，能了解企业的发展动态。

（4）金融市场有着广泛而及时地收集和传播信息的通信网络，全世界的金融市场已联成一体，四通八达，因而人们可以及时地了解世界经济发展变化情况。

5. 财富管理功能

一个资本市场如果没有财富管理功能而只具有融资功能，那这个资本市场就还是一个很低级的市场，这种资本市场完全可以被传统的商业银行所代替。资本市场之所以在过去的几十年乃至一百年的发展过程中能够生生不息，就是因为这个市场所创造的产品具有财富管理的功能，并且这种功能有很好的成长性，也有优良的风险抵御机制。投资者期望借助金融市场来管理财富和实现财富增值，金融市场上销售的金融工具为选择储蓄的那些投资者提供了一条极好的储存财富、保有资产的途径，直到需要资金时才进行支出。如我国目前各层次的老百姓都学会了买基金，他们把钱交给基金公司去投资股票，这本身就是借助金融市场的一种很好的财富管理方式。

二、金融财务概述与发展

金融财务是经济系统的心脏，现在人们普遍认识到，股票、债券、基金、期货、期权等证券金融产品不再是发达资本主义国家的专利。随着经济全球一体化，发展中国家的人们同样可以选择各种金融产品来发展本国的经济。整个金融市场与机构体系可以用图 3-1 来描述。

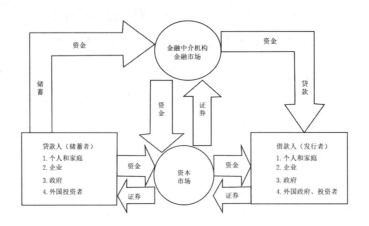

图 3-1　金融市场与机构体系

其中，金融中介机构（包括各种商业银行存款机构、保险公司、投资公司和金融公司等）主要是为金融市场提供间接融资服务；而资本市场（包括投资银行、经纪公司和交易商、有组织的交易所等）主要是为金融市场提供直接融资服务。

为了让读者对整个现代金融财务理论有一个基本的理解，下面我们对现代金融财务理论的发展及其基本理论进行介绍。

首先，20世纪50年代，马柯维茨（Markowitz）借助于统计与优化方法创立了均值—方差模型，并被广泛应用于实际的投资组合决策。马柯维茨的思路可以追溯到伯努利（Bernoulli）和费雪（Fisher）等人．前者考察了概率与博彩问题，也就是不确定条件下的决策，后者考察了利息理论。这些早期的理论为后来的金融产品估价技术及金融工程学科的开拓打下了坚实的基础。马柯维茨第一次系统地用数理统计和优化的语言描述了金融市场上投资者的可能行为，尽管当时他的研究并没有成为金融经济学的模型基础，但在华尔街却广为流行，成为众多投资者投资决策的技术依据。

其次，20世纪50年代，一些代表性的学者从理论上和经验上分别注意到了投资者理性决策的重要性。阿罗（Arrow）通过对保险和风险的研究，特别是通过对一般均衡框架中或有证券的研究发现：只要针对未来的每种潜在的可能性设计出相应的应对条款，那么就能构造出一种"阿罗证券"来确保总体经济的一般均衡。不过，阿罗也注意到，投资者的理性决策依赖于一定的信息条件，如果该条件得不到满足，金融产品的合同安排就可能不完全。比如，在保险业会出现"道德风险"问题。这些观点对后来的金融理论的发展产生了巨大影响。

最后，莫迪利亚尼（Modigliani）和米勒（Miller）也在 20 世纪 50 年代开始关注金融市场上的证券供给问题，他们采取了标准的微观经济学的均衡分析方法，在假定金融市场完全竞争的前提下，试图通过公司的融资成本 - 收益决策来推导出证券供给曲线。不过，现在人们已经很少关心证券供给曲线了，主要原因是他们的结论因为"MM 定理"闻名于世，其背后的证券供给曲线反而被忽视了。MM 定理说明：在给定若干假定条件下，公司的资本结构选择并不能给公司创造价值。这一结论奠定了现代公司金融理论的框架，因为该定理为复杂的公司金融活动分析创造了一个基本构架。

在继承前面的马柯维茨均值方差模型等成果的基础上，夏普（Sharpe）、林特纳（Lintner）等人于 20 世纪 60 年代发展出了资本资产定价模型，罗斯（Ross）等人又进一步发展出了套利定价模型，奠定了研究资本市场价格的理论框架。法玛（Fama）等人在 20 世纪 70 年代提出了有效市场假说，并给出了金融市场价格运动规律的经验实证研究思路。布莱克（Black）、舒尔斯（Scholes）和莫顿（Merton）等人于 20 世纪 70 年代在 MM 定理和资本资产定价模型的基础上发展出了金融产品的定价模型，并被广泛应用于实践中，从而导致了金融产品的大量创新。

另外，阿罗早期的研究重新受到重视。20 世纪 70 年代，大量的博弈论和信息经济学模型被用于分析金融市场，如罗斯（Ross）、格罗斯曼（Grossman）、普雷思克特（Presctt）、斯蒂格利茨（Stuglitz）、利兰（Leland）、布雷纳（Brennan）、杰森（Jensen）、哈特（Hart）、哈里森（Harrison）、克瑞普斯（Kreps）、布哈塔斯瑞（Bhattacherya）等把金融产品看作契约，如果当事人的信息不对称，就可能导致契约的不完全，从而出现逆向选择与道德风险问题，此即金融市场资源配置的低效率。如果要提高资源配置效率，就必须采取有效的治理机制、恰当的证券设计和充分的信息披露，这些正成为金融系统中日益重要的制度架构。

经过近 40 年的开拓，现代西方金融财务理论才真正成型，它不仅形成了以契约为基础的金融经济学，而且在公司和各种金融中介的金融活动、金融市场的价格运动、市场微观结构、金融系统的演变及金融监管等诸多方面都有专门的理论，从而构成了一个比较完善的理论体系和研究方法体系。

不过，随着金融产品的多样化和金融系统的复杂化，学者们逐步发现，20世纪80年代以前的金融理论仅考虑了定价、套利、均衡、合同等问题，这是不够的。例如，有效市场假说的核心是完美套利，但现实世界中套利是不完美的，这就预示着作为理论基础的有效市场假说缺乏理论预见力：资本资产定价模型、代理理论模型等虽然比较精致，但缺乏足够的数据支持；以现值为基础的证券估价模型缺乏理论意义；当事人的风险偏好假定不现实，越来越多的实验经济学研究结果证明了这一点；股权溢价之谜、市场效率异常等得不到合理解释，期限结构、波动理论等也是如此；金融市场的制度基础没有得到充分重视，制度如何影响价格还不清楚等。

正因为过去的理论有诸多局限，从20世纪80年代开始，金融学家进行了广泛的新探索，这一探索分两条线展开：一方面，在过去的金融理论模型中嵌入制度等因素，着重研究金融契约的性质和边界、金融契约选择与产品设计、金融契约的治理与金融系统演化、法律和习俗等制度因素对金融活动的影响等；另一方面，一些金融学家基于卡尼曼（Kahneman）等人发展的非线性效用理论，开始引入心理学中关于人的行为的一些观点来解释金融产品交易的异常现象，如有限套利、噪声交易、从众心理等。这些理论形成了现代金融理论中的行为学派，又称为"行为金融"。

从目前的理论发展来看，两条线索互相竞争、互相促进且共同发展。基于信息不完全、不对称和一般均衡理论的模型在解释金融市场异常方面有明显不足；但行为金融还不能有效地应用于金融产品定价，并且现有理论模型本身缺乏更广泛的经验证据支持。双方正处于争论阶段，构成了现代金融理论发展过程的主旋律。

很明显，现代金融理论从20世纪50年代开始逐步摆脱了过去那种纯货币理论的状态，确立了资本定价在金融学中的核心地位，如同一般均衡理论在经济学中的地位一样。所谓现代金融理论，其实就是用标准的主流经济学的原理和方法精确刻画金融活动的产物。而 20 世纪 80 年代以后，经过经济学家的不懈努力，金融产品和金融系统的复杂性日益受到关注，金融理论开始走出资产定价技术这一狭窄范畴，越来越多的人开始从金融活动参与者的行为本身来解释纷繁复杂的金融现象。行为的多元化导致金融产品和金融系统的多元化，也导致金融理论的多元化。现代金融理论的核心从资产定价转向参与者行为，这可以看作向经济学本来面目的复归。

三、公司金融与财务

公司金融学在现代金融学体系中是一门重要的核心课程。现代金融学的研究涵盖了三大主要领域：资产定价、公司金融，以及金融市场、金融中介和金融监管。而公司金融是现代金融学的核心领域之一，或者被称为现代微观金融理论的三大支柱之一。这充分体现了该学科的重要性。公司金融学作为一门独立的学科发展到现在，无论是在理论研究还是在实务方面都有很大的发展，但仍然还存在着很多未知的领域。要深入研究这些问题并促进该学科的发展，我们就必须先对该学科进行科学合理的定义。

一门学科的学科性质、研究对象、研究内容以及理论体系等都决定于该学科的本质含义，科学合理地定义公司金融的本质含义是学习和研究该学科的重要前提。研究任何一门学科所面临的首要问题就是正确而科学地界定该学科的本质含义，但这本身又是一个比较困难而又必须首要解决的问题。尤其是社会经济科学，因为人们的认识会随着社会经济的发展而不断地变化和提高，不同的人对于同一个问题的研究所采用的方法和思维方式会存在很大的差异，其研究结果和符合研究方法的解释也会存在一定的差异，但这并非是问题的关键。

事实上，只要是符合逻辑的解释，符合社会经济发展的实际和主流趋势，并且能够促进本学科的发展，能够解决社会经济的现实问题，那么这种解释就是合理的。从客观上讲，社会经济科学也正是在这种不断地研究探索、不断地解释社会经济生活中出现的新情况和新问题而得到不断地发展。公司金融学的研究亦是如此。

在目前的教科书中，"corporate finance"有三种不同的中文名称：公司金融、公司财务和公司理财，而且是等同运用。从理论和现实的角度来讲，虽然有着广泛的联系但同样也有明显的差异，其差异就是对"finance"的不同解释。"finance"一词在英文里可以翻译成金融、财务或者理财等，但其内涵和外延却存在着差异。正是因为存在这种差异，无论是在本学科的学习与运用方面，还是在该领域进行理论研究，都将产生一些认识上的误解和困惑：一是这三种不同名称的含义是同一的还是有差异的；二是容易将本学科和相关学科（尤其是财务管理）相混同；三是本学科的本质含义、理论体系以及学科性质到底如何等。从理论上澄清这些问题，有助于本学科的发展。

（一）公司金融的含义

要相对准确地解释公司金融的本质含义，可以从以下两方面来理解：一是把握公司这个特殊的微观经济主体的基本特征；二是把握现代金融的本质含义及其基本功能。

1. 公司金融的主体特征

按照《中华人民共和国公司法》的规定，公司就是指在中国境内设立的有限责任公司和股份有限公司。其中，股份有限公司是现代企业最典型的组织形式，因而也是公司金融研究的主要行为主体。公司是企业法人，享有独立的法人财产权；公司以其全部财产对公司的债务承担责任；公司是现代企业的基本组织形式，强调其法人性质。这些应该说都是对公司本质含义的准确概括。公司作为独立法人，相对于非法人企业（如合伙企业）而言，其本质特征可以表现在五个方面：①股东承担有限责任；②易于融资；③有独立的法人财产权；④要求具有完善的法人治理结构；⑤公司制企业存在一些难以避免的缺陷，从而导致公司运作的复杂性。比如，双重税负以及相关利益主体之间存在诸多利益冲突等。

按照《中华人民共和国公司法》的规定，有限责任公司的股东以其出资额为限对公司承担责任，股份有限公司的股东以其认购的股份为限对公司承担责任；由于股东只承担有限责任，同时其投资的股份可以通过资本市场自由转让，在很大程度上锁定了股东投资的风险，所以公司便易于融资，或者说公司制企业比非公司制企业具有更强的吸收资本的能力。尤其是股份有限公司，在一定条件下，能够通过发行股票相对迅速地获得更多的资源配置，从而增加了公司的增长机会，有助于公司价值的提高；公司是在财产所有权和经营权分离基础上产生的一种企业组织形式，股东对公司投资形成公司资本，公司对此享有独立的法人财产权，公司以独立的法律人格享有权利并承担义务；由于两权分离，在投资者和公司管理层之间形成一种委托代理关系，为了有效地保障投资者的合法权益，要求公司建立完善的法人治理结构，通过有效的公司治理及其内部控制等制度安排来协调这种委托代理关系下各利益主体之间的利益冲突。

但公司制企业也存在一些难以避免的缺陷，从而导致公司运作的复杂性。首先，公司制企业的财产所有权和经营权的分离，公司的经营者往往不是公司的所有者，两者的目标并不完全一致，并且客观上存在不同的产权结构，因此产生委托人与代理人之间复杂的委托代理关系需要有效的制度安排来协调。实际上，关系人之间存在的诸多矛盾和利益冲突很难进行有效协调和解决，公司治理问题一直是公司运作中的一个难题，就算是在发达国家也是如此。其次，公司要承担双重税负，即公司实现利润以后要缴纳企业所得税，通过利润分配，投资者取得收益后要缴纳个人所得税。因此，公司的金融决策将受到税收政策的影响，这也是公司金融理论研究的重要内容。最后，尤其是股份有限公司要求财务等信息公开，接受整个市场的监督，这对于公司管理层来讲具有很大的经营压力，往往会出于某种目的而并非客观地披露其财务信息，从而导致信息不对称状况更加突出。要保持公司长期可持续的经济增长，有效地协调各种矛盾，这就必须规范公司的一切理财活动和金融决策行为，通过有效的制度创新来协调公司相关利益主体之间的利益冲突。包括信息披露制度、公司治理制度和内部控制制度等现代企业制度，是公司金融最重要的制度基础。

2. 公司金融的金融学解释

公司金融从金融学的角度来解释，有着丰富的内涵。这主要来自现代微观金融学独特的研究领域和学科性质。关于现代金融学的解释，本书采用莫顿的定义，从某种意义上讲，这种解释最能反映微观金融学的研究方向和学科性质。莫顿在

《金融学》一书中把金融定义为：金融学是研究人们在不确定的环境中如何进行资源的时间配置的学科。金融系统包括股票和债券等金融工具、金融市场、金融中介、金融服务机构以及监管所有这些单位的管理机构等。因此，公司金融学可以简单地概括为研究公司进行资源跨期配置的学科。实现资源有效跨期配置的前提是行为主体对未来的预期。

正如周洛华在《中级金融工程学》一书中的论述，金融学可以帮助人们建立一种对于未来某项资产价值的预期，这种对于未来的预期决定了人们当前的交易行为和投资决策。比如，公司通过金融市场发行证券来配置资源，投资者是否投资于该证券资产，在很大程度上取决于对公司未来的预期。因此金融学主要研究资产问题，是关于资产的学科；而资产的价值是由未来的预期收益和风险决定的，因此金融学又是关于未来和预期的学科。这种解释清楚地阐述了金融学与经济学最本质的区别。

周洛华在《中级金融工程学》一书中运用"一个和尚挑水喝；两个和尚轮流挑水或者抬水喝；三个和尚没水喝"的故事进行了形象的描述，揭示了经济学和金融学的关系：经济学主要解决一个经济实体的问题，包括投入与产出的关系以及资源利用的效率等；博弈论阐述了两个经济实体之间合作或者对抗的机制；而金融学则解决三个或者多个经济实体之间利益与风险分配的问题。周洛华对此做了这样的分析：三个和尚的问题是一个有需求没有供给的问题，这个问题只能通过金融学来解决。如果我们能够帮助这三个和尚建立一种预期，未来出现的第四个和尚或者其他香客将从他们储蓄的水池中买水喝，他们就有可能以劳动力作为投入，形成一种挑水机制，这种机制是靠预期来维持的，即他们现在的挑水行为都依赖于对该寺庙未来香火的预期，以及预期未来可以按照投入劳动力的比例从卖水的收入中获得分红。这是解决三个和尚喝水问题的金融学方案。周洛华进一步分析论述后认为，预期的分红权就是一项资产，三个和尚以挑水作为投入，买入了一项获得分红的权利。预期的分红水平越高，投入的挑水劳动力也就越多。

从公司金融学的角度来讲，一个公司涉及多个经济主体，包括股东、债权人、公司管理层以及员工等，是一个典型的多主体参与并构成的经济实体。股东的资源投入期望获得预期的红利分配；债权人的资源投入期望获得预期的利息收益；而管理层和员工的劳动投入期望获得预期的报酬。客观上需要一种机制来协调不同经济主体之间的利益冲突，而股份制就为这种多主体之间的利益冲突提供了理想的协调机制，所以股份有限公司成为典型的现代企业的组织形式。从资源配置的金融学方案角度分析，公司为了实现其预期的经济目标，需要从市场获得资源配置，如发行股票，而投资者是否购买该股票，做出对公司的投资行为，在很大程度上取决于其对于公司未来的预期。金融学可以帮助人们建立一种对于未来某项资产价值的预期，这种对于未来的预期决定了人们当前的交易行为和投资决策。因此，从金融学的角度来讲，公司金融学就是研究公司制企业为实现其预期目标而进行的有效的资源跨期配置的金融方案，及其在多个相关经济主体之间进行利益和风险协调的金融决策。其含义可以从以下三个方面来理解：

第一，公司金融学研究的主题是资源的跨期配置。公司要获得资源配置，通常有两种途径，即一是通过商品市场的价格机制配置资源，也就是通过商品价格的波动来实现资源的流动和配置，这是所谓资源配置的经济学方案；二是公司发行和出售证券，通过合理的证券定价和金融市场交易来配置资源，也就是所谓资源配置的金融学方案。这是公司金融学研究的主题。

第二，公司进行资源跨期配置的有效前提是投资者对公司未来经济增长的良好预期。公司通过金融市场发行和出售证券进行资源的跨期配置，其有效性主要取决于两个方面，即一是公司保持长期持续的经济增长是实现资源有效配置的良好预期的经济基础。比如，投资者认同公司股票定价而做出购买股票的投资决策正是基于对公司未来经济增长的预期，也就是所谓"用手投票"，相反则是"用脚投票"。对此，公司决策行为的重点在于制定和实施科学的发展战略、做出科学的投资决策，努力提高投资收益率，为投资者提供良好的经济增长预期，或者说，公司资源配置的根本目的是实现公司的经济增长。公司的运作必须始终围绕这个目标来制定和实施长期的经济发展战略，这是公司规范金融决策行为最重要的经济基础。二是公司在保持经济增长的基础上及时准确地向投资者传递这种良好预期的信息，这涉及信息披露的制度问题。完善的信息披露制度，除了受国家法律、市场约束等外部因素的影响外，还要受到公司内部的制度设计和制度创新的影响。公司建立完善的信息披露制度并保持这种制度的有效约束，是实现有效的资源跨期配置的长效机制和战略选择。

第三，公司围绕资源的跨期配置所进行的一系列投资和融资等活动都是在一定市场环境下进行的，由此形成了多种经济关系，涉及多个经济主体之间的利益与风险的分配和协调，正确处理和协调这些经济主体之间的经济关系，需要有效的制度安排，建立完善的现代企业制度，是规范公司金融决策行为最重要的制度基础。一般来说，公司进行投资和融资等行为过程通常涉及包括股东、债权人以及公司管理层及其员工等相关关系人和利益主体，由此形成多种委托代理关系。这些关系主要有：①股东与公司管理者的委托代理关系；②公司与债权人的关系；③公司管理者与员工的关系；④公司与政府管理部门（主要是税务部门）的关系。正确协调和处理这些经济关系，有效的制度创新极为重要。

按照制度经济学的理论，制度是经济增长的内生变量，制度安排制约着一个微观经济主体的行为，进而影响其目标的实现。对此，研究公司金融，我们就必须先研究现代企业制度。一个完善的现代企业制度，是由公司治理制度、内部控制制度、风险管理制度和信息披露制度等所构成的有机整体。不同的制度约束会产生不同的行为效果。通过制度的创新，可以在一定程度上避免在委托代理关系下客观存在的怠工、在职消费、有害投资以及愚弄投资者等问题；通过制度的创新，建立有效的激励约束机制，实现激励兼容。有效的制度安排能够规范公司行为，保证公司金融决策目标的实现。

3. 公司金融的经济学解释

公司是重要的微观经济主体，从经济学角度来解释公司金融，或者说运用经济学的原理和方法来解决公司金融的问题，特别强调公司金融活动的效率和效益以及动态均衡。这主要源于微观经济学家所熟悉并一贯运用的最优化和均衡分析的思维逻辑。概括起来，公司金融最主要的经济学特征表现为以下四个方面：

第一，公司保持长期的经济增长是公司金融行为最根本的目标，尤其是实体经济的增长。这是公司金融决策始终坚持的发展战略，力求以最小的经济代价去获取最大的经济利益。因而，体现投入产出关系的成本效益原则是决定公司金融活动的行为准则，也是决定公司长期发展的战略基础。正如罗斯（Stephen.A.Ross）在 *Corporate Finance* 中的论述："分析正净现值（NPV）来源的过程通常被称为公司的战略分析……相对一部分的公司战略分析就是寻找能产生正净现值的投资机会"。

第二，要保持公司长期的可持续发展，就必须保持公司经营活动过程的连续性。马克思在《资本论》第二卷中进行了深入的论述，要实现这种连续性，就必须保持资本在再生产过程中的时间上继起和空间上并存，任何阶段的中断都可能导致公司陷入困境。这就充分体现了现金流量的重要性。从某种意义上讲，公司金融的核心问题是要提高公司产生现金流量的能力。因此，从经济学的角度来讲，公司金融主要研究公司这个特殊的微观经济主体为实现其特定的经济目标而进行的资源配置和有效利用的系列最优经济决策。

第三，通过市场机制进行资源的有效配置，在特定的市场环境中实现公司的有效均衡。因而，公司如何在动态的市场环境下做出最优的经济决策是实现最大效益的前提。无论是以商品价格为导向还是以证券定价为导向进行资源有效配置的最根本的标准是：实现公司在动态均衡前提下的最佳经济效益和经济增长。

第四，强调实体经济与虚拟经济的协调与均衡。公司通过金融市场的交易，无论是发行和出售证券以实现资源的跨期配置，还是进行证券投资以实现业务的扩张，都属于虚拟经济的范畴，其目的仍然是实现实体经济的增长。从均衡分析上讲，微观经济强调均衡的理论分析原理；而宏观经济的 IS-LM 理论提供了重要的均衡分析思维。按照这种均衡分析思维，不仅要求每个市场的均衡，而且要求两个市场同时实现均衡。一切宏观的和微观的经济问题，都可以归结为经济失衡所致。商品市场的交易强调均衡，而金融市场的交易同样强调均衡，资产定价的无套利均衡是金融学最核心的分析范式。因此，公司的金融决策应当是在均衡状态下最优决策。无论是证券的发行及其证券的定价，还是证券的投资，都应当以实体经济的增长为基础，并实现公司微观层面上的实体经济与虚拟经济的有效协调和动态均衡。这不仅是公司金融决策的重要理念、方法和思维，而且也是公司得以长期发展的重要基础。

（二）公司金融、公司财务、公司理财

在我国，"corporate finance"被直接叫作"公司金融"的较为普遍，但也可以译为"公司财务"和"公司理财"。当然，这三者是有差异的。

1. 公司财务

按照《现代汉语词典》对财务的解释是：财务是机关、企业、团体等单位中，有关财产的管理或经营以及现金的出纳、保管、计算等事务。如果再进一步将财务的"财"理解为理财，则财务可以解释为理财的事务。实际上，财务是一个大概念，不仅财务主体具有多样性，而且财务内容也具有多样性，研究财务问题同样是由多学科所构成的一个庞大的复杂系统，其中包括很多分支，如财务会计、管理会计、财务管理，甚至可以包括公司金融、公司理财等学科。从这个意义上讲，财务又是一个模糊的概念。但无论有多少差异，整个经济活动始终表现为物质流和价值流的运动，财务是从价值流的角度来研究经济的运行，这是所有财务分支的共同特征。从公司这个特殊的微观经济主体来研究，公司财务的主要职能是一个信息系统。财务会计最主要的是信息功能，包括收集、整理和报告财务信息；管理会计是为公司管理决策提供财务信息。而公司金融最主要的是通过金融市场交易配置资源以实现公司经济增长。因此，如果把"corporate finance"定义为"公司财务"，不仅容易与人们习惯所理解的"财务"相混淆，而且也会大大降低本学科作为一门富有挑战性的学科价值。

2. 公司理财

从严格意义上讲，公司金融与公司理财有着很多共同的内容和特征，如都是着眼于未来，并且也都是立足于资产的增长，因为理财就是理资产，以及都需要通过资源的配置来实现其目标等，所以在很多方面都可以通用。但公司理财的范围更广，可以是金融性质的理财也可以是非金融性质的理财，因而可以理解为公司理财包含公司金融的内容。但公司金融最主要的是要体现金融的性质和特色，那就是通过金融市场的交易来配置资源以实现公司的经济增长。

3. 公司金融与财务管理

公司金融与财务管理，在很多方面有着共同的内容，所以很多初学公司金融的同学很容易把这两门课相混同，但这毕竟不是一门课而是两门课。实际上，这两门学科不难区别：公司金融的重点在金融（finance），强调资源配置的金融学方案；而财务管理的重点在管理（management），强调资源利用的效率，人尽其才、物尽其用始终是管理学的根本要求。

为了从理论上更清楚地区别这两门学科，我们引用系统科学的理论来分析：公司是一个（开放）系统，整个市场（包括法律制度等）是公司这个系统的环境，公司要发展，就必须与环境进行不断的物质、能量、信息和产品等的交换。公司金融就是研究如何实现这种交换的动态均衡，尤其是保持公司在金融市场上持续地获得资源配置，强调公司这个特殊系统与市场环境的协调，其目标是实现公司的市场价值最大化。而财务管理则强调对公司财务资源和财务活动的有效管理。从管理学的角度来讲，财务管理是一种对内活动，其目标是实现资源利用的最大效率。

（三）公司金融的内容

公司金融的内容通常是研究公司金融所要从事的业务活动及其保障这些业务持续发展所进行的金融决策。任何一个公司从创立开始到持续经营，都始终围绕其预期的经济目标进行不断的投资与融资活动，并围绕这些活动进行一系列的金融决策。从财务角度来讲，公司金融的一切业务活动及其决策效果最终都将集中反映在公司的财务报表上，或者说，公司金融的主要内容可以通过资产负债状况及其结构来体现。我们通过解读报表来认识和把握公司金融的内容。其中，资产方体现了公司的主要投资活动；而权益（包括负债及所有者权益）方体现了公司的主要融资活动。

不同的资产负债项目及其结构对公司金融将产生不同的影响，同时也为所有投资者进行金融投资决策提供了不同的预期。因此，研究公司的资产负债状况及其结构可以全面认识和深入研究公司金融战略。无论公司所在的行业是否相同，也无论公司规模大小的差异，其资产负债表的项目内容是基本一致的，所不同的是具体内容和结构，以及由此所体现的金融决策水平及其效果上的差异。

1. 融资决策（融资）

公司金融研究的主题是通过金融市场进行资源的跨期配置，其具体业务内容是融资，公司融资最根本的目的是满足投资的资本需求。从财务的角度来讲，公司所有的融资活动都可以通过资产负债表上右半部分的负债及权益得到集中体现。从金融的角度来讲，融资是公司从金融市场获得资源配置的重要途径，因而是公司金融研究的重要内容。随着金融市场的不断发展以及金融工具的不断创新，公司融资的方式将呈现多元化趋势：从融资所体现的经济关系考虑，其可以分为债务性融资和股权性融资；从融资所体现的信用关系考虑，其可以分为商业信用融资、银行信用融资、证券信用融资等；从融资的期限结构考虑，其可以分为短期融资和长期融资；从融资的内外部渠道考虑，其可以分为外部融资和内部积累性融资。

不同的融资方式，其融资成本、融资效率、融资风险、对公司的适用性，以及对公司未来及其整个金融市场的影响等方面都存在很大的差异。公司将发行和出售何种证券以及证券的定价，也是公司融资决策的重要内容。同时，融资结构的选择问题是公司金融理论研究的重点领域，形成了很多资本结构理论。诸如以上问题，不仅是公司融资实务所要解决的主要内容，也是公司融资理论研究的重要课题。因此，公司应该根据自身的特点、资本需求状况、对风险的偏好以及公司金融的目标来研究和选择有效的融资方式，制定合理的融资方案，进行科学的融资决策。

2. 投资决策（投资）

投资是公司最主要的业务活动，也是公司进行资源跨期配置的经济基础。如前所述，公司金融的实质内容和发展战略就是不断地寻找能产生正 NPV 的投资机会。因此，没有投资也就没有公司的生存和发展，公司应当通过有效的投资，实现公司微观经济的持续增长，为公司投资者提供投资决策的良好预期。

从财务角度分析，公司所有的投资活动都可以通过资产负债表上左半部分的资产得到集中体现。公司通过投资将形成不同的资产，结构合理且优质的资产不仅能够为公司产生持续增长的现金流量，而且可以通过较高的资产定价获得更多的资源配置，在一定条件下又能够产生更多的超额利润。

公司资产的不同类别和结构直接体现了公司投资决策的水平、质量及其发展战略。因此，资产是公司金融中具有十分重要的概念。公司资产的类型很多，按照不同的标准有不同的分类，而不同类别的资产对公司又具有不同的意义。在这里我们主要研究以下两种资产分类：

一是按照具体内容和作用的不同，公司资产可以分为流动资产（包括货币性资产、应收债权、存货等）、固定资产、无形资产、长期投资（包括债权投资、股权投资和其他投资）。不同行业以及不同类型的公司，从资产角度分析其主要差别在于流动资产和固定资产上的差异。不同的流动资产（尤其是存货）投资体现了公司的行业特征，因为经济的产业结构实际上是产品结构；而不同的固定资产投资又体现了公司的类别特征及其发展水平和发展战略。因为固定资产投资不仅体现了公司的科学技术水平，而且是公司微观生产力的投资，涉及公司的发展战略。从某种程度上讲，适度的固定资产投资决定了公司的长期发展，因而是公司的战略性投资。无形资产属于公司的价值型投资，公司运作的品牌战略就属于这一类。但真正能够体现现代企业以资本运作为主要特征的资产投资不是短期投资而是长期投资，尤其是长期股权投资，公司通过并购重组等资本运作方式来实现其规模效应和结构效应，实现资本最大限度的增值，从而实现公司价值最大化的目标。

二是按照存在形态和运行规律的不同，公司资产可以分为真实资产和金融资产。公司金融在投资领域研究的重点是金融资产，即通过金融市场进行金融资产的投资来实现其并购重组战略，但金融资产的投资对于公司来说只是一种手段，目的是扩张和优化真实资产的投资，实现实体经济的增长。

3. 股利分配

股利分配是公司金融的重要内容。当公司实现利润以后，通常情况下，要向投资者分配股利。按照《中华人民共和国公司法》规定，公司税后利润的分配顺序是：弥补公司的亏损、提取法定公积金、提取任意公积金、支付普通股股利。

《中华人民共和国公司法》还规定，公司连续五年盈利并且符合公司法规定的利润分配条件，而公司连续五年不向股东分配利润的，股东可以请求公司按照合理的价格收购其股权。因此，股利分配是公司的一项法定义务。

对公司金融而言，股利分配既是一项重要的现金流出，直接影响到股东收益，又是一项重要的融资渠道，即内部积累，又直接影响到公司的长期发展以及股东财富的长期增长。马克思对此进行了深入论述，社会再生产的实质是扩大的再生产，而利润积累是扩大再生产的物质基础。股利分配从操作层面上讲是件相对容易的事情，公司利润分为两部分：一部分留存公司进行再投资；另一部分作为股利分配给股东。但从决策层面上讲，要确定合理的股利分配比例，实际上是非常复杂的。对此，国外的研究把股利政策称为"股利之谜"，形成了很多理论学说。有学者说过："股利就像一幅各部分没有连在一起的画，越看越使人迷惑。"究竟发放多少股利，历来都是经济学家和业界人士争论不休的话题。从某种程度上讲，关于股利的所有争论都陷入了"两面派律师"的困境。罗斯在《公司理财》一书中把这种"两面派律师"称为两面财务经济学家。所谓"两面派律师"，就是一方面建议你基于以下理由应该这样做（如支持公司派发高股利），另一方面又基于其他理由建议你不应该这样做（如支持公司派发低股利甚至是不派发股利）。尽管关于股利的争论一直没有定论，或者说是公司金融学中的一个未知领域，但公司经营者还是必须认真研究并制定合理的股利政策。因为股利政策不仅与股东利益（短期利益和长期利益）以及公司通过再投资以图长期发展直接相关，而且能够向股东传递关于公司经营业绩以及长期发展的信息。因此，制定最适当的股利政策始终是公司金融的重要内容。

4.现金流量管理

公司金融通常重视现金流量，而非会计利润，这是两个不同的概念。公司投资需要现金，偿还债务也需要现金，支付股利同样需要现金。公司长期发展的重要决定因素是公司产生现金流量的能力，而非获取利润的能力，虽然利润对公司发展以及股东收益同样重要，但最重要的是现金流量。因为公司的现金流量状况直接决定着公司的生存和发展。《中华人民共和国破产法》规定的企业破产界限是：企业法人不能清偿到期债务，并且资产不足以清偿全部债务或者明显缺乏清偿能力，这也是从公司现金流量状况来界定的，现金流量对于公司金融至关重要。因此，加强现金流量管理，不断提高公司产生现金流量的能力，是公司金融学最核心的内容。

5.财务规划

公司金融是一项有目的的活动，为了保证其预期目标的实现，科学的财务规划非常重要。在企业运作及整个经营管理过程中，通常所说要学习和借鉴国外先进的管理经验，是十分必要的，也是非常重要的。通过中外企业管理的比较，除了充分运用人本主义的理念来管理企业外，加强财务规划和预算管理是最为重要的企业管理理念，这就是所谓的目标管理思维。可以说，财务规划贯穿于企业整个经营管理过程的始终。

公司成立需要先进行业务方向的规划，确定公司发展的方向和目标；项目投资要进行全面的可行性研究，进行详细的项目规划；为实施投资需要进行资本筹集的规划。除此之外，还有公司战略规划、年度预算、业务发展规划、财务规划等。总之，规划的内容很多，可以说是一个规划体系。通过全面而系统的规划，可以保证公司经营管理活动的有序进行和预期目标的实现。科学合理的财务规划，必须以科学的预测和分析为基础。

公司金融的内容很多，除了上述所概括的五大内容外，还包括一些经济关系特别是委托代理关系的处理和协调，为公司金融活动的顺利开展创造良好的环境。但其中最重要也是最基础的内容是投资和融资，而其他内容则是由投资和融资所派生的并服务于投资与融资活动。因此，融资、投资和现金流量问题是公司金融最主要的问题。正如斯蒂芬·A.罗斯（Stephen A.Ross）在《公司理财》（精要版）一书中论述的那样，假设你即将创办自己的企业，无论你从什么形态开始，你都应当用某种形式回答三个基本问题：第一，公司应该采取什么样的长期投资战略。长期投资战略问题通常是指公司要介入什么行业、需要哪些建筑物和机器设备等，以及涉及公司从事什么业务、保障公司业务可持续发展的微观生产力等问题。这是着眼于公司的长期投资战略问题，直接关系到公司的长期发展。公司长期投资战略的规划与管理过程，被称为资本预算（capital budgeting）。整个资本预算过程，实际上就是进行投资机会的评价和选择的过程。这是公司财务经理人面临的最重要并且也是必须解决的理财问题。第二，公司如何筹措投资所需要的长期资金。公司财务经理人面临的第二个问题是保证公司长期投资战略的实现所需要的长期资金的获取和管理方式。公司要解决长期筹资，必然涉及三个问题，即一是融资方式的选择，是选择债务融资还是股权融资，以及债务与股权融资的特定组合，也就是资本结构（capital structure）问题；二是公司发行证券的定价问题；三是筹资成本的确定与选择问题。公司融资的基本原则是以最低的资本成本获取所需要的资本。第三，公司如何管理诸如向客户收款和向供应商付款等日常财务活动，尤其是公司需要多少现金流量来支付其账单。公司财务经理人所面临的第三个问题是营运资本（working capital）的管理，包括短期资产和短期负债。筹划和管理公司的营运资本是一项日常并且重要的活动，是为了确保公司有充足的资源维系其正常经营，避免高成本的中断。因此，这也是一项涉及公司生存的问题，其中最为重要的是现金流量的管理。

罗斯在《公司理财》（精要版）一书中论述了与营运资本相关的一些必须回答的问题有：①公司应该持有多少现金和存货。②公司是否应该赊销。如果应该，公司需要设定什么条件，适用于谁。③公司如何获取必须的短期筹资，是赊购，还是借入短期资金。如果是借入，公司又应该怎样和向谁借等。公司金融的问题虽然很多，但无论如何它们都是最为重要的。因此，公司金融研究的是回答这三个主要问题的方法。这三个问题对于所有公司来说都是普遍存在的，所不同的是，投资和融资的具体内容不同，由此使得不同公司在进行投资和融资过程中所涉及的市场存在差异。比如，上市公司可以通过发行股票和债券来融资，因而公司的价值可以通过这些证券的市场价值来体现。然而，公司所有证券（尤其是股票）的价值都取决于公司资产投资所能产生的未来现金流量收益的预期。所以，公司在运作过程中必须保证投融资决策的科学性，公司金融学正是研究这些科学决策的理论和方法。

（四）公司金融的目标

1.公司金融的目标综述

公司的任何经济行为都是有目的的行为，制定合理的目标并为实现目标而进行科学的决策是现代企业目标管理的核心，公司金融决策的一切行为都是由其目标所决定的。所以，确定合理的目标有助于提高公司金融行为的有效性。然而，企业的组织形式不同，内部差异很大，所处的外部经济环境也在飞速的发展和变化，要制定一个合理的目标来指导和规范企业的金融决策行为并非易事，尤其是在理论上对公司金融的目标给出一个相对比较准确的定义就更加困难。正如罗斯在《公司理财》（精要版）一书中的论述：如果考虑财务管理可能的目标，我们可能会有一些想法，即生存、避免财务困境和破产、在竞争中获胜、销售额最大化或者市场份额最大化、成本最小化、利润最大化、维持盈利的稳定增长等。这些仅仅是我们能罗列的一些目标，而且对财务经理来说，每个可能的目标都有问题。比如，增加某个产品的市场份额和销售额很简单，我们只要降低价格或者放松赊销付款条件；如果从不贷款或者从不承担任何风险等，就可以避免破产。很难说这些行为都是符合股东利益的。假如我们讨论的对象仅限于营利性组织，那么财务的目标就是为其所有者赚取利润或者增加价值。当然，这个目标有些模糊。所以我们考察一些不同的表述方式，试图给出一个更为准确的定义。这个定义很重要，它是制定和评价财务决策的客观依据。可见，制定合理的目标尽管比较困难，但它本身也是公司金融最重要的内容，所以我们需要从理论上来研究公司金融目标的准确表述，以便更好地规范公司金融行为。实际上，企业的组织形式不同，所处的经济环境不同，公司金融的目标也不同。从企业理论的发展来分析，我们可以把公司金融的目标分为两类：传统目标和现代目标。

（1）公司金融的传统目标。

传统目标大体上可以分为两类，即利润最大化和总产值最大化。

首先讨论利润最大化目标。按照传统企业理论的分析，特别是在科斯的企业理论之前，受亚当·斯密《国富论》的影响，长期以来微观经济学的主要研究方向是把亚当·斯密关于经济可以通过市场和价格体系来实现协调的命题形式化。

在经济人和完全信息假定的基础上，市场是唯一的资源配置机制，价格决定着企业的生产行为。特别是在完全竞争的市场类型下，企业的生产过程被看成一个"黑匣子"，企业按照 MR = MC 的原则来决定生产规模和生产行为，即企业被抽象为追求利润最大化的"黑匣子"，企业仅是追求利润最大化的一个经济单位。因此，公司金融的目标自然就是利润最大化。但利润目标存在一定的缺陷：一是利润指标通常采用会计利润，受人为因素以及会计方法改变的影响很大，从而导致虚假的会计信息；二是追求利润最大化往往会导致企业行为的短期化，而不注重企业的长期发展。所以，利润最大化目标不能成为现代公司金融的目标。正如罗斯在《公司理财》（精要版）一书中的论述：利润最大化可能是最经常被人引用的目标，但它不是很精确。我们应该注意到，虽然推迟机器厂房的维护、减少库存以及其他一些可降低短期生产成本的举措会增加本年利润，但这些举措未必对企业有利。同时指出：利润最大化的目标可能指的是"长期"或者"平均"意义上的利润，但确切的意思还不是很清楚。

其次讨论总产值最大化目标。这一目标仅是存在于社会主义计划经济时期，而在现代市场经济条件下，企业的一切经济行为将始终围绕市场，以市场为中心是现代企业运作的根本特征。因此，总产值最大化自然也不能成为公司金融的现代目标。

（2）公司金融的现代目标。

现代公司是在两权分离基础上产生的企业组织形式。如前所述，公司制企业存在两种投资者，即股东与债权人。在这两类投资者中，债权人的权益只是按照债权债务关系契约的约定，在保证债权安全的基础上获得固定的利息收益，与公司经营效益高低的关系不大。而股东则是公司实际的最终投资者，其投资收益的多少与公司经营效益的好坏直接相关，这就决定了公司经营必须始终考虑股东利益，公司的管理者为股东的利益而决策。因此，股东财富最大化是公司金融的最终目标。

这种表述虽然在理论上是成立的，但仍然是一个模糊的概念。

首先是股东财富的表示和衡量。如果以股票价值来表示和衡量股东财富，自然会存在一些明显的问题：一是如果公司为非上市公司，要么根本无可交易的股票或者公司的股票很少易主，因此任意时点上的股票价值就很难确定；二是就算公司为上市公司，股票价值也并非完全取决于公司规范的运作和良好的业绩。在上市的股票中，价格背离价值的股票很多。按照罗斯在《公司理财》（精要版）一书的分析，公司股票的全部价值就是所有者权益的市场价值，因此对目标更一般的表述是最大化现有所有者权益的市场价值。

其次，在现代公司的关系人中，除了股东以外，还有债权人、公司管理者和员工等，通常把这些群体称为公司的利益相关者（stakeholder）。公司虽为股东所有，但并非为股东所控制，而是由管理者所控制，由此形成复杂的委托代理关系。一般来说，除股东以外的利益相关者都会试图对公司的控制施加影响，甚至损坏所有者。比如：公司的债权人为了保护其债权而对公司施加种种影响和限制；公司管理者也可能不会完全为股东的最佳利益而行事，出现在职消费、有害投资、消极怠工等现象，因为股东所追求的目标往往与管理层的目标不一致。如管理者不为股东的目标考虑，将会面临被撤换的风险，这是一个涉及公司控制的问题。正如罗斯在《公司理财》（精要版）一书中分析的结论：股东控制着公司，股东财富最大化是公司的相关目标。即使是这样，在很多时候管理当局至少会暂时牺牲股东的利益而追求自身的目标。这说明在现代企业复杂的委托代理关系中，公司的利益相关者之间存在着复杂的利益冲突。因此，公司金融目标的确定需要全面而有效的协调各关系人之间的利益冲突。

按照系列契约理论的分析，公司制企业力图通过采取有效行动提高公司股票的市场价值使股东财富最大化，而股票价值或者公司的净值在很大程度上取决于公司的价值。因此，公司价值最大化应该是现代公司金融的直接目标。实际上，通过提高公司的价值，不仅能够有效地协调公司各利益主体之间的矛盾冲突，充分保护其合法权益，同时也是实现股东财富最大化的根本途径。

2.公司价值最大化目标

公司价值最大化是公司在市场上的整体价值体现,是现代企业最根本的目标,它决定了公司管理层在整个经营管理过程中的经营理念、内容和方法。

第一，公司的价值是市场价值的体现，强调市场在公司价值创造和衡量中的作用。因此，公司金融决策必须始终围绕市场来进行。按照系统科学的理论原理，公司这个特定的系统要实现长期的发展，实现价值的不断提升和经济的持续增长，就必须不断地与市场环境进行物质、能量、信息和产品的交换。市场是公司价值的唯一源泉，公司的一切经营活动只有符合市场的需求才是有效的。这是现代公司最根本的经营理念。

第二，公司的价值可以通过公司所发行的证券的市场价值来衡量，包括债务的市场价值和股权的市场价值，即公司在金融市场的价值体现，或者说是公司在虚拟经济中的价值体现。对此，罗斯在《公司理财》（精要版）一书中运用"圆饼理论"来描述公司价值的构成，圆饼的规模就是公司在金融市场的价值。如果用 V 表示公司的价值，B 表示债务的价值，S 表示股权的价值，则公司价值用公式表示为 $V = B + S$。在这一理论模型中，公司的价值除了决定于债务的价值 B 和股权的价值 S 外，还隐含着一个重要的决定因素，即 B 与 S 的比例，通常把这一比例称为资本结构。按照委托代理理论，公司管理层作为代理人，有义务维持公司所发行证券的市场表现。因此，要提高公司的价值，实现公司价值最大化，科学的微观金融决策至关重要。其基本要求是：在保持合理的资本结构基础上，不断提高公司股权与债务的市场价值。

第三，按照公司证券估价原理，证券的价值决定于公司的未来现金流量，是未来现金流量按照适当的折现率折现的现值，而公司的现金流量来源于公司资产的未来现金流量收益。因此，加强资产投资决策，是实现公司价值最大化的最根本途径，或者说公司价值增长的根本途径是公司实体经济的增长。

第四，公司价值最大化目标的实质，是一种长期的价值趋势，因此保持公司微观层面上的实体经济与虚拟经济的协调，促进公司长期可持续发展，是公司最重要的战略理念。从理论上讲，实体经济决定虚拟经济，而虚拟经济又对实体经济产生重要的影响。公司长期发展的基础在于公司微观层面上的实体经济状况，或者说决定于公司的资产投资状况。科学的、优质的和不断创新的资产投资，不仅是公司长期可持续发展的基础，也是公司证券价值决定的基础。但在现代市场条件下，公司通过金融市场发行证券，又是满足公司投资所需资源的重要的资源配置方式，即融资政策的经济增长效应。因此，科学而规范的金融决策不仅能够有效地避免公司的财务风险，而且能够保障公司的有效资源配置，促进公司实体经济的发展。

（五）公司金融的原则

公司金融所涉及的范围很广泛，面临着诸多复杂多变的金融决策，是一个复杂的系统工程。对公司金融的研究，虽然形成了很多著名的理论，但仍然存在着诸多未知领域。按照博迪（Zvi Bodie）和莫顿（Robert C.Merton）在《金融学》一书中关于金融决策的论述：金融决策的成本和效益是在时间上分布的，而且决策者和任何其他人无法预先明确知道的，这是金融决策区别于其他资源配置决策的两个特点。因此，在公司理财的实务运作过程中，需要确定一系列关于理财决策的基本原则。这些原则概括起来主要有以下六个：

（1）时间价值原则；

（2）风险与收益权衡原则；

（3）注重现金流量原则；

（4）风险分类处理原则；

（5）市场价值导向原则；

（6）委托代理关系的协调原则。

以上原则是规范公司金融行为的主要标准和行为准则。其中，时间价值是无风险报酬，或者叫做投融资的机会成本。一般来讲，任何风险投资的收益必须能够弥补时间价值，承担的风险越大，其期望的风险报酬就越高，这就是所谓的风险与收益权衡原则。公司投融资方案的评价与决策除了考虑风险与收益的权衡外，最重要的是注重现金流量，尤其是增量现金流量。因为现金流量比利润更重要，提高公司产生现金流量的能力就是提高公司的造血功能。然而，市场是复杂多变的，未来的不确定性决定了风险的客观存在，所以风险管理是公司金融行为所面临的首要问题。而在风险管理过程中，由于产生风险的原因不同，形成不同的风险类别，一般分为系统风险和非系统风险，根据不同风险的原因和特征制定不同的风险管理策略，有助于风险的有效管理。公司金融是要在有效管理风险的基础上实现公司价值最大化，而价值的市场特征决定了公司金融行为必须以市场为导向。因此，公司市场价值的变化是衡量公司金融行为和金融决策有效性的根本标准。只有实现公司价值最大化，才能有效地协调公司各利益主体之间的利益冲突，从而促进公司的发展。

四、公司财务分析原理

公司金融活动是一个系列的决策过程。根据决策科学的原理，决策的过程是一个信息运用的过程，科学的决策必须以科学可靠的决策信息为基础，财务分析正是提供决策所需信息的技术和方法。因此，财务分析具有极强的决策效应，在整个经济决策中具有十分重要的意义。对此，我们必须深入研究财务分析的原理，研究财务分析的方法和技巧，把握财务分析的规律。

（一）财务分析的主体及目的

财务分析通常是指以财务报告等相关信息资料为依据，运用一定的分析方法与技术，对企业财务状况及其所体现的财务能力进行系统分析，为企业相关决策者进行经济决策提供科学而可靠的决策信息过程。这一概念全面地描述了财务分析的基本原理及其本质特征。

财务分析的根本目的是为决策主体进行科学决策提供可靠的决策信息，不同的决策主体进行不同的决策内容，将依据不同的决策信息，因而其财务分析的目的也不同。一般来讲，与公司相关的利益主体主要包括两类：一类是外部主体，包括股东、债权人、政府职能部门，以及其他的利益主体；另一类是内部主体，即公司管理层。

1. 股东

股东是公司最终的股权投资者，也是收益和风险的最终承担者。其投资回报与公司的经营业绩直接相关，股东的投资决策主要取决于对公司未来经营状况及其经济增长的合理预期。因此，获取稳定增长的投资回报是股东的重要目的，而公司可持续的盈利增长主要依赖于公司产生现金流量的能力、科学的投资战略以及经营管理水平，包括风险管理以及成本费用的控制能力。所以，股东在进行财务分析时特别关注公司的盈利状况、盈利能力及其盈利增长。

2. 债权人

债权人也叫作债权投资者，根据公司债务融资的形式不同可分为商业信用的债权人、银行信用的债权人以及债券投资者，其中最主要的是银行。债权人权益是按照债权债务契约的约定定期获得固定的债息和到期还本，通常情况下，与公司盈利状况虽有一定的关系，但其相关性较小，而公司盈利又是偿还债务及利息的基础。

债权人权益的保障主要取决于公司偿还债务的能力，影响公司偿债能力的因素主要有：公司融资规模和资本结构所决定的财务风险、经营效率及产生现金流量的能力。因此，债权人进行公司财务分析时特别关注以现金流量和财务风险为基础的偿债能力，尤其是产生现金流量的能力分析。

3. 政府职能部门

政府职能部门主要是指对企业进行监管的政府部门，包括工商、税务以及财政等部门，尤其是税务部门。政府职能部门在履行监管职能时，往往也需要进行财务分析，其主要目的是监督企业是否遵守了相关的法律法规，检查企业是否依法纳税，从而保障国家和社会公共利益，维护正常的市场经济秩序。

4. 公司管理层

公司管理层是最重要的财务分析主体，一是公司管理层是公司制企业委托代理关系中的代理人，接受公司投资者（包括股东和债权人）的委托，对公司投资者的投资负有全面的代理职责。只有通过实现公司价值最大化，公司管理层才能有效地协调公司各利益主体之间的利益冲突，因而需要借助财务分析了解公司整个理财过程的全面信息。二是公司管理层负责对公司整个经营活动进行全面的管理和控制，也需要借助财务分析及时地发现所存在的问题，并制定有效的措施，通过科学的决策来适应瞬息万变的市场环境。因此，公司管理层需要进行全面深入的财务分析，及时了解经营活动的全面情况，进行系统的经济决策，才能保证公司目标的实现，因而其分析的目的具有多样性特征和综合性特征。

（二）财务分析的内容

公司财务分析是对企业财务状况及其所体现的财务能力进行的系统分析，其重点在于公司未来的财务能力。决定公司财务能力的因素很多，因而其分析的内容也很多，但分析主体的目的不同，其分析的内容也存在差异。一般来讲，公司的财务能力主要体现为以下四个方面：

1. 盈利能力

盈利性是公司最本质的特征，也是公司扩大再生产和实现经济增长的物质基础，所以是公司财务分析的重要内容。但财务分析的目的是为着眼于未来，因而，对盈利性分析的重点是公司的盈利能力，或者说是公司未来获取收益的能力。公司可以结合自身所处的行业、经营的产品及创新能力、目前的盈利状况及盈利构成以及产生现金流量的能力等方面进行综合分析，以确定公司未来的盈利能力。

2. 偿债能力

偿还债务的能力直接影响到公司的生存，因而也是公司财务分析的重要内容，尤其是债权人在对公司进行授信过程中要特别关注，如银行在对企业贷款过程中特别关注企业的偿债能力。一般来讲，决定公司偿债能力的因素主要有：①流动性，包括资产的流动性和负债的流动性，即资产的变现能力和公司的融资能力。在通常情况下，流动性越强，偿债能力亦越强。②公司的资本结构以及由此产生的财务风险。③公司产生现金流量的能力。其中，产生现金流量的能力是关键因素，通常被称为公司的造血功能。一个公司在其经营活动中出现问题往往是公司的造血功能出了问题，这将直接危及公司的生存和发展。如果公司能够产生持续增长的现金流量，不仅能够保障债务的偿还，还会为公司的长期发展提供可靠的物质基础。

3. 营运能力

营运能力通常是指公司资产的利用效率，一般可用周转率来衡量，如资产周转率、存货周转率等。这些周转率指标不仅能够反映资产管理的水平和资产利用效率，而且能够反映其获取收益的能力。资产利用效率越高，说明企业管理水平越高，获取收益的能力就越强。通常，公司的经济效益主要来源于三个方面：

规模效益、结构效益和速度效益。其中，以周转率指标所反映的营运能力是速度效益的体现。加速资产周转不仅能够减少资金的占用，而且能够产生更大的经济效益。

4. 市场价值的增长能力

公司金融的目标是要实现公司价值最大化，而公司的价值主要是指市场价值。因此，分析公司市场价值的增长能力就成为公司财务分析的重要内容。尤其是对于上市公司而言，分析研究公司市场价值的增长能力、股票的市场表现，以及市场价值与账面的差异尤为重要。

（三）财务分析的依据及方法

财务分析的目的是要为决策提供科学的依据，为实现这一目的，在财务分析中，公司必须解决两个主要问题：一是财务报告信息的识别，以确定财务信息的真实可靠性；二是运用科学有效的分析方法，分析公司的财务状况并预期未来，为经济决策提供科学的依据。

1. 财务分析的依据

公司财务分析是根据财务报告等相关信息资料为依据所进行的分析，包括财务报告信息和市场相关信息等。其中，市场相关信息通常很难获取，因此公司财务报告信息就成为最主要的分析依据。按照企业财务会计准则的规定，财务报告信息包括财务报表（资产负债表、利润表和现金流量表以及其他附表）、报表附注以及财务情况说明书等内容。在信息不对称的情况下，为了保证财务分析的准确性，以及根据财务分析进行经济决策的科学性，在进行财务分析之前，公司必须先认真识别和科学评价财务报告信息的真实可靠性。

2. 财务分析的方法

财务分析方法的选用直接影响到分析结论的正确性以及经济决策的科学性，因而是财务分析领域研究的重点。财务分析的方法很多，而且随着科学技术的发展而不断增加。但到目前为止，几乎所有财务分析教科书所介绍的方法，或者在财务分析实务及其理论研究中最常用的方法大致可以分为三类：一是运用统计指标的分析方法，或者叫作指标分析法，这是最常见也是目前最主要的分析方法，如比较分析法、趋势分析法、结构分析法、比率分析法等；二是因素分析法，如经济分析中的因素分析法、敏感性分析法、场景分析法、杜邦分析法和盈亏平衡分析法等；三是模型分析法，即运用计量经济学的原理和方法进行建模分析，其中最常见也是最重要的分析方法是统计指标的分析方法。

（四）财务分析的信息系统

1.财务信息系统的内容

财务信息是财务分析的主要依据，是通过财务会计系统提供并经过审计系统再确认的信息系统，其主要内容分为两类：财务会计报告信息系统和审计报告信息系统。下面分别介绍其主要信息系统的内容。

（1）财务报告信息。

财务报告信息系统是财务分析最主要的依据，其内容主要包括财务报表、报表附注、以及财务情况说明书等内容，是公司管理当局按照财务会计准则对其经营活动进行确认而披露的最原始也是最全面的信息系统。其中最主要的是财务报表信息，主要包括资产负债表、利润表和现金流量表三大主表（报表格式及内容详见案例分析）以及其他附表等内容。而三大主表又是财务信息最集中，内容最完整、最能全面地反映企业的财务状况和经营成果以及现金流量状况。

①资产负债表（balance sheet），它是反映企业某一特定时点的资产、负债和所有者权益状况的报表，是按照"资产＝负债＋所有者权益"的会计恒等式为基础进行编制的。通过对资产负债表的分析，资产负债表可以提供决策所需的有关公司财务状况的信息。比如，公司在一定时期末的资产规模、资产构成、资产质量及其所体现的资产的流动性、盈利能力以及资产的管理水平和所体现的经营风险等方面的财务信息；公司的负债和所有者权益（又叫股权）的状况及结构情况，及其所体现的资本结构和财务风险等方面的信息。

特别注意的是，资产负债表所反映的资产、权益及其公司的价值只是账面价值的体现，而非市场价值，两者可能会存在很大的差异。公司金融所关注的重点是市场价值；公司的利益主体进行经济决策时也主要关注其市场价值。比如，债权人要关注资产的变现价值、股东要关注股票的内在价值及其所表现的市场价格。

因此，在进行财务分析时，管理者不仅要考察公司资产与权益的账面价值，而且要考察其市场价值，更重要的是考察其账面价值与市场价值的差异及其形成的原因，尤其是当资产和股权的市场价值低于其账面价值的情况更要特别加以关注。

②利润表（income statement），又叫作损益表，它是反映企业一定时期经营成果的报表，其编制基础是"收入－费用＝利润"。通过对利润表的分析，可以反映公司的收入和成本费用的规模和构成、利润状况及其构成等财务信息，以及所体现的公司的盈利能力。值得注意的是，利润表是根据财务会计准则编制的，其收入与费用均包括现金项目也包括非现金项目。比如，收入中的赊销、费用中的折旧等非现金项目。受此影响，会导致以会计利润表示的收益与以现金流量表示的收益可能存在差异。公司金融特别注重现金流量。因此，对利润表的分析要结合现金流量表的分析来进行，尤其是要特别关注公司收入与利润的质量。实际上，以现金流量所表示的盈利状况才是公司未来获利能力的真实体现，也是保障公司微观经济可持续增长的基础。

③现金流量表（statement of cash flows）是反映企业在某一特定时期内现金流入、流出情况及其现金变动净额的报表。其编制基础是"现金流入－现金流出＝现金流量净额"。这里的现金是指"现金及现金等价物"。按照会计准则的规定，现金流量由经营活动的现金流量、投资活动的现金流量和筹资活动的现金流量构成，其流入与流出都是按照收付实现制原则来确定。通过对现金流量表的分析，能够反映公司现金流量的如下信息：一是公司在一定时期内现金流量的规模及其所体现的公司现金流量的余缺情况；二是公司现金流量的结构及其所体现的公司产生现金流量的主要来源和流出现金流量的主要去向，及其所体现的公司产生现金流量的能力；三是通过利润与经营活动现金流量净额的比较，分析公司获取收益的质量及其产生现金流量的能力。从公司金融角度来讲，现金流量表所反映的财务信息更为重要。因此，现金流量是财务分析中最重要的信息依据。

④报表附注信息。其主要作用是帮助报表使用者更深入理解财务报表的内容，对报表数据的详细说明和一些不能在报表中反映的重要情况的说明，是对报表的编制基础、编制依据、编制原则和方法以及相关项目所做的详细解释。其一般包

括企业基本情况介绍、会计核算基本前提的说明、重要会计政策和会计估计及其变更的说明、报表重要项目的说明、或有事项的说明、报表日后事项的说明、关联方关系及其交易的说明、重要资产转让的说明、企业合并与分立的说明，以及合并会计报表的说明等内容。在财务分析中，报表使用者可以借助报表附注更深入、更全面地理解报表信息，因而也是财务分析的重要依据。

⑤其他财务信息。其主要是指不能包括在财务报表及其报表附注中的一些财务信息，是对报表信息的补充，如各种明细资料（如收入明细、成本费用明细、资产负债明细等）、责任会计资料、财务情况说明书等财务信息；甚至还包括公司的内部控制制度，如内部会计控制和内部管理控制等。这些内控制度进一步说明了公司财务信息产生的制度基础。将财务报告信息与内部控制制度结合起来分析，有助于分析和评价公司财务信息的质量及其可靠性。一般来讲，在完善的内控制度并且严格执行制度的情况下产生的财务信息更可靠。

（2）审计报告信息。

审计报告信息是指经由会计师事务所及注册会计师根据独立审计准则的要求，在实施了必要的审计程序后出具的对被审计单位的会计报表发表审计意见书面文件，是对原始的财务会计信息系统的信息质量进行的专业性再确认，从而保障财务信息的完整性、合法性和经营情况反映的公允性。

从理论上讲，审计报告是由独立于企业的外部专业人士对企业的会计报表发表的意见，具有很强的说服力和可信度，有助于报表使用者更好地了解企业的财务状况和经营成果。

值得注意的是，注册会计师在进行审计过程中，受到时间、条件、执业水平以及执业环境等方面的影响，所发表的审计意见同样存在一定的局限。所以，在进行财务分析时，尤其是公司外部的分析主体（股东、债权人以及其他相关主体）在进行财务分析时，阅读审计报告是非常必要的，但由于存在一定的局限性使其只能作为一种参考，最重要的是要依靠分析主体不断积累的财务素质和专业技能进行识别与判断。

2. 财务信息的质量判断

财务信息的质量判断主要是针对公司的外部分析主体，因为这类分析主体的经济决策主要是依据公司的财务信息，客观上存在着信息不对称的问题。对于公司外部分析主体而言，无论是股东进行股权投资决策，还是债权人进行债权投资决策，财务分析都是非常重要的。而财务分析能否准确地把握公司的财务状况，在很大程度上取决于财务信息的质量，即取决于财务信息是否真实可靠。因此，判断财务信息的质量就成为财务分析的重要前提。

一般来讲，判断财务信息质量的方法主要有两类：一是借助社会审计所出具的审计报告信息来判断。这在通常情况下是可行的，但必须注意它的局限性。尤其是在信息不对称、社会审计的执业环境较差以及注册会计师的执业道德和执业能力存在问题的情况下，审计报告信息的质量同样是可疑的。二是通过分析主体自己的判断，这就需要分析主体具有很强的识别与判断财务信息真伪的能力。这种能力的培养需要进行较长时期的财务会计和法律法规及其相关领域的知识积累，以及进行财务信息真伪识别的专门技术训练。

第二节　金融财务的范畴

一、金融财务的概念

"财务"一词是美国经济学家马科维茨（Markowitz）于 1952 年首次提出投资组合理论（portfolio theory）后才开始出现的，其英文是"finance"，翻译成中文有财务和金融之意。讲通俗一点，就是"钱"，即与"钱"有关的都可以纳入财务，所以有关财务的活动和财务的关联都可以归入财务的范围。

财务的概念既然是由国外传过来的，与其用财务来说明本书的研究对象，不如用财务金融（简称"财金"）来说明更为贴切。

与钱有关的活动、和钱的关联都可以称作财金，钱的活动通常就是指资金的筹资、资金的投资和资金的营运，以及赚了钱如何回收或是再利用。财务的关联性就必须要看是在为"谁"做财务，"谁"可以是自然人或法人，自然人的财务就称为个人理财，法人的财务就称为公司理财，而法人可以分为营利性法人和非营利性法人，本书的对象都是以营利法人为主。

财务是以筹资、投资、营运和分配为主要概念的，财务最重要的价值是时间价值，时间价值最根本的概念就是随着时间的不同钱的价值也会改变，如何改变需要有衡量的标准。财务的三大要素是收益、风险和时间，通过这三大要素来衡量财务的四大活动（筹资活动、投资活动、经营活动和分配活动）的成果。

收益（return）是指投资人从事投资活动，扣除原始投资额后所得到的金钱报偿，分成实际收益（率）、预期收益（率）与必要收益（率）。

风险（risk）是指投资损失（获利）的可能性，风险的衡量是财务管理不可缺的要素。

时间价值一般分为现值（present value）和终值（future value）。现值是在某特定时间点（过去或未来）时的金钱价值折合成目前的金钱价值，而"折现（discounting）"就是将复利的概念反推回去求得过去某时点上实际的现金价值。终值是指某一点时间上的一定量现金通过复利因素转换成未来的价值（复利就是将今天价值转换成为终值的过程）。时间价值的衡量更是财务管理不同于会计的地方。

如何用财务的三大要素衡量财务的四大活动？用三大学科共同支撑财务管理，也就是经济学、会计学和统计学。更贴近的说法是，财务管理就是经济学的应用、会计学的应用和统计学的应用。很多学者把财务管理当作会计学的分支，结果是缩小了财务管理的理论，会计本身是记账，用来反映事实，而财务是管理钱，如何让钱使用得更合理，财务管理就是要让钱一分一毫都用在对的地方，所以财务管理是在创造"事实"。因此，要学好财务管理，相关主体应先学习会计、经济和统计的基本概念，再进行应用。

二、金融财务的范畴

从财金的理论方向可以得知财金的范畴为筹资、投资、营运及分配如何在时间价值的考虑上获得报酬与风险的平衡（在相同风险下取得最高报酬，在相同报酬下选择最低风险）。因此，财金的范畴按自然人和法人的角色可以分为公司治理、投资理财、金融市场、不动产投资和保险五大范畴。不过，随着专业的组合，财务的发展也随之扩大，像国际财务管理、金融科技都成为目前学界重视的对象。

"finance"可以译为财务与金融，事实上也分为五大范畴进行研究。财务管理比较注重法人的角色，也就是以公司治理研究为主，以投资理财、金融市场为辅，而金融比较重视投资理财，所以投资理财成为金融专业人士的研究主题。凡是与投资相关的，金融专业人士都会进行研究，所以不动产投资、保险也成为他们的研究方向，金融市场更是他们的研究主题之一。此外"工程"也常常应用在理论方面，也就是采用计量方法研究财金的都可以称为金融工程（财务工程），不过有更狭义的说法，即是指研究衍生性金融商品者才能称为金融工程，所以由此产生了财务金融专业。顾名思义，当一个专业同时对五大范畴进行研究的就可以称为财务金融了。

（一）公司治理

"公司治理"一词有很多含义，它可以是描述公司指挥和控制的过程、公司守则（如公司治理指南内所定的规则）的严格遵守、拥有的投资技术和公司治理资金以及分离拥有权和控制上存在的问题。

从广义的层面上看，公司治理包含了规则、关系、制度和程序，在这个框架之内由信托当局在公司中行使和控制。而规则包括了当地可以适用的法律和公司的内部规则。而关系包括了所有相关人士之间的关系，最重要的是那些拥有者、经理、董事会董事、管理当局、雇员和整个小区。制度和程序则要应付一些譬如当局、工作指标、保证机制、报告要求和责任的代表团。

由于受利益相关者的影响，相关主体为了减少代办费用和信息非对称性而实施公司管治控制制度（信息不对称理论）。公司治理用来监测结果是否与计划符合（代理监督问题）。在公司治理的研究中，企业的信息公布成为公司治理的研究关键，公司治理财务会计信息披露包括资产负债表、损益表或利润表、现金流量表、股东权益增减变动表、财务情况说明书、各种财务会计报告附注、各种会计政策运用的说明、合并会计报表、审计报告以及其他财务会计信息。

应当说，所有对于公司治理重要的事项都应在发生时立即披露，但信息披露不能随意增加企业的成本负担，公司也不必披露可能危及其竞争地位的信息，除非这些信息能使投资者充分了解投资决策并避免误导投资者。为了明确哪些信息是必须披露的，许多国家使用了"实质性"这一概念。实质性信息是指如果遗漏或谎报这些信息，将影响信息使用者的经济决策。另外，公司财务会计信息披露项目应易于理解，使信息用户能够通过正常渠道获得，并且信息获得成本不能过高。只有这样，才能充分发挥公司治理财务会计信息披露的作用。

（二）投资理财

投资理财是指投资者通过合理安排资金，运用诸如储蓄、银行理财产品、债券、基金、股票、期货、商品现货、外汇、房地产、保险、黄金、P2P、文化及艺术品等投资理财工具对个人、家庭和企事业单位资产进行管理和分配，达到保值增值的目的，从而加速资产的增长。

随着国家一系列财经政策的逐步落实到位，为投资理财市场开辟了更为广阔的发展空间。个人投资理财主要可以归纳为金融商品投资、非金融商品投资。金融商品一般指的是证券（股票、债券）、衍生性金融商品（期货、期权）、基金、外汇，而非金融商品则包括石油、贵金属、古董、名画、不动产以及保险。特别是不动产投资以及保险的属性，国内也有相关的专业。而目前投资学的领域大部分都以证券投资学为主。

（三）金融市场

金融市场又称为资金市场，是资金融通市场。资金融通是指在经济运行过程中，资金供求双方运用各种金融工具调节资金盈余的活动，是所有金融交易活动的总称。在金融市场上交易的是各种金融工具，如股票、债券、储蓄存单等。资金融通简称为融资，一般分为直接融资和间接融资两种。直接融资是资金供求双方直接进行资金融通的活动，也就是资金需求者直接通过金融市场向社会上有资金盈余的机构和个人筹资。与此对应，间接融资则是指通过银行所进行的资金融通活动，也就是资金需求者采取向银行等金融中介机构申请贷款的方式筹资。金融市场对经济活动的各个方面都有着直接的深刻影响，如个人财富、企业经营、经济运行效率等都直接取决于金融市场的活动。

一般根据金融市场上交易工具的期限，把金融市场分为货币市场和资本市场两大类。货币市场是融通短期（一年以内）资金的市场，资本市场是融通长期（一年以上）资金的市场。货币市场和资本市场又可以进一步分为若干不同的子市场。货币市场包括金融同业拆借市场、回购协议市场、商业票据市场、银行承兑汇票市场、短期政府债券市场、大面额可转让存单市场等。资本市场包括中长期信贷市场和证券市场。中长期信贷市场是金融机构与工商企业之间的贷款市场。证券市场是通过证券的发行与交易进行融资的市场，包括债券市场、股票市场、基金市场、保险市场、融资租赁市场等。

（四）不动产投资

不动产是指土地和土地上的定着物，包括各种建筑物，如房屋、桥梁、电视塔、地下排水设施、桥梁等；生长在土地上的各类植物，如树木、农作物、花草等。需要说明的是，植物的果实尚未采摘、收割之前，树木尚未砍伐之前，都是地上的定着物，属于不动产，一旦采摘、收割、砍伐下来，脱离了土地，则属于动产。不过这里的不动产是指土地与建筑物。

不动产投资之所以会另外独立成为一门学科，其主要原因是不动产投资有巨额性、长期性、风险性（不确定性）、较强的金融依赖性、较强的专业性、高度关联性、大众化观望性等特性。

因此，按照投资形式，不动产投资可以分为投资主体不同（国家投资、企业投资、个人投资）、投资方式不同（直接投资和间接投资）和投资项目不同（地产投资、住宅房地产投资、商业房地产投资、工业房地产投资）。

（五）保险

保险是指投保人根据合同约定，向保险人支付保险费，保险人对于合同约定的可能发生的事故因其发生所造成的财产损失承担赔偿保险金责任，或者被保险人死亡、伤残、疾病或者达到合同约定的年龄、期限等条件时承担给付保险金责任的商业保险行为。

按照被保对象，保险可以区分为产险（非人为主体）和寿险（人为主体），而商业保险大致可分为财产保险、人身保险、责任保险、信用保险、津贴型保险、海上保险。若按照保险保障范围，保险可以区分为人身保险、财产保险、责任保险、信用保证保险。

事实上，保险是分摊意外事故损失的一种财务安排。从法律角度来看，保险是一种合同行为，是一方同意补偿另一方损失的一种合同安排；从社会角度来看，保险是社会经济保障制度的重要组成部分，是社会生产和社会生活的工具；从风险管理角度来看，保险是风险管理的一种方法。

（六）国际财务管理

事实上，过去财务管理比较着重于在外汇的操作与国际投资的风险，因此在20世纪80年代，由于美元大幅度贬值，国际游资十分充裕，再加上利率水平低，国际过剩资本纷纷寻找出路，更使得国际财务管理成为热门话题。由于世界各国经济活动的国际化、国际大垄断企业的出现和发展、各国之间产品与技术的交换、对外投资等活动，必然产生国际的资金运动，即国际财务管理。国际经济联系越发展，国际财务管理就越重要。西方国家一般认为，财务管理已成为国际企业提高获利能力的关键因素。

国际财务管理是现代财务管理的一个新领域。作为一门新的科学，国内外学者关于国际财务管理概念的认识还不统一。一般来讲，财务管理按照其财务活动是否超越国界，可分为国内财务管理和国际财务管理。纯粹的国内财务管理，其财务活动局限于本国范围之内，资金的筹集、使用和分配等活动通常不跨越国界，这在计划经济环境下是常见的。而国际财务管理则不同，企业的财务活动跨越了本国国界，与其他国家和地区的有关企业、单位、个人发生财务关系。企业筹资、投资、分配等活动均超越国界。

企业参与国际市场的竞争，是市场经济环境下不可避免的。我们认为，国际财务管理就是对国际企业财务活动的管理。国际企业是相对于纯粹的国内企业而言，它泛指一切超越国界从事生产经营活动的企业，包括跨国公司、进出口企业、外商投资企业等。

（七）金融科技

金融科技（financial technology）可以简单理解为"finance（金融）+technology

（科技）"，意指通过利用各类科技手段创新传统金融行业所提供的产品和服务，提升效率并有效降低运营成本。

根据金融稳定理事会（FSB）的定义，金融科技主要是指由大数据、区块链、云计算、人工智能等新兴前沿技术带动，对金融市场以及金融服务业务供给产生重大影响的新兴业务模式、新技术应用、新产品服务等。金融科技主要包括大数据金融、人工智能金融、区块链技术和量化金融四个核心部分。

大数据金融重点关注金融大数据的获取、储存、处理分析与可视化。一般而言，金融大数据的核心技术包括基础底层、数据存储与管理层、计算处理层、数据分析与可视化层。数据分析与可视化层主要负责简单数据分析、高级数据分析（与人工智能有若干重合）以及对相应的分析结果的可视化展示。大数据金融往往还致力于利用互联网技术和信息通信技术，探索资金融通、支付、投资和信息中介的新型金融业务模式的研发。

人工智能金融主要借用人工智能技术处理金融领域的问题，包括股票价格预测、评估消费者行为和支付意愿、信用评分、智能投顾与聊天机器人、保险业的承保与理赔、风险管理与压力测试、金融监管与识别监测等。人工智能技术主要包括机器学习理论等前沿计算机科学知识（主要基于算法）。机器学习理论是人工智能概念范畴下的一个子集，主要覆盖三大理论：监督学习、无监督学习和强化学习。

区块链技术是一种去中心化的大数据系统，是数字世界里一切有价物的公共总账本，是分布式云计算网络的一种具体应用。一旦区块链技术成为未来互联网的底层组织结构，将直接改变互联网的治理机制，最终彻底颠覆现有底层协议，导致互联网金融的智能化、去中心化，并产生基于算法驱动的金融新业态，一旦成熟的区块链技术落地金融业，形成生态业务闭环，则金融交易可能会出现接近零成本的金融交易环境。但需注意的是，由于共识机制、私钥管理和智能合约等存在技术局限性和面临安全问题，区块链技术整合和应用落地将是一个长期的过程。

量化金融以金融工程、金融数学、金融计量和金融统计为抓手开展金融业务，它和传统金融最大的区别在于其始终强调利用数理手段和计量统计知识，定量而非定性地开展工作，其主要金融场景有高频交易、算法交易、金融衍生品定价以及基于数理视角下的金融风险管理等。量化金融一直被视为是金融业高端资本与智力密集型领域，科技含量极高，但近几年，高频与算法交易、金融风险管理、保险精算越来越依靠工业级大数据（如实时、海量、高维和非结构化数据）、人工智能前沿技术以及区块链技术来解决问题或重构原有金融业务逻辑、产品设计流程、监管监测控制环节。

第三节　金融财务的七大理论与模型

1952 年，马柯维茨（Markowitz）提出的投资组合理论通常被认为是现代金融学的发端。马柯维茨在他的划时代论文《投资组合选择》中假设投资者均为风险厌恶者，也即理性投资者的目标在于：在风险给定的条件下，追求预期收益的最大化；而在收益给定的条件下，追求风险的最小化。

若用 μ 代表投资组合的预期收益率，σ 代表预期收益率的标准差（投资组合的风险），马柯维茨断言，投资者的目标是追求（μ，σ）空间中效用的最大化。他给出了如何在众多的证券中建立起一个具有较高收益和较低风险的最佳证券组合。

1958 年，托宾证明了风险规避型投资者在（μ，σ）空间中的无差异曲线必定具有一定曲率，且呈凸状。而在不存在无风险投资机会的条件下，投资有效界面（马柯维茨有效边界）呈凹形。因此在（μ，σ）空间中，投资者的无差异曲线与投资有效界面将有且仅有一个切点，该切点所代表的证券组合便是投资者的最优投资组合。

由于最优投资组合的确定需要计算大量的证券收益率、标准差和证券间的协方差，且是一个二次规划，不适应于实际应用。因此，夏普于 1963 年提出了简化形式的计算方法，即现在所称的单指数模型。这一简化模型，使组合投资理论在大量的证券经营中更实用了。在这个模型中，夏普把证券的风险分为系统性（不可分散）风险和非系统性（可分散）风险两部分。系统性风险就是市场风险，指证券价格的变动是由整个市场价格变动造成的。它反映了各种证券的价格对市场价格变化的敏感性或反应性的强弱。每种证券的系统风险是不同的，可用 β 值表示证券价格受市场影响的程度。非系统风险是指证券价格的变动是由具体证券本身特点造成的。而证券本身的特点是指发行单位的营利能力、管理效率等因素的不稳定而产生的风险。单指数模型还指出，投资者因承担较大风险而获得较高收益，但收益只与系统风险相联系，与非系统风险无关。因此，投资者不可能因承担可分散风险而得到报酬。

投资组合理论是财务的第一大理论，之后财务的理论如雨后春笋般出现，迄今构成了七大理论与模型。七大理论与模型分别为投资组合理论（portfolio theory）、资本结构理论（capital structure）、资本资产定价模型（capital asset pricing model）、效率市场假说（efficient markets hypothesis）、期权定价理论（option pricing model）、理论信息不对称理论（asymmetric information）和代理理论（agency theory）。

一、投资组合理论

美国经济学家马科维茨于 1952 年提出投资组合理论，该理论包含两个重要内容：均值—方差分析方法和投资组合有效边界模型。

投资组合由一个无风险收益的目标和一个有风险收益的目标（可以是投资多种有价证券）构成。当进行投资时，本质上是在不确定性的收益和风险中进行选择。投资组合理论用均值—方差方法来刻画这两个关键因素。均值是指投资组合的期望收益率，它单指证券的期望收益率的加权平均，权重为相应的投资比例。股票的收益包括分红派息和资本增值两部分。方差是指投资组合的收益率的方差。收益率的标准差称为波动率，它刻画了投资组合的风险。

通过效用分析选择一个最佳的投资点称为最优投资组合。最优投资组合是指某投资者在可以得到的各种可能的投资组合中，唯一可获得最大效用期望值的投资组合。"有效集的上凸性"和"无差异曲线的下凸性"决定了最优投资组合的唯一性。

所有模型的建立都会存在基本的假设，马科维茨模型也不例外。其投资组合的假设包括：①投资者希望财富越多越好，效用是财富的函数，财富又是投资收益率的函数，因此可以认为效用为收益率的函数；②投资者能事先知道投资收益率的概率分布为正态分布；③投资风险用投资收益率的方差或标准偏差标识；④影响投资决策的主要因素为期望收益率和风险两项；⑤投资者都遵守主宰原则（dominance rule），即同一风险水平下选择收益率较高的证券，同一收益率水平下选择风险较低的证券。

在发达的证券市场中，马科维茨投资组合理论早已在实践中被证明是行之有效的，并且被广泛应用于组合选择和资产配置。但是，我国的证券理论界和实务界对于该理论是否适合于我国股票市场一直存有较大争议。

二、资本结构理论

美国经济学家莫迪格利安尼（Modigliani）和米勒（Miller）于1958年发表的《资本成本、公司财务和投资管理》一书中，提出了最初的 MM 理论，这时的 MM 理论不考虑所得税的影响，得出的结论是企业的总价值不受资本结构的影响。此后，他们又对该理论做出了修正，把所得税纳入考虑因素，由此而得出的结论是企业的资本结构影响企业的总价值，负债经营将为公司带来节约效应。MM 理论为研究资本结构问题提供了一个有用的起点和分析框架。

资本结构是指企业各种资本的构成及其比例关系，总的来说是负债资本的比例问题，即负债在企业全部资本中所占的比重。

资本结构是企业筹资决策的核心问题，企业应综合考虑有关影响因素，运用适当的方法确定最佳资本结构，并在以后追加筹资中继续保持。

资本结构有广义和狭义之分。广义的资本结构是指全部资金（包括长期资金、短期资金）的构成及其比例。一般而言，广义资本结构包括债务资本和股权资本的结构、长期资本与短期资本的结构，以及债务资本的内部结构、长期资本的内部结构和股权资本的内部结构等。狭义的资本结构是指各种长期资本构成及其比例，尤其是指长期债务资本与（长期）股权资本之间的构成及其比例关系。

三、资本资产定价模型

资本资产定价模型是由美国学者威廉·夏普（William Sharpe）、林特尔（John Lintner）、特里诺（Jack Treynor）和莫辛（Jan Mossin）等在现代投资组合理论的基础上发展起来的，是现代金融市场价格理论的支柱，广泛应用于投资决策与公司理财领域。在资本资产定价模型中，资本资产主要指的是股票资产，而股票资产定价则试图解释资本市场如何决定股票收益率，进而决定股票价格。

资本资产定价模型假设所有投资者都按马克维茨的资产选择理论进行投资，对期望收益、方差和协方差等的估计完全相同，投资人可以自由借贷。基于这样的假设，资本资产定价模型研究的重点在于探求风险资产收益与风险的数量关系，即为了补偿某一特定程度的风险，投资者应该获得多少的收益率。

CAPM 是建立在马科维茨模型基础上的，马科维茨模型的假设自然包含在其中，除了投资组合理论的假设以外，CAPM 的附加假设条件还包括：①可以在无风险折现率 R 的水平下无限制地借入或贷出资金；②所有投资者对证券收益率概率分布的看法一致，因此市场上的效率边界只有一条；③所有投资者具有相同的投资期限，而且只有一期；④所有的证券投资可以无限制的细分，在任何一个投资组合里可以含有非整数股份；⑤买卖证券时没有税负及交易成本；⑥所有投资者可以及时免费获得充分的市场信息；⑦不存在通货膨胀，且折现率不变；⑧投资者具有相同预期，即他们对预期收益率、标准偏差和证券之间的协方差具有相同的预期值。

上述假设表明：①投资者是理性的，而且严格按照马科维茨模型的规则进行多样化的投资，并将从有效边界的某处选择投资组合；②资本市场是完美 / 完全市场，没有任何摩擦阻碍投资。

模型使用 β 系数，其是统计学上的概念，它所反映的是某一投资对象相对于大盘的表现情况。其绝对值越大，显示其收益变化幅度相对于大盘的变化幅度越大；绝对值越小，显示其变化幅度相对于大盘越小。如果是负值，则显示其变化的方向与大盘的变化方向相反：大盘涨的时候它跌，大盘跌的时候它涨。由于投资基金是为了取得专家理财的服务，以取得优于被动投资于大盘的表现情况，这一指标可以作为考察基金经理降低投资波动性风险的能力。在计算 β 系数时，除了基金的表现数据外，还需要有反映大盘表现的指标。

四、效率市场假说

效率市场假说又称为有效市场假说，由法马（Fama）于 1970 年提出，其对有效市场的定义是：如果在一个证券市场中，价格完全反映了所有可以获得的信息，那么就称这样的市场为有效市场。

衡量证券市场是否具有外在效率有两个标志：①价格是否能自由地根据有关信息而变动；②证券的有关信息能否充分地披露和均匀地分布，使每个投资者在同一时间内得到等量等质的信息。所以投资者在买卖股票时会迅速有效地利用可能的信息，所有已知的影响一种股票价格的因素都已经反映在股票的价格中，因此根据这一理论，股票的技术分析是无效的。

效率市场就是一个拥有良好的监管体系、做市商以及成熟的市场机制的资本市场。市场具有很好的深度与流动性，在此市场中观察到的价格是真实价值的完美指针，市场价格准确地反映了市场上可得到的信息，并随着新信息的披露而做出相应的反映。股票市场的价格是不可预测的，无论是碰运气或是根据内幕消息，在对股票价格进行预测中付出的时间、金钱和努力都是徒劳的，任何对股票的技术分析都是无效的。

法马对效率市场理论存在的三个基本假设包括：①市场将立即反映新的信息，调整至新的价位。因此，价格变化是取决于新信息的发生，股价呈随机走势。②新信息的出现呈随机性，即好、坏信息是相伴而来的。③市场上的许多投资者是理性且追求最大利润的，而且每个人对于股票分析都是独立的，不受相互影响。

由效率市场理论延伸发展，法马依市场效率性质提出弱式效率（weak form efficiency）、半强式效率（semi-strong form efficiency）和强式效率（strong form efficiency）。

（一）弱式效率

弱式效率是目前股票价格已充分反映了过去股票价格所提供的各项情报，所以投资人无法再运用各种方法对过去股票价格进行分析。再利用分析结果来预测未来股票价格，基于随机漫步假说，未来消息是随机而来的，即投资者无法再利用过去信息来获得高额报酬。所以弱势效率越高，若以过去价量为基础的技术分析来进行预测效果，将会十分不准确。

（二）半强式效率

半强式效率是目前股票价格已充分反映了所有公开的信息，所以投资者无法利用情报分析结果来进行股票价格预测而获取高额报酬。因此，半强式效率越高，依赖公开的财务报表、经济情况及政治情势来进行基本面分析，然后再预测股票价格，是徒劳无功的。

（三）强式效率

强式效率是目前股票价格充分反映了所有已公开和未公开的情报。虽然情报未公开，但投资者能利用各种管道来获得信息，所以未公开的消息实际上是已公开的信息且已反映于股票价格上。在此种情形下，投资者也无法因拥有某些股票内幕消息而获取高额报酬。

股票价格的走势将沿着一条不明确的轨迹行进，也就是说，现价是对未来价格最好的预测，这一说法被命名为随机漫步假说。在不可预测的市场里，未来股票价格将在不固定的范围内变化，而现价是唯一最接近未来随机变动价格的值。因为不可预测的巨大变化常常是因为一些最不常发生的细节所引起的，所以这些随机漫步的市场价格不会有"一夜致富"的可能性。

五、期权定价理论

期权定价是所有金融应用领域数学上最复杂的问题之一。第一个完整的期权定价模型由布莱克（Black）和舒尔茨（Scholes）创立并于 1973 年公之于世。B-S期权定价模型发表的时间和芝加哥期权交易所正式挂牌交易标准化期权合约几乎是同时的。不久，得克萨斯仪器公司就推出了装有根据这一模型计算期权价值程序的计算机。现在，几乎所有从事期权交易的经纪人都持有各家公司出品的此类计算机，利用按照这一模型开发的程序对交易估价。这项工作对金融创新和各种新兴金融产品的面世起到了重大的推动作用。

B-S 模型有 5 个重要假设：①金融资产收益率服从对数正态分布；②在期权

有效期内，无风险利率和金融资产收益变量是恒定的；③市场无摩擦，即不存在税收和交易成本；④金融资产在期权有效期内无红利及其他所得（该假设后被放弃）；⑤该期权是欧式期权，即在期权到期前不可实施。

$$C = SN(d_1) - Le^{-rT}N(d_2)$$

$$d_1 = \frac{\ln\dfrac{S}{L} + \left(r + 0.5\sigma^2\right)T}{\sigma\sqrt{T}}$$

$$d_2 = \frac{\ln\dfrac{S}{L} + \left(r - 0.5\sigma^2\right)T}{\sigma\sqrt{T}} = d_1 - \sigma\sqrt{T}$$

式中：C 为期权初始合理价格；L 为期权交割价格；S 为所交易金融资产现价；T 为期权有效期；r 为连续复利计无风险利率；σ 为年度化方差；N 为正态分布变量的累积概率分布函数。

期权定价模型中无风险利率必须是连续复利形式。一个简单的或不连续的无风险利率（设为 r_0）一般是一年复利一次，而 r 要求利率为连续复利。r_0 必须转化为 r 方能代入上式计算。

两者换算关系

$$r = \ln(1 + r_0) \text{ 或 } r_0 = e^r - 1$$

$r_0 = 0.06$，则 $r = \ln(1 + 0.06) = 0.0583$，即 100 以 5.83% 的连续复利投资，第二年将获 106，该结果与直接用 $r_0 = 0.06$ 计算的答案一致。

期权有效期 T 的相对数表示期权有效天数与一年 365 天的比值。如果期权有效期为 100 天，则 $T = 100/365 = 0.274$。

1979 年，考克斯（Cox）、罗斯（Ross）、鲁宾斯坦（Rubinstein）在论文《期权定价：一种简化方法》中提出了二项式模型（binomial model），该模型建立了期权定价数值法的基础，解决了美式期权定价的问题。

六、信息不对称理论

信息不对称理论是指在市场经济活动中，各类人员对有关信息的了解是有差异的；掌握信息比较充分的人员，往往处于比较有利的地位，而信息贫乏的人员，则处于比较不利的地位。信息不对称理论是由三位美国经济学家——斯蒂格利茨（Stiglitz）、阿克尔洛夫（Akerlof）和斯彭斯（Spence）提出的。

该理论认为：市场中卖方比买方更了解有关商品的各种信息；掌握更多信息的一方可以通过向信息贫乏的一方传递可靠信息而在市场中获益；买卖双方中拥有信息较少的一方会努力从另一方获取信息；市场信号显示在一定程度上可以弥补信息不对称的问题；信息不对称是市场经济的弊病，要想减少信息不对称对经济产生的危害，政府应在市场体系中发挥强有力的作用。

这一理论为很多市场现象如股市沉浮、就业与失业、信贷配给、商品促销、商品的市场占有等提供了解释，并成为现代信息经济学的核心，被广泛应用于传统农产品市场和现代金融市场等各个领域。

信息不对称理论的作用如下：

第一，该理论指出了信息对市场经济的重要影响。随着新经济时代的到来，信息在市场经济中所发挥的作用比过去任何时候都更加突出，并将发挥更加不可估量的作用。

第二，该理论揭示了市场体系中的缺陷，指出完全的市场经济并不是天然合理的，完全靠利伯维尔场机制不一定会给市场经济带来最佳效果，特别是在投资、就业、环境保护、社会福利等方面。

第三，该理论强调了政府在经济运行中的重要性，呼吁政府加大对经济运行的监督力度，使信息尽量由不对称到对称，由此更正由市场机制所造成的一些不良影响。

七、代理理论

代理理论的观点起源于20世纪六七十年代，经济学家开始探讨个人与组织间的风险分摊（risk-sharing）问题。之后，简森（Jensen）和梅克林（Meckling）于1976年将此观念应用于组织所有权的关系中，因而发展出代理理论。

简森和梅克林对代理理论的定义为：主理人（principal）、全委托代理人（agents）要求其以主理人的最大利益为目标，替主理人服务，并将此关系表现在契约上。也就是说，代理关系的内容是由主理人（所有权人）委派工作给代理人（经营者），并授权代理人某些权利，而彼此的关系以契约的形式存在。但双方常常会发生信息不对称，代理人为了追求个人效用极大化，则通常不会顾及主理人的最佳利益。简而言之，代理理论主要探讨各种代理关系的发生及其管理机制。简森和梅克林认为，主理人与代理人的关系因为有利益上的冲突而产生代理问题，进而衍生代理成本。

此外，代理问题的发生除了经营者与所有权人的问题外，还发展至资本的提供者（股东和债权人等）和资本的经营者（管理当局）、企业与供贷方、企业与顾客、企业与员工等的契约关系。而代理成本则衍生出监督成本，契约成本进而发展出代理问题。一般代理问题主要有两种：错误选择（adverse selection）和道德危机（moral hazard）。前者是主理人与代理人签订契约所存在的知识或信息不对称所造成；后者为签订契约双方当事人一些行动的不可观察性或不可验证性所造成，契约的设计即在处理这两类问题。

第四章 传统环境下的金融风险管理

第一节 信用风险管理

信用风险是金融市场中最古老、最重要的金融风险之一，它随着借贷的发生而产生，直到这笔贷款的本金和利息完全归还或者发生违约冲销损失准备而结束。随着金融市场的迅猛发展，金融机构有必要对信用风险进行更加灵活、积极和主动的管理，通过各种金融技术将信用风险层层剥离，选择更完善的风险管理方法，将风险降低或转移。

一、信用风险综述

（一）信用风险的概念

1. 传统的信用风险概念

关于信用风险的概念，有许多不同的观点。传统观点认为，它是指交易对象无力履约的风险，即债务人未能如期偿还其债务引起违约，而给经济主体经营带来的风险。

信用风险有广义和狭义之分。从狭义上讲，信用风险通常是指信贷风险。从广义上讲，信用风险是指所有因客户违约（不守信）所引起的风险，如资产业务中借款人不按时还本付息引起的资产质量恶化；负债业务中存款人大量提前取款形成挤兑，加剧支付困难；表外业务中交易对手违约引致或由负债转化为表内负债等。

2. 现代的信用风险概念

从组合投资的角度出发，信用资产组合不仅因为交易对手（包括贷款借款人、债券发行人等）的直接违约而发生损失，而且交易对手履约可能性的变动也会给组合带来风险。一方面，一些影响交易对手信用状况的事件的发生，如信用等级降低、盈利能力下降等，造成所发行的债券跌价，从而给银行带来风险。另一方面，在信用基础上发展起来的交易市场使贷款等流动性差的资产价值能得到更恰当和更及时的反映，如在西方的信用衍生品市场上，信用产品的市场价格是随着借款人的还款能力的变化而不断变动的，这样，借款人信用状况的变动也会随时影响银行资产的价值，而不只是在违约发生时才有影响。从这两个方面来看，现代意义上的信用风险不仅包括违约风险，还包括由于交易对手（债务人）信用状况和履约能力的变化导致债权人资产价值发生变动遭受损失的风险。与传统的信用风险定义相比，这种对信用风险的解释更切合信用风险的本质。不同的信用风险的定义，作为信用风险计量模型的概念框架将会直接影响信用模型的建立。

（二）信用风险的内容

1. 违约风险

在现代市场经济条件下，无论是企业还是个人，在其经济活动中一旦与他人或企业签订经济合约，就面临对方当事人不履约的风险，如不支付钱款、不运送货物、不提供服务、不偿还借款等。此外，在信用保险、不同的贸易支付方式（赊账、货到付款、预付货款、交货付款）、国际贸易、托收、汇票、合同保证书、第三方担保、对出口商的中长期融资等业务中均存在对方当事人违约的可能。

2. 主权风险

主权风险是指当债务人所在国采取某种政策，如外汇管制，致使债务人不能履行债务时引起的损失。这种风险的主要特点是针对国家，而不像其他违约风险那样针对的是企业和个人。

3. 结算前风险和结算风险

结算前风险一般是指风险在正式结算前就已经发生；结算风险则是指在结算过程中发生不可预料的情况，即当一方已经支付了合同资金但另一方发生违约的可能性。这种情况在外汇交易中较为常见，如交易的一方早晨在欧洲支付资金而后在美国进行交割，在这个时间差中，结算银行的倒闭可能导致交易对手不能履行合同。

信用风险对衍生金融产品和基础金融产品的影响不同。对于衍生金融产品而言，违约带来的潜在损失小于产品的名义价值损失，实际上它只是头寸价值的变化；对于基础金融产品（如公司债券或银行贷款）而言，信用风险所带来的损失就是债务的全部名义价值。

（三）信用风险与信贷风险的辨析

信用风险与信贷风险是两个既有联系又有区别的概念。信贷风险是指在信贷过程中，由于各种不确定性，借款人不能按时偿还贷款，造成银行贷款本金、利息损失的可能性。对于商业银行来说，信贷风险与信用风险的主体是一致的，即均是由于债务人信用状况发生变动给银行经营带来风险。两者的不同点在于其所包含的金融资产的范围不同。信用风险不仅包括贷款风险，还包括存在于其他表内、表外业务，如贷款承诺、证券投资、金融衍生工具中的风险。因为贷款业务仍然是商业银行的主要业务，所以信贷风险是商业银行信用风险管理的主要对象。

（四）信用风险产生的原因

1. 现代金融市场内在本质的表现

信用风险是金融市场的一种内在推动力和制约力，它既促进了市场参与者管理效率的提高，增添了市场活力，又具有风险警示的效用，起到"看不见的手"的调节与约束作用。

（1）信用风险内生于金融市场。

20 世纪 80 年代相继发生在世界各地的金融风波或金融事件，绝大多数是由信用风险引发的。实际上，即使没有引起大的金融危机，信用风险在金融活动中也无处不在。由于金融市场上有无数参与者，每时每刻都有大量的交易产生，因此金融市场上有大量的信用风险客观存在着。在信用风险管理中，风险与风险暴露结合在一起，但风险暴露与信用风险也有不同。风险暴露是指在信用活动中存在信用风险的部位以及受信用风险影响的程度。例如，银行持有的贷款头寸就是一种风险暴露，但不是信用风险；贷款的拖欠或违约则是信用风险，而不是风险暴露。事实上，一些信用产品的风险暴露程度高，其信用风险未必高，如一笔以美元存款做抵押的1 000万元贷款，尽管风险暴露（贷款金额）程度很高，但风险却较低；而一笔小额的10万元信用贷款，风险暴露程度较低，但发生损失的可能性却较大。风险暴露较具体，容易计量，便于研究。

（2）信用风险是金融市场的一种内在推动与制约力量。

一方面，金融市场参与者如果能把握时机，就能够获得较好的收益，从而在激烈的竞争中赢得胜利；反之，就可能陷于被动，进而遭受损失。因此，从某种意义上讲，信用风险促进了金融市场参与者管理效率的提高，增添了金融市场的活力。另一方面，信用风险可能造成的严重后果具有警示效用，能够在一定程度上约束金融市场参与者，从而对整个金融市场起到调节作用。

2. 信用活动中的不确定性导致信用风险

不确定性是现实生活中客观存在的，它反映一个特定事件在未来有多种可能的结果。在信用活动中，不确定性包括外在不确定性和内在不确定性两种。

（1）外在不确定性。

外在不确定性来自经济体系之外，是经济运行过程中随机性、偶然性的变化或不可预测的趋势，如宏观经济的走势、市场资金的供求状况、技术和资源条件等。外在不确定性也包括国外金融市场上不确定性的冲击。一般来说，外在不确定性对整个金融市场都会有影响，所以外在不确定性导致的信用风险等金融风险又被称为系统性风险。显然，系统性风险不可能通过投资分散化等方式来化解，而只能通过某些措施来转嫁或规避。

（2）内在不确定性。

内在不确定性来自经济体系之内，它是由行为人主观决策及获取信息的不充分性等原因造成的，带有明显的个性特征。例如，企业的管理能力、产品的竞争能力、生产规模、信用品质等变化都直接关系着其履约能力，甚至企业内部的人事任命、负责人的身体状况等都会影响其股票和债券的价格。投机者不可预测的炒作提高了内在不确定性,管理层可以通过设定合理的规则来降低内在不确定性，所以内在不确定性产生的金融风险又被称为非系统性风险。

3. 信用当事人遭受损失的可能性形成信用风险

信用风险往往与损失联系在一起，或者说，信用风险可能导致损失。这里包括两层意思：第一，对于信用活动的一个事件来说，只要它存在损失的可能性，就表明它存在信用风险，但这并不意味着该事件不存在盈利的可能性。第二，信用风险指的是一种可能性，是一种结果未知的未来事件。对于已经发生的事情，如一个企业不能履约归还贷款，使银行遭受 100 元的损失，这一损失只是信用风险引起的结果，而非信用风险本身。

信用风险可能导致的损失有两种情况：一是信用风险可能给行为人带来直接的损失。一般认为，信用风险导致的可能损失越大，信用风险就越大。二是信用风险还可能给行为人带来潜在的损失。如银行因贷款不能及时收回、长期债券投资者由于发行人违约不能收回债券本息等，这些都可能使人们失去良好的再投资机会，甚至影响正常的经营秩序。从整个国民经济来看，信用风险还会扰乱整个市场秩序，从而对经济发展产生不利的影响。

（五）信用风险管理的特征及变化

信用风险管理表现出与其他风险管理不同的特征。此外，随着风险管理领域的迅速发展，信用风险管理也在不断深化，呈现出与传统管理不同的特点。

1. 信用风险管理的特征

（1）信用文化及对风险的态度对风险管理至关重要。

金融机构管理层对风险的态度非常关键，它决定金融机构到底愿意承受多大的风险。在确定了可以承受的风险区域后，管理层应该让每一位员工对此有所了解并给予支持，然后确定配套的系统、政策和程序来使所有员工严格执行。

（2）随时监测企业所面临的风险并采取相应对策。

管理层需要建立支持性的信用风险管理框架，明确风险管理的程序和环节：第一，完全暴露企业的各个经营环节及其风险状况，以便随时能检测问题所在；第二，明确企业各层级在风险管理方面的职能并建立相应的约束激励机制；第三，在贷款管理的各个环节进行一系列分析工作，积极控制信用风险的生成和恶化，利用技术手段控制风险。

（3）在机构设置上更有利于风险管理，即在流量和存量两个方面解决问题。

在流量方面，将客户关系管理与信贷风险管理分开，独立进行信贷风险评估，排除潜在利益冲突引起的道德风险，也避免对客户关系的负面影响。在存量方面，派专人对问题账户进行管理，定期上报问题贷款报告。

2. 信用风险管理特征的变化

随着整个风险管理领域的迅速发展，信用风险管理也在不断发生变化。信用风险管理存在难以量化和衡量的问题，主要原因如下：

（1）数据匮乏。由于信息不对称、不采取盯市原则计量每日损益、持有期限长、违约事件发生少等原因，数据匮乏。

（2）难以检验模型的有效性。模型有效性检验的困难很大程度上是由信用产品持有期限长、数据有限等原因造成的。近年来，在市场风险量化模型技术和信用衍生品市场发展的推动下，信用风险量化和模型管理的研究与应用获得了相当大的发展，这已成为现代信用风险管理的重要特征之一。

（3）管理技术不断发展，信用风险对冲手段出现。在市场力量的推动下，以信用衍生品为代表的新的信用风险对冲手段开始出现，并推动整个信用风险管理体系不断向前发展。

（4）信用风险管理实践中存在悖论现象。这种悖论是指，理论上要求银行在管理信用风险时应遵守投资分散化、多样化原则，防止授信集中化；但在实践中，银行信贷业务往往显示该原则很难得到贯彻执行，银行信贷资产分散化程度不高。

（5）信用风险管理由静态转向动态。在现代信用风险管理中，信用风险更多地运用动态管理手段。信用风险计量模型的发展使得组合管理者可以每天根据市场和交易对手的信用状况动态地衡量信用风险水平，盯市的方法也被引入信用产品的估价和衡量中；信用衍生产品的发展使得组合管理者拥有了可以更加灵活、有效的管理信用风险的工具，可以根据风险偏好，动态地进行调整。

（6）信用评级机构有重要作用。独立的信用评级机构在信用风险管理中具有重要作用。对企业的信用状况及时、全面地了解，是投资者防范信用风险的基本前提。信用评级机构可以保护投资者利益、提高信息搜集与分析规模效益。现代信用风险管理的理论与方法对信用评级的依赖更加明显。巴塞尔银行监管委员会在《巴塞尔新资本协议》中强化了信用评级机构在金融监管中的作用。

二、信用风险的计量

（一）信用风险的定性计量方法

传统的信用风险管理方法主要运用定性方法，主要包括专家制度、评级方法等。

1. 专家制度

专家制度是一种最古老的信用风险分析方法，它是商业银行在长期的信贷活动中形成的一种有效的信用风险分析和管理制度。这种方法的最大特征是：银行信贷的决策权是由该机构那些经过长期训练、具有丰富经验的贷款人员所掌握的，他们做出是否贷款的决定。因此，在信贷决策过程中，信贷人员的专业知识、主观判断及某些关键要素的权重均为最重要的决定因素。

（1）"SC"分析。

在专家制度下，各商业银行自身条件不同，对贷款申请人进行信用分析的内容也不尽相同。绝大多数银行都将重点集中在借款人的"SC"上，即品德与声望、资格与能力、资金实力、担保、经营条件和商业周期。

①品德与声望。品德与声望主要是指借款人偿债的意愿及诚意。信贷人员必须确定贷款申请人对贷款资金的使用是否有明确的、符合银行贷款政策的目的，是否具有负责任的态度和真诚的还款意愿。

②资格与能力。首先，信贷人员必须确定借款人是否具有申请贷款及签署贷款协议的资格及合法权利。其次，信贷人员应分析借款人的还款能力。这可以通过借款人的收益变动状况来考察，即使在一段时间里借款人还款很稳定，但若借款人自身收益状况变化很大（较高的标准差），也表明该借款人的还款能力可能受到影响。

③资金实力。资金实力主要是指借款人资财的价值、性质、变现能力。信贷人员在分析借款人的资金实力时，特别要注重借款人在还本付息期间是否有足够

的现金流量来偿还贷款。另外，信贷人员还要考察借款人股东的股权分布状况及财务杠杆状况，因为这些情况可以作为反映借款人能否倒闭的重要预警指标。

④担保。担保主要是指抵押品以及保证人。对于借款人提供的用作还款担保的抵押品，应特别注意该抵押品的价值、已使用年限、专业化程度、市场流动性（易售性）和是否投保。

⑤经营条件和商业周期。这是指企业自身的经营状况和外部的经营环境。前者包括企业的经营特点、经营方式、技术情况、竞争地位、市场份额、劳资关系等；后者的范围涉及面很广，大至社会环境、商业周期、通货膨胀、国民收入水平、产业结构调整等，小至本行业的发展趋势、同业竞争状况、原材料价格变动、市场需求转换等。

（2）信用分析。

专家进行信用分析离不开企业的财务指标。根据财务指标进行综合分析，专家可以对借款人的信用状况有一个全面的了解。

在专家制度下，信贷决策依靠的是银行高级信贷人员的经验和主观判断。在银行这种典型的等级制度企业中，信贷人员经验越丰富、资格越老，其分析能力也越强。同时，信用分析是一个相当烦琐的过程，需要耗费较大的人力、物力和财力。实践证明，它存在许多难以克服的缺点和不足。

2. 评级方法

信用风险评级是常用的信用风险评级方法。大多数评级体系都是既考虑质量方面的因素，又考虑数量方面的因素，最后的评级结果取决于很多因素，通常都不是利用正规模型计算的结果。本质上，评级体系依靠的是对所有因素的全面考虑以及分析人员的经验，而不是数学建模。很显然，评级结果在一定程度上依赖评级人员的主观判断。这里主要介绍市场上常见的三种评级方法，即 OCC 的评级方法、标准普尔公司的信用评级体系、穆迪公司的信用评级体系。

（1）OCC 的评级方法。

最早的评级方法之一是美国货币监理署（OCC）开发的 OCC 评级方法，该方法将现有的贷款组合归入五类：四类低质量级别的、一类高质量级别的。多年来，银行家已经扩展了 OCC 评级方法，开发出内部评级法（IRB）。目前，美国银行持股公司的内部评级法包括 1～10 个级别。其中，1～6 级为合格级别，7～10 级对应四种低质量贷款。这种评级方法也应用于债券评级。贷款级别与债券级别的对应及风险程度见表 4-1。

表 4-1 贷款级别与债券级别的对应及风险程度

贷款级别	债券级别	风险程度
1	AAA	最小
2	AA	温和
3	A	平均（中等）
4	BBB	可接受
5	BB	可接受但要予以关注
6	B	管理性关注
7	CCC	特别关注
8	CC	未达到标准
9	C	可疑
10	D	损失

使用时，贷款评级方法一般评估个别贷款，而债券评级更倾向于对债务人整体进行评估。

（2）标准普尔公司的信用评级体系。

标准普尔公司是世界著名的评级公司之一，其业务范围覆盖 50 个以上国家。对于工业类公司，标准普尔公司和穆迪公司在美国和欧洲都有较高的市场覆盖率；在拉丁美洲，标准普尔公司的市场覆盖更高。

（3）穆迪公司的信用评级体系。

穆迪公司的主要业务在美国开展，但也有很多国际分支机构。在亚洲，穆迪公司有最高的市场覆盖率。穆迪公司对长期债务和短期债务的评级体系同标准普尔公司很相近，虽然两者可能在对某项具体债务的评级上存在分歧。

（4）评级体系结果的差别及影响。

在实践中，虽然各个评级机构在对债权评级时所采用的方法基本相同，但有时会对同一种债务工具做出不同的评级。研究发现，某一年度，在标准普尔公司和穆迪公司进行评级的 1 000 多家企业中，只有 53% 的企业同时被评为 AAA 级或 AA 级；其他投资级别，两家公司给予相同评级的情况只占 36%；而低于投资级别的评级中，两家公司做出相同判断的情况占 41%。对相同对象做出不同评级是一个值得关注的问题。它会导致两个问题：第一，在评级时应在多大程度上基于实际数据，又应在多大程度上基于分析人员的判断；第二，关于评级机构的独立性，评级机构收取费用进行评级，这可能对评级产生影响。

（二）信用风险的定量计量方法

近年来，经济全球化、金融一体化趋势进一步加强，特别是金融市场发生了巨变，现代信用风险量化管理模型在国际金融界得到了普遍重视和长足发展。J.P. 摩根银行继 1994 年推出著名的以 VaR 为基础的市场风险计量制后，1997 年又推出了信用风险量化计量和管理模型——信用计量制；随后，瑞士信贷银行也推出了另一类型的信用风险量化模型，两者都在银行业引起很大的反响。同样为银行业所重视的其他一些信用风险模型，还有 KMV 公司的以 EDF 为核心手段的 KMV 模型、麦肯锡公司的信用风险组合模型等。

信用风险管理模型在金融领域的发展也引起了监管当局的高度重视，1999 年 4 月，巴塞尔银行监管委员会发布了《信用风险模型化：当前的实践和应用》研究报告，研究这些风险管理模型的应用对国际金融领域风险管理的影响，以及这些模型在金融监管尤其是在风险资本监管方面应用的可能性。

1. 在险价值方法

在险价值是为了计量一项给定的资产或负债在一定时间里、一定置信度下其价值最大的损失额而设置的。

自 1993 年国际清算银行（BIS）宣布引入对市场风险的资本重组要求以来，人们对在险价值方法产生了极大兴趣，并在对它的开发和试验方面取得了很大进展。"在险价值"作为一个概念，最先起源于 20 世纪 80 年代的未交易商对金融资产风险测量的需要；作为一种市场风险测量和管理的新工具，则是由 J.P. 摩根银行最早在 1994 年提出的，其标志性产品为风险计量制模型。

由于 VaR 方法能够简单清晰地表示市场风险的大小，又有严谨系统的概率统计理论作为依托，它得到了国际金融界的广泛支持和认可。国际性研究机构

30 人小组和国际掉期交易协会等团体一致推荐，将 VaR 方法作为市场风险测量的最佳方法。

目前，越来越多的金融机构采用 VaR 方法来测量、控制其市场风险，尤其是在衍生工具投资领域，VaR 方法的应用更加广泛。VaR 方法特别适用于对可交易的金融资产在险价值的计量，因为人们可以很容易地从资本市场获取这类资产的市值和它们的标准差。若将这种方法直接用于计量非交易性金融资产，如贷款的在险价值，则会遇到许多问题。

2. 信用计量制模型

信用计量制模型是由 J.P. 摩根银行在 1997 年与其他合作者在已有的风险计量制方法的基础上，创立的一种专门用于对非交易性金融资产如贷款和私募债券的价值和风险进行计量的模型。信用计量制模型的基础是，在一个既定的期限内（通常是 1 年）估计一项贷款或者债券资产组合未来价值变动的分布。资产组合价值的变化与信用等级转移、降级、升级、债务人信用质量及违约事件有关。信用计量制模型要解决的问题是，如果下一年度是一个坏年头的话，我们的贷款及贷款组合的价值将会损失多少？

信用计量制模型主要用于对债券和贷款的处理。由于贷款是不能公开进行交易的，所以我们既无法观察到贷款的市值，也不能获得贷款市值的变动率。但是，人们仍然可以通过掌握借款企业的一些资料来解决这个问题。这些资料包括：借款人的信用等级；在下一年度里该信用级别水平转换为其他信用级别的概率；违约贷款的收付率。一旦人们获得了这些资料，便可以利用在险价值方法对单笔贷款或贷款组合的在险价值进行计量。

3. 信用风险量化模型

该模型由瑞士信贷银行金融产品部开发，其基本思想来源于保险业，即保险的损失源自被保事件的发生频率或事件发生后损失的价值。将这种理念用于贷款，即形成贷款违约及违约严重性的联合分布，它运用了一种实用的科学框架来推导债务 / 贷款组合的损失分布。信用风险量化模型假定，任何时期的违约企业数量的概率分布服从泊松分布。在这个假设下，该模型认为：每笔贷款违约的概率是随机事件；两两贷款之间的相关性为零，即各贷款违约的概率是相互独立的。该模型适合由小笔贷款组成的贷款组合。

4. 信用监测模型

利用期权定价理论对贷款和风险债券进行估价，以及对它们的信用风险进行计量，是现代信用风险管理模型的重要特征。其中，美国的 KMV 公司就利用期权定价理论创立了违约预测模型——信用监测模型，用来对上市公司和上市银行的信用风险（特别是违约状况）进行预测。

信用监测模型利用了两个关系：其一，企业股权市值与它的资产市值之间的结构性关系；其二，企业资产市值波动程度和企业股权市值变动程度之间的关系。通过这个模型，我们可以求出企业资产市值及其波动程度。一旦所有的变量值被算出，信用监测模型便可以测算出借款企业的预期违约频率（EDF）。

5. 信用风险组合模型

信用风险组合模型对促进银行进行资产分散化从而降低信用风险具有重要意义，可以在以下几个方面帮助银行进行决策：通过信用在险价值的分析权衡决定是否增加信贷；通过识别信用风险基于交易对手、行业、国家或工具的集中度来有效管理信用风险；通过准确计量信用风险来降低资本持有额，提高资本收益率。其中，较广泛使用的是两种简单测度贷款组合信用风险的模型，即信用等级转移分析和贷款集中度限制。

（1）信用等级转移分析。

该方法运用的前提是由外部的评级机构（如标准普尔公司或穆迪公司等）或者银行内部对各行业、各部门的企业进行信用评级。贷款组合的管理者跟踪分析这些贷款企业的信用变化情况，根据历史数据建立起该贷款组合中贷款企业的信用等级转移矩阵。一旦某企业信用等级下降的速度超过了标准，银行就会减少对该企业的贷款。

（2）贷款集中度限制。

金融机构在管理一个贷款组合的时候，往往还要对贷款组合中的单个借款人设立最大贷款规模或者最大贷款比例限制，以控制其在贷款组合中的风险集中程度。

第二节　市场风险管理

一、市场风险概述

（一）市场风险的概念和种类

1.市场风险的概念

市场风险是指因市场价格（利率、汇率、股票价格和商品价格）的不利变动而使商业银行表内及表外业务发生损失的风险。

2.市场风险的种类

市场风险可以分为利率风险、汇率风险（包括黄金）、股票价格风险和商品价格风险，分别是指由于利率、汇率、股票价格和商品价格的不利变动所带来的风险。

（二）利率风险的种类

利率是连接货币因素与实际经济因素的中介变量，它的波动与金融资产的价值和收益直接相关，任何意外的利率波动都可能给金融参与者包括银行、企业和个人带来严重的后果。

利率风险是由利率水平变动的不确定性所导致的行为人遭受损失的可能性。对于利润一般来自资产收益率与负债成本率之间差额的金融机构来说，一旦其资产与负债的到期日匹配不当，就有可能把自己暴露于利率风险之中。

自从 20 世纪 70 年代金融自由化浪潮开始之后，西方各国纷纷放弃了严格的利率管制政策，先后推出了浮动利率资产和浮动利率负债，这就导致了利率敏感性缺口（利率风险敞口）的形成，人们对利率风险管理的重要性也有了更为深刻的认识。

利率风险管理就是采取各种措施监测、控制和化解利率风险，将其所带来的损失降低到最低程度。利率风险按照来源不同，可以分为重新定价风险、收益率曲线风险、基准风险和期权性风险。

1.重新定价风险

重新定价风险也称为期限错配风险，是最主要和最常见的利率风险形式，来源于银行资产、负债和表外业务到期期限（就固定利率而言）或重新定价期限（就浮动利率而言）所存在的差异。

这种重新定价的不对称性使银行的收益或内在经济价值会随着利率的变动而变化。例如，如果银行以短期存款作为长期固定利率贷款的融资来源，当利率上升时，贷款的利息收入是固定的，但存款的利息支出会随着利率的上升而增加，从而使银行的未来收益减少，经济价值降低。

2. 收益率曲线风险

重新定价的不对称性也会使收益率曲线的斜率、形态发生变化，即收益率曲线的非平行移动，对银行的收益或内在经济价值产生不利影响，从而形成收益率曲线风险，也称为利率期限结构变化风险。

例如，若以五年期政府债券的空头头寸为十年期政府债券的多头头寸进行保值，当收益率曲线变陡的时候，虽然上述安排已经对收益率曲线的平行移动进行了保值，但该十年期债券多头头寸的经济价值还是会下降。

3. 基准风险

基准风险也称为利率定价基础风险，是另一种重要的利率风险来源。在利息收入和利息支出所依据的基准利率变动不一致的情况下，虽然资产、负债和表外业务的重新定价特征相似，但因其现金流量和收益的利差发生了变化，也会对银行的收益或内在经济价值产生不利影响。

例如，一家银行可能用一年期存款作为一年期贷款的融资来源，贷款按照美国国库券利率每月重新定价一次，而存款则按照伦敦同业拆借市场利率每月重新定价一次。虽然以一年期的存款为来源发放一年期的贷款，由于利率敏感性负债与利率敏感性资产的重新定价期限完全相同而不存在重新定价的风险，但其基准利率的变化可能不完全相关、变化不同步，仍然会使该银行面临因基准利率的利差发生变化而带来的基准风险。

4. 期权性风险

期权性风险是一种越来越重要的利率风险，来源于银行资产、负债和表外业务中所隐含的期权。一般而言，期权赋予其持有者买入、卖出或以某种方式改变某一金融工具或金融合同的现金流量的权利，而非义务。期权可以是单独的金融工具，如场内（交易所）交易期权和场外期权合同，也可以隐含于其他的标准化金融工具之中，如债券或存款的提前兑付、贷款的提前偿还等选择性条款。

期权和期权性条款都是在对买方有利而对卖方不利时执行。因此，此类期权性工具因具有不对称的支付特征而会给卖方带来风险。比如，若利率变动对存款人或借款人有利，存款人就可能选择重新安排存款，借款人可能选择重新安排贷款，从而对银行产生不利影响。如今，越来越多的期权品种因具有较高的杠杆效应，还会进一步增大期权头寸可能对银行财务状况产生的不利影响。

二、市场风险管理的目标、流程、政策和程序

（一）市场风险管理的目标

市场风险管理的目标是通过将市场风险控制在商业银行可以承受的合理范围内，实现经风险调整的收益率最大化。

（二）市场风险管理的流程

市场风险管理是识别、计量、监测和控制市场风险的全过程。商业银行应当充分识别、准确计量、持续监测和适当控制所有交易与非交易业务中的市场风险，确保在合理的市场风险水平之下安全、稳健经营。

商业银行所承担的市场风险水平应当与其市场风险管理能力和资本实力相匹配。为了确保有效进行市场风险管理，商业银行应当将市场风险的识别、计量、监测和控制与全行的战略规划、业务决策和财务预算等经营管理活动进行有机结合。

（三）市场风险管理的政策和程序

商业银行应当制定适合当下整个银行机构的、正式的书面市场风险管理政策和程序。市场风险管理政策和程序应当与银行的业务性质、规模、复杂程度和风险特征相适应，与其总体业务发展战略、管理能力、资本实力和能够承担的总体风险水平相一致，并符合中国银保监会关于市场风险管理的有关要求。市场风险管理政策和程序的主要内容包括：

（1）可以开展的业务，可以交易或投资的金融工具，可以采取的投资、保

值和风险缓解策略与方法。

（2）商业银行能够承担的市场风险水平。

（3）分工明确的市场风险管理组织结构、权限结构和责任机制。

（4）市场风险的识别、计量、监测和控制程序。

（5）市场风险的报告体系。

（6）市场风险管理信息系统。

（7）市场风险的内部控制。

（8）市场风险管理的外部审计。

（9）市场风险资本的分配。

（10）对重大市场风险情况的应急处理方案。

商业银行应当根据本行市场风险状况和外部市场的变化情况，及时修订和完善市场风险管理政策和程序。

三、市场风险限额管理

商业银行进行市场风险管理，应当确保将所承担的市场风险控制在可以承受的合理范围内，使市场风险水平与其风险管理能力和资本实力相匹配。限额管理正是对市场风险进行控制的一项重要手段。

银行应当根据所采用的市场风险计量方法设定市场风险限额，制定对各类及各级限额的内部审批程序和操作规程，根据业务性质、规模、复杂程度和风险承受能力设定，并定期审查和更新限额。

（一）市场风险限额的种类

市场风险限额包括交易限额、风险限额和止损限额等，并可以按地区、业务经营部门、资产组合、金融工具和风险类别进行分解。商业银行应当根据不同限额控制风险的影响，建立不同类型和不同层次的限额相互补充的合理限额体系，有效控制市场风险。商业银行总的市场风险限额以及限额的种类、结构应当由董事会批准。

1. 交易限额

交易限额是指对总交易头寸或净交易头寸设定的限额。总交易头寸限额对特定交易工具的多头头寸或空头头寸给予限制，净交易头寸限额对多头头寸和空头头寸相抵后的净额加以限制。在实践中，商业银行通常将这两种交易限额结合使用。

2. 风险限额

风险限额是指对按照一定的计量方法所计量的市场风险设定的限额，如对内部模型计量的风险价值设定的限额和对期权性头寸设定的期权性头寸限额等。

期权性头寸限额是指对反映期权价值的敏感性参数设定的限额，通常包括衡量期权价值对基准资产价格变动率的德尔塔、衡量德尔塔对基准资产价格变动率的伽马、衡量期权价值对市场预期的基准资产价格波动性的敏感度的维加、衡量期权临近到期日时价值变化的 Theta，以及衡量期权价值对短期利率变动率的 Rho 设定的限额。

3. 止损限额

止损限额是指允许的最大损失额。通常情况下，当某项头寸的累计损失达到或接近止损限额时，就必须对该头寸进行对冲交易或将其变现。典型的止损限额具有追溯力，即止损限额适用于一日、一周或一个月等一段时间内的累计损失。

（二）商业银行在设计限额体系时考虑的因素

商业银行在设计限额体系时考虑的因素如下：

（1）业务性质、规模和复杂程度；

（2）商业银行能够承担的市场风险水平；

（3）业务经营部门的既往业绩；

（4）工作人员的专业水平和经验；

（5）定价、估值和市场风险计量系统；

（6）压力测试结果；

（7）内部控制水平；

（8）资本实力；

（9）外部市场的发展变化情况。

（三）市场风险的超限额管理

商业银行应当对超限额情况制定监控与处理程序。超限额情况应当及时向相应级别的管理层报告，该级别的管理层应当根据限额管理的政策和程序决定是否批准及此情况可以保持多长时间。

未经批准的超限额情况应当按照限额管理的政策和程序进行处理。管理层应当根据超限额情况决定是否对限额管理体系进行调整。

商业银行应当确保不同市场风险限额之间的一致性，并协调市场风险限额管理与流动性风险限额等其他风险类别的限额管理。

第三节　操作风险管理

一、操作风险概述

随着全球银行业的发展，银行规模不断膨胀，经营复杂程度急剧提高，交易金额迅速增加，新经济模式（如网络银行、电子贸易等）出现，交易工具和金融技术日益复杂，清算及结算系统扩展，信息技术广泛深入应用，外包业务不断增加，商业银行采用风险缓释技术带来新形式的风险等，这些都增大了金融机构面临的操作风险，促使操作风险管理在理论和实践中被更深入地研究。

《巴塞尔新资本协议》明确提出将操作风险纳入资本监管的范畴。我国金融监管机构近几年也在加速制定操作风险管理的规章制度，对金融机构的操作风险管理提出了具体要求。

（一）操作风险的概念

操作风险是指由不完善或有问题的内部程序、员工和信息科技系统，以及外部事件造成损失的风险，包括法律风险，但不包括策略风险和声誉风险。这个定义是由中国银保监会颁布的《商业银行资本管理办法（试行）》界定的，它与《巴塞尔新资本协议》界定的操作风险基本相同。

（二）操作风险的特征及与其他风险的关系

1. 操作风险的特征

操作风险大部分内生于商业银行的业务活动，覆盖面大，不易区分和界定，与其他风险有所不同。

（1）内生性。

操作风险的内生性是指多数操作风险存在于商业银行业务管理活动中，可以说是一种内部各层次的"系统性风险"，且大多与银行独特的内部风险管理环境有关。操作风险的内生性是其作为一种独立风险形态的最主要的特征。同时，操作风险的内生性决定了风险来源或种类的多样性，其在实践中可以转化为市场风险和信用风险，这增加了识别的难度。

（2）灾难性。

灾难性风险多为外生风险，如自然灾害、恐怖袭击等外部事件引起的外生操作风险，具有低频高损的特点，操作风险在分布上呈现厚尾的非对称特征。

（3）风险诱因。

风险诱因与风险损失相关性复杂，风险诱因复杂，其引发的操作风险事件及由其可能导致的损失规模、频率之间的相关关系复杂，所以在管理过程中很小的疏忽就会把操作风险遗漏在管理框架之外，这增加了管理难度。

（4）风险与收益的对应关系不明显。

商业银行因承担操作风险而获得的额外收益不明显或不能在短期内显现，风险控制技术的使用受到成本支出和资本金的约束，管理中应注重降低操作风险和提高管理成本之间的平衡。

（5）风险不易分散。

操作风险很难通过自身机构来对冲和分散，因为操作风险一般不直接与特定产品相联系，而是产生于服务与经营过程之中，与不同的区域文化、素质不同的员工队伍、特定的经营机构等因素有关。操作风险往往具有很强的隐蔽性，信息的有限披露也使操作风险很难运用市场化的风险解决方案，所以操作风险的控制宜采用内部控制、资本配置、风险缓释等综合控制方法。

2.操作风险与其他风险的关系

在商业银行经营活动中，操作风险与其他风险交织互动，影响因素复杂。在信贷风险领域，信贷管理人员贷中管理不利，会引发产品及业务操作风险，或因信贷业务担保品管理失败导致损失；在系统及设备领域，由于网络病毒、电脑黑客的威胁，商业银行在采取多种防护技术提高系统安全性的同时（会使操作风险中的系统失败风险降低），会因为系统界面的友好性降低，使银行失去一定的市场份额，从而使市场风险提高；在金融衍生品交易领域，由于交易员未经授权或越权行为引发典型的内部欺诈风险，巨额的损失赔付会涉及市场风险、欺诈、声誉下降及由此引发的流动性风险。这些都体现了诸多风险之间复杂的交互关系。

二、操作风险的分类及认定

（一）操作风险的基本分类

中国银保监会颁布的《商业银行资本管理办法（试行）》将操作风险损失事件分为内部欺诈事件，外部欺诈事件，就业制度和工作场所安全事件，客户、产品和业务活动事件，实物资产的损坏，信息科技系统事件，执行、交割和流程管理事件七种类型，与《巴塞尔新资本协议》的分类基本一致。

（1）内部欺诈事件是指故意骗取、盗用财产或违反监管规章、法律或公司政策导致的损失事件，此类事件至少涉及内部一方，但不包括歧视及差别待遇事件。

（2）外部欺诈事件是指第三方故意骗取、盗用、抢劫财产、伪造要件、攻击商业银行信息科技系统或逃避法律监管导致的损失事件。

（3）就业制度和工作场所安全事件是指违反就业、健康或安全方面的法律或协议，个人工伤赔付或者因歧视及差别待遇导致的损失事件。

（4）客户、产品和业务活动事件是指因未按有关规定造成未对特定客户履行分内义务（如诚信责任和适当性要求）或产品性质或设计缺陷导致的损失事件。

（5）实物资产的损坏是指因自然灾害或其他事件（如恐怖袭击）导致实物资产丢失或毁坏的损失事件。

（6）信息科技系统事件是指因信息科技系统生产运行、应用开发、安全管理以及由于软件产品、硬件设备、服务提供商等第三方因素，造成系统无法正常办理业务或系统速度异常所导致的损失事件。

（7）执行、交割和流程管理事件是指因交易处理或流程管理失败，以及与交易对手、外部供应商及销售商发生纠纷导致的损失事件。

（二）操作风险损失形态

操作风险损失形态包括法律成本、监管罚没、资产损失、对外赔偿、追索失败、账面减值和其他损失。

（1）法律成本是指因商业银行发生操作风险事件引发法律诉讼或仲裁，在诉讼或仲裁过程中依法支出的诉讼费用、仲裁费用及其他法律成本，如违反知识产权保护规定等导致的诉讼费、外聘律师代理费、评估费、鉴定费等。

（2）监管罚没是指因操作风险事件所遭受的监管部门或有权机关罚款及其他处罚，如违反产业政策、监管法规等所遭受的罚款、吊销执照等。

（3）资产损失是指由于疏忽、事故或自然灾害等事件造成实物资产的直接毁坏和价值的减少，如火灾、洪水、地震等自然灾害所导致的账面价值减少等。

（4）对外赔偿是指由于内部操作风险事件导致商业银行未能履行应承担的责任造成对外的赔偿，如因商业银行自身业务中断、交割延误、内部案件造成客户资金或资产等损失的赔偿金额。

（5）追索失败是指由于工作失误、失职或内部事件使原本能够追偿但最终无法追偿所导致的损失，或因有关方不履行相应义务导致追索失败所造成的损失，如资金划转错误、相关文件要素缺失、跟踪监测不及时所带来的损失等。

（6）账面减值是指由于偷盗等原因导致的资产账面价值直接减少和偷盗导致的账面资产或收入损失、账面损失等。欺诈、未经授权活动等操作风险事件，如内部欺诈导致的销账、外部欺诈以及未经授权或超授权交易导致的。

（7）其他损失是指由于操作风险事件引起的其他损失。

（三）操作风险损失事件认定的金额起点和范围界定

1.操作风险损失事件统计金额起点

商业银行应当根据操作风险损失事件统计工作的重要性原则，合理确定操作风险损失事件统计金额起点。商业银行对设定金额起点以下的操作风险损失事件和未发生财务损失的操作风险事件也可以进行记录和积累。

2. 操作风险损失事件统计范围界定

商业银行应当合理区分操作风险损失、信用风险损失和市场风险损失界限，对于跨区域、跨业务种类的操作风险损失事件，商业银行应当合理确定损失统计原则，避免重复统计。

三、操作风险的控制

（一）操作风险的内部控制

有效的内部控制体系对金融机构的所有风险管理都是非常重要的，而加强内控制度建设，是商业银行操作风险管理的基础。

"内部控制"作为一个专有名词，首次出现在 1936 年美国会计师协会发布的《注册会计师对财务报表的审查》中。1994 年，COSO 对《内部控制——整合框架》进行了增补，界定了"内部控制"概念：内部控制是一个过程，受企业董事会、管理当局和其他员工影响，旨在保证财务报告的可靠性、经营的效果和效率以及现行法规的遵循，它认为内部控制整体架构主要由控制环境、风险评估、控制活动、信息与沟通、监督五个要素构成。

巴塞尔银行监管委员会认为：资本约束并不是控制操作风险的最好办法，对付操作风险的第一道防线是严格的内控机制，对于内部因素形成的操作风险是可以防范的，通过加强内控制度建设，完善银行的业务流程、人事安排和会计系统，并强化法规执行控制，就能在一定程度上避免内部失误和违规操作，从而防范操作风险。对于外部因素导致的操作风险，因为外部事件是商业银行不可控制的，可以采用保险等风险缓释手段进行规避。下面介绍具有代表性的美国银行及我国银行的操作实践。

1. 美国银行的内部控制实践

为了维护声誉，保持稳定的经营业绩，美国银行采用全面风险管理方案，主要内容包括三道防线、持续改进、合规管理。

（1）三道防线。

美国的风险管理架构建立在三道防线基础上：在第一道防线中，业务单元经理对业务单元内的所有已经存在和未来可能发生的风险负责；在第二道防线中，企业职能部门（财务、会计、人力资源、IT、风险管理）独立运作，但需要业务单元配合来识别、评估并降低风险；在第三道防线中，审计部门和信用审查部门独立地测定、确认并评估风险以及管理控制措施。

（2）持续改进。

持续改进是美国银行风险与回报管理模式的特点之一。目前，美国银行关注的改进是加强市场风险和操作风险管理体系的建设，进一步提高在跨业务单元风险方面的预测能力和进一步加强报偿与绩效之间的联系。

（3）合规管理。

合规是美国银行的经营之道，合规是各业务单元以及所有员工的首要职责。每项业务的合规包括七个元素：承诺和责任、政策和操作规程、控制和检查、监督检查、监督、培训和认知以及报告。

2.我国商业银行加强内部控制体系建设的方法

中国银保监会出台的《商业银行内部控制评价方法》对推动商业银行内部控制体系建设具有非常重要的意义。我国商业银行应遵循COSO《内部控制—整合框架》、巴塞尔银行监管委员会《银行组织内部控制系统框架》的原则和规定，依据《商业银行内部控制评价方法》完善内控管理机制，建立内控体系。具体包括：运用管理体系标准的原理和方法，梳理银行所有业务流程和管理流程，形成体系化、系统化的文件，建立所有业务操作和管理人员所在岗位明确的操作原则；建立以符合性和适当性为目标的内部控制管理机制，运用持续改进的方法，保证业务流程和管理流程能够被遵循，并不断适应客户的需求、市场的变化和监管的要求。

（二）选择适当的控制技术

选择正确的操作风险控制技术对于操作风险的管理至关重要。控制技术的选择是一个动态过程，与处于不同国家或地区、银行规模和监管阶段的控制技术有所区别，因此可以选择的范围较大，不同的管理阶段可以分别或同时选用几种控制技术以达到操作风险管理的目的。由于商业银行发展及监管要求的不均衡性，处于不同阶段的控制技术选择，对商业银行平衡操作风险管理成本与收益、达到最优绩效至关重要。

操作风险与风险控制技术具有对应关系，不同的风险及风险损失运用的控制技术不同。

对操作风险预期损失采取规避操作风险损失准备金的方法，在年度业务上明确或隐含地编进预算之中，包含在产品或服务定价中。

对非预期损失配置经济资本，建立历史操作风险事件数据库，量化未预期损失，计量应分配的经济资本。

对重大损失和灾难损失采取套期保值或风险外包与保险等操作风险缓释技术，降低操作风险损失，减轻经济资本配置压力。

对突发事件损失制订业务持续计划，采取风险自留技术处理。

1. 经济资本配置技术

在现阶段，最有效的方法是采取经济资本配置技术。对于操作风险的部分非预期损失，应通过拨备经济资本弥补，开发相应的工具和方法，将操作风险测度结果转换为经济资本金额，使其成为业务部门在风险—收益基础上管理操作风险的依据。日益严峻的操作风险要求银行为其分配更合理的资本。目前，适合我国商业银行的操作风险经济资本配置方法是标准法和替代标准法。

2. 操作风险的缓释技术

操作风险缓释技术是指商业银行根据操作风险识别、计量的结果，结合银行发展战略、业务规模与复杂性，通过采取业务外包、保险等一系列缓释技术，对操作风险进行转移、分散、规避，减少操作风险带来的损失。

我国商务部对服务外包的定义为：服务外包业务是指服务外包企业向客户提供的信息技术外包服务（ITO）和业务流程外包服务（BPO），包括业务改造外包、业务流程和业务流程服务外包、应用管理和应用服务等商业应用程序外包、基础技术外包（IT、软件开发设计、技术研发、基础技术平台整合和管理整合）等。

金融领域的 BPO 是 BPO 中最重要的部分，同时也是最有发展前景的部分。操作风险的部分业务外包既可以降低成本、提高效益，又可以转嫁风险，是操作风险控制中重要的缓释技术之一。

操作风险事件突发的异常损失超出银行的正常承受能力，虽然发生概率极小，但一旦发生，损失巨大。银行通常通过压力测试和情景模拟等手段予以关注，通过购买保险的方式将部分损失转移出去。

但是，按照《巴塞尔新资本协议》的规定，只有当商业银行采取高级计量法计算操作风险资本时，巴塞尔银行监管委员会才允许采用保险缓释技术，除了这个标准外，还要符合其他相关标准。所以，商业银行通过保险代替资本和内部控制的程度是有限的。

中国银保监会规定，商业银行可以将保险理赔收入作为操作风险的缓释因素。保险的缓释最高不得超过操作风险监管资本要求的 20%。

第四节　流动性风险管理

一、流动性风险概述

流动性风险是金融机构面临的主要风险之一。流动性原则要求经济主体拥有的资金、资产具有即时变现能力，或者能够及时从外部获得资金。当金融机构不能及时提供充足的现金来满足客户提取存款的要求和支付到期债务时，金融机构面临流动性危机，这种流动性危机很容易导致银行破产。保证提供充足的流动性是资产负债管理的目标之一，为达到这一目标，商业银行必须进行全面、准确的流动性分析，并根据流动性分析结果制定有效的流动性管理策略。

（一）流动性风险的概念

1. 流动性的内涵

流动性是指商业银行能够在一定时间内以合理的成本筹集一定数量的资金来满足客户当前或未来的资金需求。

2.流动性包含的要素

（1）资金数量。

一家商业银行若能在一定时间内以合理成本筹集到较大数量的资金，该银行便具有较大的流动性。

（2）资金成本。

商业银行以合理成本，较快地取得一定数量的资金，也具有较好的流动性。

（3）时间。

商业银行在一定时间内以较低成本取得一定数量的资金，同样具有较好的流动性。

3.流动性风险的内涵

流动性风险是指商业银行无法以合理成本及时获得充足资金，用于偿付到期债务、履行其他支付义务和满足正常业务开展的其他资金需求的风险。在极端情况下，流动性不足会造成商业银行的清偿问题。

流动性风险可以分为融资流动性风险和市场流动性风险。其中，融资流动性风险是指商业银行在不影响日常经营或财务状况的情况下，无法有效满足资金需求的风险；市场流动性风险是指由于市场深度不足或市场动荡，商业银行无法以合理的市场价格出售资产以获得资金的风险。

4.商业银行保持适当流动性的重要意义

（1）商业银行保持适当流动性，可以保证其债权人的债权得到偿付。商业银行的债权人无论是小额储蓄者还是大额存单持有者或者是其他金融机构，均属于风险厌恶者，他（它）们将资金贷给银行，其主要目的是收回本金，然后才是选择不同的利率。商业银行只有保持适当的流动性，才会使本金偿付得到保证。

（2）商业银行保持适当流动性，才有能力兑现对客户的贷款承诺。一家商业银行发出的贷款承诺往往是其贷款余额的数倍，当商业银行的某个高质量客户提出新的贷款需求时，银行会尽量满足他的需求。商业银行保持适当流动性，才可以在任何时候都兑现它的贷款承诺。

（3）商业银行保持适当流动性，可以使银行及时把握有利可图的机会。商业银行既可以在需要时扩大其资产规模，又可以在不利的市场环境下出售其流动资产，避免资本亏损。

（二）流动性风险的成因

对于正常经营的商业银行来说，资产和负债期限的不匹配、利率水平的波动均可能导致流动性风险；而经营不善的商业银行，除上述原因外，信贷风险也会成为其流动性风险的重要诱因。此外，宏观政策也会导致流动性风险的产生。

1. 流动性风险的内部成因

（1）资产和负债的期限不匹配。

商业银行的核心功能是"期限的转换"，即将短期存款或负债转变为长期盈利资产，这种"借短贷长"行为在商业银行资产负债表中具体表现为资产和负债的期限不匹配，这就使由资产产生的现金流入与由负债产生的现金流出不能相互吻合。

在资产和负债的期限不匹配的情况下，会出现两种弊端：①商业银行过分地依靠负债管理；②商业银行用于应急的资金不够充足。但"借短贷长"行为所引起的资产和负债的期限不匹配是一种正常的流动性风险，商业银行要营利就不可避免地会面临这一风险。

（2）金融企业的信誉。

金融企业拥有良好的信誉，会增强客户尤其是存款人的信心，这样的金融企业一般流动性较强；如果金融企业丧失信誉，就会引起客户的不信任，产生挤兑及其他影响流动性的行为，使金融机构面临经营危机。

2. 流动性风险的外部成因

（1）货币政策的影响。

中央银行的货币政策与商业银行的流动性风险有着密切的联系。当中央银行采取扩张性货币政策时，商业银行较容易获得资金，存款量上升，客户的贷款要求容易被满足，流动性风险很少发生；如果中央银行采取紧缩性货币政策，整个社会货币数量和信用总量减少，商业银行的资金来源减少，挤兑的可能性会增加，商业银行会有流动性风险。

（2）金融市场发育程度的影响。

金融市场发育程度直接影响商业银行资产的变现能力及主动负债能力，从而对商业银行的流动性风险有影响。短期证券和票据是商业银行保持流动性的工具，如果金融市场不完备，短期证券和票据不能以合理的市场价格买卖，就会提高交易成本、扩大损失，使商业银行获得流动性的代价太大；同时，活跃的二级市场也为商业银行随时获得流动性提供了方便。

（3）客户信用风险的影响。

假设一家管理不善的商业银行冒了很大的风险将资金贷给信誉欠佳的客户，由于借款者经营不善导致坏账而使银行盈利下滑，一旦金融市场传言该银行盈利下滑，该银行将不得不以高昂的代价去保留原有的存款或从市场上购买资金，这会使银行盈利状况进一步恶化，甚至严重亏损。

（4）对利率变动的敏感性。

当市场利率水平上升时，某些客户会将存款提现，转为其他报酬更高的产品，某些贷款客户可能推迟新贷款的申请或者加速使用利率较低的信用额度，所以利率的变动对客户的存款需求和贷款需求都会产生影响，以致严重影响银行的流动性。此外，利率波动还将引起商业银行所出售资产（换取流动性）市值的波动，甚至直接影响其在货币市场的借贷资金成本。

（三）流动性风险管理体系

1.流动性风险管理体系的含义

流动性风险管理是识别、计量、监测和控制流动性风险的全过程。商业银行应当建立健全流动性风险管理体系，对法人和集团层面、各附属机构、各分支机构、各业务条线的流动性风险进行有效识别、计量、监测和控制，确保商业银行流动性需求能够及时以合理成本得到满足。流动性风险管理是资产负债管理的重要组成部分。商业银行在确定资产负债额度、结构和期限时，需要考虑流动性风险管理，以加强资产的流动性和融资来源的稳定性。

2.流动性风险管理体系的基本要素

流动性风险管理体系是商业银行风险管理体系的组成部分。流动性风险管理体系应当与商业银行总体发展战略和整体风险管理体系相一致，并与商业银行的规模、业务性质和复杂程度等相适应。商业银行实施流动性风险管理，应适当考虑流动性风险与其他风险的相关性，协调流动性风险管理与其他类别风险管理的政策和程序。

流动性风险管理体系包括四个基本要素：①有效的流动性风险管理治理结构；②完善的流动性风险管理策略、政策和程序；③有效的流动性风险识别、计量、监测和控制；④完备的管理信息系统。

3. 流动性风险管理体系治理结构

商业银行应建立有效的流动性风险管理体系治理结构，明确董事会及其专门委员会、监事会（监事）、高级管理层以及相关部门在流动性风险管理中的职责和报告路线，建立适当的考核及问责机制，提高流动性风险管理的有效性。

4. 流动性风险管理政策

商业银行应根据本行的经营战略、业务特点、财务实力、融资能力、总体风险偏好及市场影响力等因素确定流动性风险偏好，并以此为基础制定书面的流动性风险管理策略、政策和程序，涵盖表内外各项业务以及境内外所有可能对其流动性风险产生重大影响的业务部门、分支机构和附属机构，并包括正常情景下和压力情景下的流动性风险管理。

流动性风险管理策略应明确流动性风险管理的总体目标、管理模式，以及主要政策和程序。流动性风险管理政策和程序包括但不限于以下内容：流动性风险的识别、计量和监测，包括现金流量的测算和分析；流动性风险限额管理；融资管理；日间流动性风险管理；压力测试；应急计划；优质流动性资产管理；跨机构、跨境以及重要币种的流动性风险管理；对影响流动性风险的潜在因素以及其他类别风险对流动性风险的影响进行持续监测和分析。

二、流动性风险管理的技术方法

从表面上看，商业银行的流动性风险是一个比较简单的概念，但对它进行衡量不是一件易事。商业银行流动性风险的计量方法基本反映了在一定历史背景下，其对流动性风险管理的认识过程。流动性风险总是伴随其他风险而产生，是一种间接风险，VaR 方法不适用于流动性风险。流动性风险应在不同的商业银行与市场系统情景下进行分析。

（一）资产及负债的流动性风险管理

1. 商业银行资产负债管理的主要内容

商业银行资产负债管理应遵循分散化原则。商业银行应制定具体、明确的资产负债分散化政策，使资金运用及来源结构向多元化发展，提升商业银行应对市场波动的能力。商业银行应建立集中度限额管理制度，针对表内外资产负债的品种、币种、期限、交易对手、风险缓释工具、行业、市场、地域等进行集中度限额管理，防止由于资产负债过度集中引发流动性风险。

商业银行资产负债管理应遵循审慎性原则，应审慎评估信用风险、市场风险、操作风险、声誉风险等对资产负债业务流动性的影响，密切关注不同风险之间的转化和传递。这主要包括如下内容：

（1）商业银行在对资产变现能力进行评估时，要考虑市场容量、交易对手的风险，以及其他因素对资产可交易性、资产价格产生的影响。

（2）商业银行在确定资产流动性组合时，应避免资产组合在资产类别、交易对手、行业、市场、地域等方面承受过度的市场风险及其他风险。

（3）商业银行应定期监测交易对手和自身的偿债能力指标状况，当相关指标显示交易对手偿债能力下降时，要及时调整对交易对手的融资授信额度；当相关指标显示自身偿债能力下降时，要及时调整资产负债结构，提高债务清偿能力。

（4）商业银行应加强对未提取的贷款承诺、信用证、保函、银行承兑汇票等或有资产与或有负债的管理，监测相关客户的信用状况、偿债能力和财务状况，了解商业银行因履约事项可能发生的垫款和客户可提取的贷款承诺带来的流动性需求，并纳入流动性缺口管理。商业银行应将为应对声誉风险而对交易对手给予超过合约义务的支付所产生的流动性需求，并纳入流动性缺口管理。

（5）商业银行应关注负债的稳定性。

①商业银行应通过提高核心负债占总负债的比重，提高流动性来源的稳定性，并降低对波动较大的债务的依赖。

②商业银行应通过优质服务建立与资金提供者的关系，并持续关注大额资金提供者的风险状况，定期监测大额资金提供者及融资提供者在本行存款的情况，并制定存款（或融资）集中度触发比率以及当存款（或融资）集中度达到触发比率时所必须采取的应急措施。

发行股票和债券等是商业银行补充中长期流动性的重要手段，这有助于改善期限结构错配状况。商业银行应关注资本市场变化，评估通过发行股票或债券等补充流动性的能力与成本。

2. 资产负债管理的基本指标。

从传统上看，商业银行通常从资产和负债两方面对流动性进行计量。规模较小的商业银行由于接触货币市场的机会较少，更多是关注与资产有关的流动性比例；而规模较大的商业银行则非常重视与负债有关的流动性比例。

（1）资产方流动性比例。

资产方流动性主要是指一项资产变现的难易程度。一般情况下，资产的到期日越近，市场流通性越高，其流动性越高。资产流动性通常表示为商业银行的特定资产占总资产的比例。一般来说，流动性较高的资产在二级市场上往往表现出较低的违约风险、较近的到期日和较大的交易量等特征。资产方流动性比例一般包括流动比率、流动性缺口率、存贷比例、总股本/总资产、风险资产/总资产、贷款亏损、贷款净额、贷款亏损准备金/不良贷款等。

（2）负债方流动性比例。

负债方流动性主要是指一家商业银行以合理成本筹措新债以满足其债务的能力。负债方流动性比例的衡量标准往往反映出一家商业银行的资产质量、资本实力、存款余额和其他负债的构成。

负债方流动性比例的衡量指标主要包括核心负债比例、资金来源集中度、各项存款的结构百分比、总存款/总负债、核心存款/总资产等。

（二）现金流量管理

现金流量管理是识别、计量和监测流动性风险的重要工具，商业银行应当建立现金流量测算与分析框架，有效计量、监测并控制正常情景下和压力情景下的未来不同时间段的现金流量缺口。现金流量测算与分析应当涵盖资产和负债未来现金流量以及或有资产和或有负债的潜在现金流量，并充分考虑支付结算、代理和托管等业务对现金流量的影响。

1. 现金流量测算分析的方法

（1）商业银行应当在涵盖表内外各项业务的基础上，按照本外币合计和重要币种，区分正常情景和压力情景，并考虑资产负债未来增长，分别测算未来不同时间段的现金流量入和现金流量出，并形成现金流量报告。

（2）未来现金流量可分为确定到期日现金流量和不确定到期日现金流量。其中，确定到期日现金流量是指有明确到期日的表内外业务形成的现金流量；而不确定到期日现金流量则是指没有明确到期日的表内外业务（如活期存款）形成的现金流量。商业银行应当按照审慎性原则测算不确定到期日现金流量。

（3）商业银行应当合理评估未提取的贷款承诺、信用证、保函、银行承兑汇票、衍生产品交易、因其他履约事项可能发生的垫款、为防范声誉风险而超出合同义务进行支付等所带来的潜在流动性需求，将其纳入现金流量的测算和分析，并关注相关客户的信用状况、偿债能力和财务状况变化对潜在流动性需求的影响。

（4）商业银行在测算未来现金流量时，可以按照审慎性原则进行交易客户的行为调整。商业银行所使用的行为调整假设应当以相关历史数据为基础，经充分论证和适当程序审核批准，并进行事后检验，以确保其合理性。

（5）商业银行各个时间段的现金流量缺口为该时间段的现金流入和现金流出的差额。根据重要性原则，商业银行可以选定部分现金流量少、发生频率低的业务不纳入现金流量缺口的计算，但应当经内部适当程序审核批准。

（6）商业银行应当由负责流动性风险管理的部门设定现金流量缺口限额，确保现金流量缺口限额与流动性风险偏好相适应，并经内部适当程序审核批准。商业银行应当至少每年对现金流量缺口限额进行一次评估，必要时予以修订。

2. 现金流量缺口的设定原则

商业银行应当按照以下原则设定未来特定时间段的现金流量缺口限额：

（1）商业银行应当预测其未来特定时间段内的融资能力，尤其是来自银行或非银行机构的批发融资能力，并依据压力情景下的调减系数对预测进行适当调整。

（2）商业银行应当按照合理审慎的方法计算优质流动性资产变现所能产生的现金流入。

（3）商业银行设定现金流量缺口限额时应当充分考虑支付结算、代理和托管等业务对现金流量的影响。

第五章　网络银行风险管理

现代网络技术，尤其是国际互联网的发展和应用，正在深刻影响人类生活的各个方面。以现代网络技术为载体的网络银行，是 20 世纪最大的金融创新之一。计算机及网络技术的应用是一把双刃剑，既为银行业的发展提供了广阔的空间和手段，同时其自身的脆弱性以及面临的各种威胁也形成了现代金融风险。因此，做好计算机安全管理工作，防范化解金融电子化风险，是一项紧迫、艰巨、复杂和长期的任务。

对于网络银行的安全风险管理可以从技术和管理两个方面入手，从早期的加密技术、数据备份、防病毒到近期网络环境下的防火墙、入侵检测、身份认证等。当然，仅仅依靠技术是难以达到这一目的的，许多动态的安全威胁和隐患依靠产品本身是无法根除的。因此，管理也将成为信息安全保障能力的重要基础。

第一节　网络银行风险管理综述

一、网络银行发展概述

（一）网络银行的产生和发展

网络银行始于 20 世纪 90 年代中期，它是一种"网络＋银行业务经营管理"的模式，该概念是动态发展的。自从美国提出建立"信息高速公路"以来，网络已经从简单的计算机有线网络转变到"三网合一"，提供"3A"式服务已经不存在技术瓶颈。

随着"信息高速公路"的进一步发展，将银行这一内部网络结构进行扩展，与国际互联网进行对接，形成了更大范围的银行网络，这提高了银行业务的工作效率、拓展了其地域规模，因此也就成为各国银行开展业务的重要平台和战略环节。更有甚者认为，网络银行将最终取代传统银行的地位，成为信息技术革命后新型金融中介机构，但事实并非如此，网络银行经营至今一直处于经营业绩不稳定的状态，网络银行破产的案例也屡见不鲜，尤其是成立于 1995 年的全球首家网络银行——美国第一安全银行（SFNB）被收购后，引来了外界的更多关注，与此同时，各国金融监管部门和巴塞尔银行监管委员会（BCBS）也加强了对网络银行的监管。中国加入世界贸易组织（WTO）后，银行业和电信业分别从 2005 年和 2006 年开始逐步对外开放，在这样的背景下，中国的各大银行也纷纷"触网"，建立了自己的网络银行。

纵观国外网络银行的发展史，大致可将其划分为三个时期，即萌芽期、形成期和成熟期。

第一，萌芽期。20 世纪 90 年代中期以前，随着金融电子化和国际互联网的迅猛发展，客观上要求银行将这些新技术运用于传统的经营管理，如内部的网络化管理、建立银行站点、提供在线服务等。该时期所有业务的开展大多依托于传统的分支机构，又称为网上的传统银行业务。也就是说，网络成为银行实现基本功能的另一个使用平台。

第二，形成期。这一时期以 1995 年 10 月全球首家网络银行——美国第一安全银行的建立和美国花旗银行第一次在互联网上设立自己的网站提供金融服务为标志。前者称之为纯互联网银行；而后者则称之为"水泥＋鼠标"型银行。此外，还有以互联网为主的银行等组织模式。该时期银行所有业务的开展大多独立进行，当然，"水泥＋鼠标"型银行（也称之为分支型互联网银行）亦可为其他非网上分支机构提供辅助性服务。

第三，成熟期。随着金融电子化和国际互联网技术的进一步发展，社会经济中各行为主体，如家庭、厂商、政府、金融机构等实现了完全的（至少是很高程度的）电子化，网络经济的波动不会从根本上改变网络银行的发展趋势，金融产业的定位随着电子商务的发展已做好相应的调整。

（二）网络银行发展的主要模式

纵观世界各国网络银行的发展，大致有两种模式，即纯网络银行的发展模式和与传统银行相结合的网络银行发展模式。

纯网络银行又属于狭义的网络银行，一般没有分支机构、营业场所或自动柜员机，它只借助互联网来提供各种金融业务。纯网络银行的发展，以美国的印第安纳第一网络银行和休斯敦的康普银行为典型代表，它们采取了两种不同的经营方式，前者是全方位地开展金融服务，后者则注重特色化服务。纯网络银行是银行业革命的理想化境界，但由于其在经营中遇到困难，往往难以生存。比如，美国第一安全银行在开业三年以后于 1998 年 10 月被加拿大皇家银行财务集团收购。

传统银行在发展网络银行业务时一般采用两种方式，即收购现有的纯网络银行或建立自己的网络银行。采取收购现有的纯网络银行做法的主要有加拿大皇家银行，它于 1998 年 10 月以 2 000 万美元收购了美国第一安全银行（不包括技术部门），不仅是为了盈利，而是有其战略目的的，即为了进入美国的金融零售业务市场，扩大在美国金融业的业务份额；可以利用该银行吸收的存款，投资于加拿大的中小企业，以获取收益。更重要的是，这种做法使加拿大皇家银行站在了网络银行发展的最前沿。

世界上越来越多的传统银行采用建立自己的网络银行这种方式发展网络银行业务。最早开展网络银行业务的是美国威尔士·法戈银行，该银行位于加利福尼亚州，是美国最大的银行之一，分支机构分布于美国 10 个州。威尔士·法戈银行于 1995 年 5 月开始提供网络银行服务，至 1997 年年底，其网络银行的客户已达 43 万户，远远超过了美国第一安全银行。

20 世纪 90 年代，银行兼并的浪潮席卷全球，美国、日本、英国、德国、法国、意大利和瑞士等国都发生了银行业的大规模兼并。随着金融全球化趋势的增强，网络银行也出现了全球化的趋势。2000 年 7 月 3 日，西班牙乌诺·埃公司与爱尔兰互联网银行第一集团公司正式签约，组建业务范围覆盖全球的第一家网络银行——尤诺第一集团公司。两家公司的跨洋重组可谓强强联合，合并总值达 15.8 亿欧元。尤诺第一集团公司从 2001 年第一季度开始把业务范围覆盖到全欧洲以及南美国家；此外，还同新加坡海外联合银行签署了合约，以发展在亚洲的业务。尤诺第一集团公司的领导者称，两家公司的联手是为了迎合电子商务发展的新趋势，其最终目标是建立全球最大的网络金融服务体系。

从上述内容可以看出西方国家网络银行的发展模式和方向，而我国网络银行的发展明显地受到互联网与电子商务发展的促进。同时，金融创新是我国银行和金融监管部门面临的当务之急，而网络银行在经营理念、银行业务、管理以及市场等方面都存在着创新，故大力开拓网络银行业务已成为我国金融界发展战略的重点内容之一。

（三）我国网络银行的发展现状

纵观我国网络银行的发展可以发现，我国网络银行全部采用了与传统银行相结合的网络银行发展模式。招商银行（以下简称"招行"）于 1998 年 4 月推出网上支付业务，随后中国建设银行、中国工商银行等都推出了网络银行业务。自2001 年开始，我国网络银行的业务量开始明显上升。2001 年，国有银行和股份制银行的网络银行业务交易金额已超过 2 万亿元，交易笔数达到 831 万笔，分别是 2000 年的 3 倍和 12 倍。

2002 年，在国内正式建立网站的商业银行为 41 家，其中中资银行有 31 家；开展交易型网络银行业务的商业银行为 31 家，其中中资商业银行有 21 家；网络银行的企业客户超过 6 万户，个人客户超过 4 000 万户；网络银行业务交易额、交易笔数分别较上年增长 218.3% 和 360.2%。

随着网络银行的发展，网络银行业务的种类不断丰富。传统商业银行可以提供的业务如今几乎都"转战"到网络银行。从转账、查账和在线支付为主的基本业务，到网上贷款、增值业务等新兴业务，再到股票、证券、基金和外汇等投资理财业务，客户通过网络银行办理都可以实现。中信银行还率先推出了网上代缴养老保险等新兴业务。由于网络银行的迅速发展，网络银行业务占整个银行业务的比重不断攀升。以中国农业银行为例，中国农业银行致力于通过电子渠道促进柜台业务分流和全行的业务转型，提高了电子支付的使用率。

外资银行开始进入网络银行领域。目前，获准在中国开办网络银行业务的外资银行包括汇丰银行、东亚银行、渣打银行、恒生银行、花旗银行等。同时，自从由汇丰银行控股 19.9% 的交通银行于 2005 年 6 月在香港成功上市以来，我国各商业银行也纷纷加快了引进国际战略投资者和增资扩股的进程，如美洲银行斥资 30 亿美元购买中国建设银行 9.9% 的股权，高盛、德国安联和美国运通联合出资购买中国工商银行 10% 的股份，通用电气出资 1 亿美元购买深圳发展银行 7.5% 的股权等。截至 2022 年年底，我国网络银行用户已经超过 10 亿户。这表明，网络银行已经深入人心，或为人们生活中不可或缺的部分。

从上述分析中可以看出，我国设立网站或开展交易性网络银行业务的银行数量增加，网络银行业务量在客户数和交易金额两个方面迅速增加；外资银行开始进入网络银行领域；网络银行业务种类、服务品种增多。

二、网络银行与传统银行的区分

网络银行并不是简单地将传统银行业务通过网络化来进行。与传统银行相比，网络银行的性质特点、业务种类、经营管理模式、资产负债结构，以及风险管理的内容均有了明显的不同。

（一）网络银行与传统银行的性质特点区分

如果将传统银行看作"有形"的银行，那么网络银行则是"无形"的银行。前者强调其物理性，如建筑物的地理位置和交通便利以及银行的工作时间等；后者具有虚拟性。一方面，客户通过计算机、电话等操作方式直接指令计算机网络系统处理银行业务；另一方面，以无人化的电子机器群或单机构成的网点取代传统的人工为主的银行网点。

网络银行是终端机和互联网所带来的虚拟化的电子空间，只有网址，没有地址（至少可不必像传统银行那样强调其各级分支机构的地址）。网络银行可以利用全球覆盖的互联网十分便捷地突破时间和空间的制约，既可以提供传统银行业务，也可以提供通过借助信息技术的创新业务。以全球化为主要特征的互联网也为网络银行的国际化提供了便利；相反，传统银行历经了机构国际化、业务国际化和市场国际化后，最终才带来银行金融资产及收益的国际化。

网络银行主要通过职能资本和少数智力劳动者来提供各类银行服务；相反，

传统银行则主要通过物资资本和众多职员来维持正常运营。与传统银行相比，伍军和齐亚莉（2004）的分析表明，网络银行在创设费用、服务成本、维护成本、交易费用以及边际交易费用等方面，均具有比较优势。

（二）网络银行与传统银行的业务种类区分

根据不同划分标准，我们可以对传统银行业务进行多种分类：按客户情况对象的不同，可以将银行业务划分为个人客户业务和公司客户业务；按资产负债情况，可以将银行业务划分为资产业务、负债业务和中间业务；按业务发生的区域，可以将银行业务划分为国内业务、国际业务和离岸业务等。由于网络银行提供的"3A"式业务，已突破时间和空间的制约，上述分类标准已不完全适用于网络银行业务。

根据 BCBS 的分析，网络银行是通过电子通道，提供零售与小额产品和服务的银行，这些产品主要包括：存贷、账户管理、金融顾问、电子账务支付以及其他一些诸如电子货币等电子支付的产品和服务，且这些业务一直处于动态发展的过程之中。

网络银行业务可具体划分为以下三大类。

第一，基础网络银行业务，其中包括信息服务、客户交流服务和银行交易服务等。在中国，以招商银行为代表的中资银行目前开办的网络银行业务大多以前两种为主，对于个人和企业的网络银行业务，仍以风险较低的中间业务（尤其是结算业务）为主，风险较高的资产负债业务仍处于试点阶段。

第二，新型网络银行业务，主要包括电子支票、B2B 电子商务、B2C 网上支付、B2G 网上业务、发行电子货币和电子支票，以及账户整合服务等。这些业务是银行充分利用互联网的特点和优势设计、开发出来的，充分发挥了网络银行作为支付中介的职能。

第三，附属网络银行业务，主要包括验证身份、帮助小企业进入电子商务、出售软件产品、整合 ATM 网络与互联网，以及企业门户网站等。这些信息技术产品原来是作为生产技术要素在银行内部利用的，但是银行发现除了以这些信息技术产品为要素投入"生产"有关银行业务以外，还可将它们变成商品，直接向市场出售以获取更多的利润，产生所谓的"范围经济"效应。各国监管部门大多要求网络银行不能单独脱离金融服务而向客户专门提供这些服务。

从上述对网络银行业务的分类介绍中可以看出，其业务的性质大多为中间业务。与传统业务相比，这些"3A"式的业务突破了时间和空间的制约；尤其对于那些易于格式化的、劳动密集型的业务，网络银行在提供标准化服务、高效实时业务处理以及降低边际费用等方面具有传统银行无可比拟的优势。但是，中间业务大多不在银行的资产负债表中反映出来，网络银行的风险评估较为困难。此外，网络银行在现金、存折等实物处理方面仍需较高的成本，没有了传统银行的"面对面"服务，"非人格化"的业务特征不利于良好的银企关系的建立。

三、网络银行的主要风险

按照巴塞尔银行监管委员会的标准，将网络银行传统风险主要划分为市场风险、信用风险和流动性风险三大类。其中，市场风险又分为利率风险、汇率风险、商品价格风险和股票价格风险。而上述风险仅为传统银行风险管理中的一部分，按照业务经营过程来划分的话，传统风险还包括投资风险和资本风险。其中，投资风险部分涵盖股票价格风险。网络银行除了传统风险之外，还包括操作风险、声誉风险、法律风险等各类特有的风险。

（一）市场风险

网络银行市场风险中比较突出的是利率风险和汇率风险，其他的业务比重相对较小，暂可忽略不计。与传统银行相比，网络银行的风险系数较高，且对于市场利率的波动更为敏感；为了弥补成本，网络银行在资金运用时不得不面临更高的"逆向选择"风险。网络银行在短期内的迅猛发展，再加上资金运用和客户需求的特性，使得网络银行在利率敞口管理上的难度增加。

由于国际化本身就是互联网的特征，网络银行天生就具备国际化因素。与传统银行的国际业务一样，网络银行的国际业务同样也面临着外汇风险。网络结算机制可以通过净额结算降低外汇风险，但由于业务开放性的特点，同时又增加了外汇风险；此外，其国际业务同样会因为网络银行的迅猛发展、资产负债不稳定等因素，促使其长期的外汇风险暴露。

（二）信用风险

网络银行信用风险主要包括三点内容：①远程贷款客户违约。网络银行将授信扩大到常规市场以外的客户，其征信系统的不完善，有可能使网络银行无法获取客户的真实数据或获取数据的成本相对较高。②网络银行信用业务的开放性。从多样化的角度来看，网络银行可以将风险分散，同时其信用产品的同质化趋势又不利于风险的分散。③电子货币发行人的违约风险。网络银行拥有的电子货币，由于电子货币发行人不需要也不可能保持用于赎回电子货币的100%的传统货币的准备，一旦陷入财务危机或破产时，发行人可能就无法满足对发行电子货币的赎回要求而形成信用危机。此外，电子签名的安全性也增加了网络银行的信用风险，从而诱发电子货币运作过程中的系统性风险，并有可能导致金融危机。

（三）流动性风险

网络银行流动性风险包含两个层面的不同内容：一是电子货币的流动性风险；二是传统货币在网络银行中的流动性风险。前者是指发行的电子货币流动性不足或网络银行无法满足突然增加的兑现电子货币的需求，该风险的大小与电子货币的发行规模和余额有关：发行规模越大，用于结算的余额越多，发行人不能等值赎回其电子货币的概率越高，流动性风险越高。后者是指网络银行交易的便利性促使其各货币层次之间的货币性差异缩小，网络银行的迅猛发展、交易费用的低廉、期限结构等因素也进一步扩大了流动性的风险。

（四）操作风险

网络银行的操作风险主要包括以下八个：

（1）未经授权的访问，如黑客攻击、外部人员窃密以及故意破坏网络银行的系统和数据。电子货币支付命令的发出、接收和资金的传送都是在开放网络上进行的，开放网络的最大特点就是资源共享，即在网络上传递信息的过程中除当事人外，其他第三方也可以观察、截取甚至盗用他人的信用卡号和密码等身份数据，从而引发财产纠纷，给使用电子货币进行交易的真实当事人带来经济损失。电子付款若发生断线、操作错误等问题时，亦可能造成消费者财务方面的损失。

（2）雇员欺诈，如雇员泄密、窃取智能卡，伪造身份进入和恶意破坏等。

（3）伪造电子货币，如犯罪人员篡改或复制电子货币，使用户无偿获取物品或资金等。电子货币只能通过加密、签名等方式而无法通过物理手段加以防伪；由于电子货币对用户来说是完全看不到的，电子伪币比传统伪币更难被查出；由于电子伪币在技术上与电子真币完全一样，只要关键技术被窃取或者以其他手段掌握，伪造起来非常容易，且消费者和零售商无法辨认其真伪，一旦伪币泛滥就会造成发行人的重大损失，从而威胁到电子货币支付系统的稳定性，并有可能导致金融危机。

（4）服务提供商风险。服务商提供的服务未达到网络银行的要求，在系统、数据完整性（或可靠性）等方面存在缺陷。

（5）系统退化风险，即不能确保系统持续、顺畅运行，出现交易过程的迟滞或中断。

（6）雇员及其管理技能落伍，技术进步导致雇员部门未及时或完全理解所采用的新技术或技术升级的特点。

（7）客户安全性经验不足，如客户在不安全的电子传输渠道中泄露个人信息，犯罪者利用泄密信息访问客户账户。

（8）客户对交易抵赖，如客户否认自己完成的交易，要求无偿退款。

（五）声誉风险

网络银行的声誉风险主要包括以下三个：

（1）重大的、普遍的系统缺陷，它会妨碍客户访问其资金或账户信息，影响了商家和普通消费者对电子货币的接受程度，并有可能对整个电子货币系统形成信誉危机。

（2）对安全性的重大破坏，如病毒或黑客入侵网络银行内部的计算机系统。

（3）与另一机构相同（或类似）系统（或产品）中的问题（或误用）。比如，由于相同（或类似）网络银行出了问题，产生类似传统银行业务中的挤兑风险。

（六）法律风险

网络银行的法律风险主要包括以下五个：

（1）向客户披露的信息不充分。网络银行应仔细权衡超出法律底线外信息披露的成本收益，信息披露不充分引起客户未能完全理解其权利义务和争议解决程序，导致不必要的法律纠纷。

（2）未能保护客户隐私，未经客户授权发布客户的有关信息。

（3）与银行互联网的站点出现问题。网络银行应全面理解互联其他站点的法律环境和安全性风险；否则，当与银行互联网的站点出现令银行客户失望或欺骗银行客户的情形时，网络银行将面临客户的诉讼。

（4）认证机构风险。比如，以银行的名义伪造证书，或在未进行身份确认的情况下向伪装成网络银行客户的个人发放证书。

（5）跨国经营的风险。网络银行的跨国业务面临着不同国家的法律要求，如果不清楚不同国家之间的司法管辖权责任，网络银行将面临不可预测的法律事务开支。

四、网络银行业务的风险管理原则

2001年，巴塞尔银行监管委员会（BCBS）的电子银行工作组（EBG）工作报告中制定了电子银行业务风险管理的14项指导性原则，这些原则供各国银行和监管者在制定网络银行风险管理政策和程序时参考。

2003年7月，巴塞尔银行监管委员会又发布了新的《电子银行业务的风险管理原则》，对网络银行风险管理制定了3方面共14项原则。

（一）董事会和管理层监控

董事会和高级管理层负责制定银行的业务战略。在开始提供电子银行交易服务之前，董事会和高级管理层应该对是否希望银行提供此类服务做出明确的战略决策。特别要提出，董事会和高级管理层应该确保电子银行计划与公司战略目标明确地结合起来，并对拟开展的电子银行业务进行风险分析，对已识别的风险建立适当的风险缓释和监控程序，以及按照银行的业务计划与目标，不断检查评估电子银行业务的成果。

此外，董事会和高级管理层还应该适当考虑和解决银行在电子银行业务战略中的操作与安全风险问题。通过互联网提供金融服务，可以大大改变甚至增加传统银行业务风险（如战略风险、声誉风险、操作风险、信用风险和流动性风险），因此银行应该采取一些措施，确保现行的风险管理程序、安全控制程序、对业务外包的尽职调查与监督程序能够针对电子银行服务的发展做出适当评估和相应修改。该大类包括以下三项具体原则：

原则①：董事会和高级管理层应该对与电子银行业务有关的风险进行有效的管理监督，包括建立具体的责任制度、策略和控制措施来管理这些风险。

原则②：董事会和高级管理层应该检查并审批银行安全控制程序的主要方面。

原则③：董事会和高级管理层应该建立全面、持续的尽职调查制度和监管程序，来管理银行在电子银行业务方面的业务外包和其他对第三方的依赖。

（二）安全控制

虽然董事会有责任确保制定适宜的电子银行安全控制程序，但是这些程序的内容还需要引起管理层的特别注意，因为电子银行业务造成的安全问题的难度在日益增大。下列问题尤其显著：身份认证、不可否认性、数据交易的完整性、职责的分解、授权控制、审计跟踪的维持、对关键银行信息的保密。该大类包括以下七项具体原则。

原则1：对于与银行通过互联网发生业务往来的客户，银行应该采取适当的措施对其身份及授权情况进行认证。

原则2：银行应该使用促进交易不可否认性和明确电子银行交易责任的认证方法。

原则3：在电子银行系统、数据库和应用程序中，银行应该采取适当的措施以保证有效分解职责。

原则4：银行应该确保对电子银行系统、数据库和应用程序拥有适当的授权控制和进入特权制度。

原则5：银行应该确保拥有保护电子银行交易、记录和信息等数据的完整性的适当措施。

原则6：银行应该确保对所有电子银行交易进行明确的审计跟踪。

原则7：银行应该采取适当的措施，对关键的电子银行业务信息进行保密。

保密措施应该与传输数据库中所储存信息的敏感性相适应。

（三）法律和声誉风险管理

各国银行对客户及其隐私保护的具体条例和法律不尽相同，但是在信息披露、保护客户数据和保证业务持续可用性方面，银行通常都有明确的责任，使得客户在进行电子银行业务时达到与传统银行业务中相似的满意程度。该大类包括以下四项具体原则：

原则1：银行应该确保其网站提供了足够的信息，可以使潜在客户在进行电子银行业务交易之前清楚了解银行的身份和银行的监管状况。

原则2：银行应该采取适当的措施，确保遵守所在国银行提供电子银行产品及服务方面的有关客户隐私权的规定。

原则3：银行应该拥有有效的能力、业务连续性应急计划程序，以确保电子银行系统及服务的连续可用性。

原则4：银行应该制订适当的突发事件反应计划，以管理、控制和尽量减少意外事件引起的各种难题。意外事件是指阻碍电子银行业务系统运作以及阻碍提供服务的事件，包括内部攻击和外部攻击。

第二节　网络银行传统风险管理

网络银行是通过电子通道提供零售与小额产品和服务的银行，这些产品包括：存贷、账户管理、金融顾问、电子账务支付以及其他一些诸如电子货币等电子支付的产品和服务。同时，银行业务经营管理依托于网络的优势，会呈现出一些新的特性，也会产生不同于以往的风险。

一、网络银行传统风险概述

网络银行的风险不同于传统商业银行的风险，同时网络银行的特征所带来的一些衍生风险也渐渐引起了人们的关注。传统银行业务在网络的基础上加以扩展，除了带来新的风险外，传统风险的内容也发生了变化。

（一）网络银行传统风险的分类

我国的网络银行都是分支型的网络银行，需要借助传统银行的优势来发展自己的业务。为什么我国的银行业采取的大多是分支型网络银行？这一问题的答案有很多，如制度、管制、银行自身战略安排等。

严格按照《巴塞尔协议》对网络银行传统风险的分类，传统风险主要分为市场风险、信用风险和流动性风险。其中，市场风险又分为利率风险、汇率风险、商品价格风险和股票价格风险。而上述风险仅为传统银行风险管理中的一部分，按照业务经营过程来划分的话，传统银行还包括投资风险和资本风险。其中，投资风险部分涵盖了股票价格风险。

除了以上的交集因素之外，可比性也是考虑因素之一，正由于同属于传统风险，我们在进行比较分析的时候可以分别展开，在实证研究的时候也可以采集相同类型的数据，对课题的深入研究较有帮助。近年来，国内学者在商业银行风险管理方面无论是理论界还是业界都开展了不少工作，也有不少理论和经验的积累。除此之外，在网络银行产品定价过程中，国内学者也发现了区别于传统银行的风险溢价问题。就网络银行传统风险来看，其不仅受到传统银行风险管理的因素影响，如利率、汇率、违约率等，还受到其他因素的干扰，也就是在交集之外的一些风险因素。美国 FDIC 公布的一些数据显示，网络银行传统风险中的许多指标波动性要大于传统银行。

从国内外研究来看，已经出现了不少关于网络银行的理论研究，包括电子货币、网络银行业务、网络银行优势等方面，当然也包括网络银行的风险研究，但由于交集这一因素的存在，单独对于网络银行传统风险进行研究的文献还不是很多，而本书在巴塞尔委员所发布的有关网络银行风险管理框架指导的基础上，通过对传统风险的单独分析，试图找出交集中的特殊性，从而进一步说明研究网络银行中的传统风险的重要性。本书在巴塞尔委员会的风险管理指导意见下构建了传统风险比较分析的理论依据；通过有效的方法对风险进行测量，找出影响网络银行传统风险的因素；最终从实际角度出发，说明交集的不同之处。

本书在巴塞尔协议的基础上，结合我国的实际情况对网络银行传统风险进行分类，如图 5-1 所示。

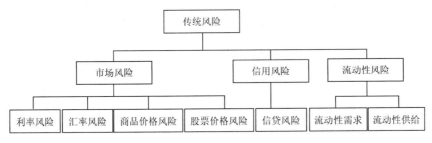

图 5-1 网络银行传统风险的分类

从图 5-1 中就能清晰地看到，本书的研究内容主要选取传统风险中的市场风险、信用风险和流动性风险三个方面。其中，市场风险又分为四个主要部分来阐述，分别为利率风险、汇率风险、商品价格风险和股票价格风险；信用风险中主要涉及的是信贷风险，也简单涉及了债券的信用风险；而流动性风险部分是从流动性需求和流动性供给两个方面来看整体的流动性风险。在图 5-1 中，信用风险和流动性风险之间可以用一条虚线连接，因为流动性风险所描述的是银行的内部信用风险，而信贷风险和债券信用风险是银行的外部信用风险，两者之间既有联系又有区别。

（二）网络银行中传统风险管理的重要性

对于网络银行风险的分析可以从各个角度展开，本节选择网络银行中的传统风险作为切入点，主要由于网络银行在国内更大程度上以传统银行为依托，而传统银行业务通过网络银行这一载体形式得到进一步发展。为了分析传统银行风险在网络银行中的重要性，就要从银行业同一般行业进行比较开始。

在一般行业中，企业的主营业务是和采购、生产、销售有关的流程，在整个过程中流转的是原材料、在产品和产成品，而和货币有关的部门如财务、融资、会计等都作为职能部门来展开业务。

在银行业，货币是主要的经营产品，产品特殊性所衍生出来的风险在企业中可能仅受到财务部门的考虑，而对于银行业风险的研究最终都将回归于货币价值的变动。

此时，可以将网络银行和传统银行进行比较。从结构上看，网络银行是将银行的经营业务在电子通信的平台上进行扩展，银行所经营的仍然是货币，虽然仍可能是国家强制执行的法定货币，但是此时的货币在流通过程中不同于传统银行，它需要通过互联网特定的协议、格式和编码进行传输，整个开放性的网络结构可能会使流通过程中的货币信号产生损失，从而带来一定的风险。

不过可以看到，网络银行这一"网络＋银行经营管理"形式的根本在于银行业务的开展，如果将技术作为卖点，可能就背离了金融业的特征。

网络银行一般可以分为分支型网络银行和纯网络银行。前者是以传统银行为依托，在全部网络银行数量中占大多数；后者是独立的网络银行。我国的网络银行全部都是以传统银行基础上的网络银行业务为特色，事实上很多实践和理论都证明了这一方式的可行性，在混业经营情况下的流动性风险要小于分业经营或纯网络银行独立经营的模式。

从国外许多网络银行倒闭的案例中可以发现，几乎没有一家银行是由于技术原因而最终倒闭的。从最早的美国第一安全银行（SFNB）到较近的维斯潘银行的倒闭，无一不是由于银行业务经营不善所引发的问题。

不仅是在银行业，整个电子商务领域在经历了一段时期的萧条以后，人们也清醒地意识到单靠技术作为热点的电子商务是不能持续很久的，在新的电子商务热潮中，信息技术纷纷和实业相结合，如企业的流程再造、ERP、MRP等。从这一发展规律来看，银行业的电子技术革新也应该建立在注重实务的基础上。

从上面的分析可以看出，银行业务是网络银行管理的关键，而网络等技术是一个平台，这一平台服务于银行业务，当然银行业务在这一平台上会呈现出新的风险特性，即网络银行的传统银行风险。传统风险在网络银行的重要性还不仅如此，主要可以归纳为以下六点：

第一，网络银行的产品特性决定了传统银行风险在整个网络银行风险管理中的地位，即网络银行究竟是以技术还是以银行业务为利润增长点的问题。

第二，从电子商务的发展趋势来看，银行业在发展网络银行业务的同时也应该重视银行业务的开展以及由此产生的传统银行风险。

第三，从银行监管的角度来看，网络银行的传统风险研究事实上已经包含了技术风险的研究，对于技术变化后的传统风险研究要比仅通过技术谈风险更有说服力。

第四，随着同业竞争和非银行金融机构对银行业务的渗透，传统银行风险管理不只是银行业所要关注的问题。

第五，网络银行的基础构架一般都是外包给国外几家技术公司如 IBM、Oracle 等来完成，在技术上没有很大差异的情况下，评估一家银行风险管理的情况将回归到传统风险的管理上来。

第六，传统风险由于技术和网络银行其他风险的影响，在风险评估方式和管理方式方面都有了新的变化，这些都值得我们进一步研究。

综上所述，从内部的银行产品、管理因素，外部的行业趋势、业界监管，包括竞争等因素来看，传统风险在网络银行管理中的地位不容忽视，相应的风险管理也将在"传统"的外衣下呈现崭新的面貌。

二、网络银行市场风险

市场风险可以具体分为利率风险、汇率风险、股票价格风险和商品价格风险。根据银行业市场风险管理的经验，各类风险由风险的敞口和波动共同作用而成。下面，我们就各类风险逐一展开分析。

（一）利率风险

利率风险一般针对债券而言，认为利率升高时会带来债券价值的下跌。而对于银行来讲，资产和负债两方都要受到利率波动的影响：利率的上涨会使固定利率的资产受到损失，使相应的负债获得收益；反之利率下跌，则会产生相反的情况。相对于传统的商业银行，网络银行会采取更具有进攻性的资产（贷款及其他资产）和负债（主要为存款）策略。

银行的存款对社会其他单元来说也是一项资产，这项资产的价格就是由利率所决定的。那么，网络银行该采取怎样的利率来反映真实的资产价格呢？根据资产定价模型，资产的价格可以由无风险价格加上风险溢价所构成。在 CAPM 模型中，决定最终资产价格的因素取决于 β 系数，从这一理论上看，由于分类中所体现的网络银行风险项目数量要多于一般银行，那么从数量上就决定了这一系数会高于传统商业银行的风险系数。因此，网络银行在理论上会定出高于传统商业银行的价格。事实上，很多国家纯网络银行的存款利率往往会比一般商业银行要高，其中除去营销目的的溢价以外，其余就是对额外风险的补偿；而分支型的网络银行由于大部分业务是依托传统商业银行的形式来开展，因此定价方面没有很大的差别。在我国，国内网络银行的存款利率和传统商业银行也没有差别，同是分支型的网络银行，我国正在利率市场化进程之中，而根据网络银行风险水平进行定价不失为一种合理的方法。

从资金运用方面来看利率风险，网络银行的资金运用需要比一般银行更具有进攻性，其中一个重要原因就是网络银行的高额资金来源成本。为了要弥补成本，网络银行会将资金投入高收益的资产中去，而这类资产大都具有期限长、风险高的特征。

相对于纯网络银行，分支型的网络银行和传统银行在资产运用方面的利率风险就不会这样敏感。一方面，存款定价风险系数的不同会降低资金来源的成本，银行可以更合理地分配其资产格局；另一方面，网络银行和传统商业银行之间的利率风险会存在一个相关性关系，如果是负相关的话，那么分支型银行这一形式的利率风险会小于其他两种银行形式。

上面从利率波动和利率敏感性两方面对网络银行进行了比较分析，作为利率风险中的因素之一，利率波动在网络银行的作用要不同于其他银行；同时，利率要通过风险敞口才会引起实际的风险。这一缺口主要是由资产、负债的利率和期限错配所引起的结果。一般来说，银行吸收存款之后，除一部分用于准备金以外，其余都会投资于收益性资产，因此存款和贷款这两项的扩张和收缩的趋势是相同的，但在这一趋势中，存贷款的期限、利率并不相同，因而存贷款对利率的敏感程度也不同。

可以想象，由于网络银行的交易便利性使得各种利率政策的变动所引起存贷变化的波动可能更为剧烈，同时网络银行可能采取的高收益贷方项目的增加，会进一步扩大缺口，从而扩大风险。此外，由于网络银行处于起步阶段时，存款和贷款都处于上升期，这时如果增长不同步，期限差别又明显，那么这样的网络银行的利率风险就更大了。

（二）汇率风险

从国外的网络银行来看，外汇风险并不是银行面临的主要市场风险，跨国界的网络银行发展也不如在国内来得迅速，而在国内网络银行的外汇业务也并不占主要份额。但可以预见的是，在不久的将来，网络银行的跨国界特性会得到越来越多的体现。首先，由于虚拟网络的边际成本要较传统商业银行的机构形式低廉许多，网络银行的跨国界成本没有传统商业银行那么高昂。其次，随着越来越多的企业走出国门，为跨国银行业务开展提供了机会。

网上汇率风险的特殊性较少，但是跨国业务将会带来其他风险的提高。银行业的汇率头寸持有可以多样化，从理论上讲，由于网络银行开放性的这一特点，只要能够上网的场所都能够和网络银行相通，该地区的客户就能够享用网络银行所提供的服务。在实际操作过程中，国家会在政策法律上对跨国银行实行限制，跨国银行大都要受到东道国和本国监管机构的双重监管，同时资金的流向也会受到限制，因此对于政治风险的考虑将成为网络银行经营跨国业务时的一项重要工作。同网络银行的利率风险类似，在进行汇率风险管理时，银行也需要考虑到汇率风险的敞口和汇率的波动。从银行角度对汇率风险进行观察，既可以将汇率风险最小化作为目标，也可以将风险收益最大化作为目标。外汇管理对银行来说，是以外汇占款的形式存在于资产负债表中，银行可以利用平衡资金来源和用途的方法来控制外汇净头寸，从而使暴露于汇率风险之外的头寸尽可能小。

对普通企业来说，这类风险可以包括折算风险、经营风险和交易风险。将这三类风险引申到网络银行来看，银行作为直接面对企业和个人的金融机构，其对于外汇的交易量要远远大于普通企业，而外汇资金的来源和运用瞬间直接影响到的就是交易风险。一方面，网络银行在进行交易结算的时候，由于其网状的分布结构，对于构建网上净额结算系统具有得天独厚的优势，对网络银行交易方进行净额支付，从交易金额上降低交易风险；另一方面，网络银行这一开放性的结构，使内部网和外部网在物理上处在了同一网络上，自然也提高了交易风险。网络银行在外汇交易时处于这一风险之下，需要考虑上面的两点，才能有效降低交易风险。

交易风险是在合同交割的时候产生的风险，相对于经营风险来看，是一种短期性的风险。经营风险通常是由于汇率风险所引起的未来现金流量的变动，从而这一风险会影响传统银行的市场价值，同样也存在于网络银行。这一风险不仅受到汇率波动的影响，还和银行所持有资产或负债的时间长度有关，时间和风险大小还存在一个正比关系，网络银行和传统商业银行在这一方面具有相同的特性。但是由于此类网络银行的资产负债不如传统商业银行稳定，我们可以近似地认为，将来在开展外汇业务同时也会出现类似的情况，这样一来由于外汇占款敞口的不稳定，为网络银行的汇率风险管理带来了难度。

当然，网络银行的汇率风险管理不仅可以采用上述平衡资金头寸的防守战略，还可以将所持有的外汇占款看作一项投资产品，利用自身的跨国优势（理论上可以通过网络将银行产品以低廉的成本传送到许多国家和地区），增加币种的持有种类数量，将汇率风险中的非系统风险最小化，预期到的非系统风险可以通过金融衍生工具加以保值，同样也能达到降低风险的目的。当然，银行在管理此类风险的时候也可以采取更积极的战略，如预测汇率的走势，有意识地扩大某种比重的净头寸，以达到盈利最大化的目的。

（三）股票价格风险和商品价格风险

在银行的资产负债表和表外项目中一般看不到股票投资和商品投资，这部分原因大都是由于政府管制和银行自身对风险的控制。虽然此类风险并未直接影响到银行的风险敞口，但银行还是难以避免受到其影响。

首先，从银行贷款这一方来看，银行贷款给各类企业的同时，也会受到商品价格波动的影响，商品价格风险会通过信用风险等其他风险的模式转嫁到银行。当这类企业的商品价格波动影响到企业的现金流量乃至经营业绩的时候，就会进一步影响到企业的还款能力。这样一来，银行就会产生相应的经营风险和信用风险。如果企业是以某类商品进行抵押或是质押，那么由于抵押品的价值发生变化，对银行来讲也会造成损失，这一类中最明显的就是房地产抵押贷款。

其次，银行除了发放贷款以外，业务还会涉及不少金融衍生产品，如期货、期权等，或多或少都会涉及商品或是货币的价格。银行业最著名的案例之一就是巴林银行的倒闭，这在很大程度上是由于交易员里森持续做多日本股市，最终导致百年银行的倒闭，其中除了银行的交易风险和委托代理人风险外，就是对于商品风险没有正确的认识。

三、网络银行信用风险

信用风险主要存在于信贷风险和投资风险之中。由于网络银行的特点，分别会为信用风险带来有利和不利两方面的影响。

为了更清晰地了解网络银行同传统商业银行在信用风险方面的优势与劣势，我们可以分别从结构性、技术性、衍生特性等角度来分析。同传统商业银行相比，网络银行具有以下五个方面的优势：

第一，从理论上看，跨国界的形式更适用于网络银行，地域的多元化将有利于风险的分散。每一个国家都具有不同的经济周期、收入水平、消费者习惯等，由种种不同因素导致的不同信用水平在银行信用管理的时候相当于为银行提供了一揽子的产品，而这类信用组合的关键因素在于其相关特性，就如同外汇风险一样，每个国家内部都会有不同的系统风险和非系统风险。站在国际化战略的高度，能够通过跨国战略将系统风险进一步降低，是网络银行管理信用风险的优势所在。

第二，从消费者对网络银行的使用动机来看，主要是在传统银行业务的基础上进行选择性的使用。金融产品的创新并没有由于网络的普及而得到体现，这一点在国内也是比较明显的。换句话说，对网络银行的需求必然是一种基于传统产品的派生需求，在服务产品差异性不大的情况下，就要从服务质量上展开竞争，网络银行的速度和便捷是其最大的优点，但是安全和私密性却是令人担忧的方面。在这个基础上，网络银行会越来越集中于某一项业务的开展，这样的专业性经营便于网络银行专注于某一类信用风险管理，同时也带来了专业性的加强，这样的一种能力类似于经济学中的规模效应，而这是由于技术的专业性使得学习曲线进一步优化所引起的结果。

第三，由于计算机将参与到信用授予的工作中去，会在一定程度上弱化自然人在授信过程中的作用，也就降低了银行内部委托代理风险。在建立长期的审查和控制机制方面，网络银行得天独厚的优势恰恰得益于其相对于人的独立性，从某种程度上讲，这将有利于委托代理风险的分散和降低。

第四，从内部来看，网络银行的模式更有利于银行知识资本的保存。以往的传统授信工作依赖于人，自然也会将大量的信息置于银行信贷员的身上，而一旦人员流失或是调动，则这部分信息可能会受到破坏，即便是利用一定的传递机制也不能保证人与人之间的信息完全传递。在这一过程中，一旦信用风险恶化，也将造成损失。而这一部分知识资本的利用和保存，需要有一个与人独立的保存和传递机制，在这一情况下，网络银行也将提供传统经验、口授或文件的传递模式。

第五，网络银行的最大价值还在于它本身的结构性。经济学中就有所谓的随波效应来说明网络的特点，随着更多的银行借用网络银行这一形式开展竞争，无形中也加强了各家网络银行之间的联系，数据量的丰富将大大加强社会征信系统的建设，同时也提升了银行之间的信息共享能力。可以这样认为，无论是从银行的内部还是从银行的外部来看，网络银行的出现都会形成一种正反馈，从而带来正的外部社会效应。

从劣势方面来分析，网络银行由于其结构性、技术性和外部性的特点，同样存在一定的缺陷，主要有以下五点：

第一，不论是从国内还是国外来看，网络银行在授信过程中并不能完全替代人的工作，因此需要在人与机器互动的过程中加入一个培训成本。这对于目前尚未建立网络银行的商业银行来讲就是一项沉没成本，无疑也形成了一定的技术与经济壁垒。此外，网络银行还存在一个替代效应。一家传统商业银行同时增开网络银行业务，那么传统商业银行的市场份额势必要受到本身网络银行的侵占。虽然在银行业还没有特别多的例子，但是在电子商务的案例库中，已经存在有一些传统业务受到本身电子商务同类业务负面影响的情况。

第二，虽然网络银行存在正的外部效应，但是社会征信系统的建设在初级阶段，很多信息库尚没有完全建立起来。在这样的一个大背景下，开展全面的网上信用发放风险显然是非常大的，同样也不符合风险管理的初衷。只有在社会征信结构和征信内容得到全面完善后，正的外部效应才能充分体现出来。

第三，网络银行信用风险中的非系统风险较大。虽然网络银行将来能够通过跨国界的优势将系统风险分散和降低，但就目前的情况来看，只有少数几家跨国的大型银行机构能够有实力提供此类业务，而且这类业务往往也受到当地法律的种种限制。此外，消费者的派生金融需求不仅为网络银行带来专业性优势，也将过多的非系统风险集中于网络银行。

第四，网络银行对于利率的敏感程度和传统商业银行也不相同，这一点在利率风险的分析中已经有所说明。由于网络银行的利率定价中的风险溢价要略高于传统商业银行，因而定出的利率也会较高。在这一情况下，银行的盈利需要高风险的资产配置来支持，这样一来，其受到利率波动的风险就会更大；同时由利率变化所引起的违约风险也是银行在信用授予时所必须要考虑的。

第五，也是最为关键的一点，至今为止立法上虽然承认电子签名的有效性，但是在技术上还是难以保证其唯一性。虽然各类的签名算法试图用精密的数学计算来确保密钥的唯一性，但是无论是常用的 Hash 算法还是其他算法，理论上的不可逆性和唯一性一次又一次地被打破，使得电子签名的唯一性受到挑战。从这一角度来看，在信用的发放和回收过程中依然存在假冒及数据篡改的可能性，这使得网络银行本身的信用遭到质疑。

通过对网络银行优势和劣势的比较，可以在信用风险方面得出一个大致的结论：第一，网络银行既有跨国界的优势，可以将风险分散，又有产品集中的趋势，不利于风险的分散；第二，网络银行能在一定的程度上降低委托代理风险和专业经营程度，但是其利率敏感性和总体系统风险较高。

四、网络银行流动性风险

在不改变流动性的定义，即一项资产的变现能力的情况下，可以比较传统银行和网络银行的流动性风险的异同之处。流动性风险主要来自流动性供给和流动性需求的波动，包括结构、期限、数量等多方面。

一般而言，网络银行借助其便利性和高效率的工作方式能够吸引到许多有此需求的客户。近年来，无论是在国内还是在国外，网络银行发展速度、规模及数量都证明了这一点。在网络银行发展的短短几年中，存贷额度、产品数量都有了很大的进步，但同时网络银行的发展也有其脆弱的一面，在发展的大背景下，也存在网络银行破产清算的现象。此外，银行的经营业绩也并非一直稳步上升，这同样是人们所关心的一点。下面，我们就从流动性风险的角度来研究网络银行和传统商业银行的区别。

本节中的货币对象考察的是一般意义上的货币，即国家的法定货币，并不将电子货币考虑在其中，主要因为：第一，电子货币尚未计入货币总量；第二，电子货币发行单位目前在整个金融体系中的比重也比较小。因此，本节在研究流动性风险及后续章节涉及的风险测量和案例分析中都是将传统货币作为观察对象。一般我们将货币按照流动性划分为 M0、M1、M2 等，相应的货币政策也是针对上述的层次而进行的。而对网络银行的客户而言，不同货币工具的流动性差异日益缩小，各层次货币之间的界限正在淡化。这类差异的缩小是由于技术的进步和转换速度的加快而使其流动性得到强化，简单来说，客户使用网络银行的目的就是希望获得更大的流动性。

从上面的分析可以看出，网络银行内部信用变化的原因之一就是外部的货币需求发生了变化。同时，这类对于流动性的更高要求自然也增加了网络银行的流动性风险。上面从便利程度的角度分析了网络银行流动性的风险，此外，交易费用也是流动性风险需要考虑的一个因素。网络银行的交易成本要比传统商业银行低廉，这一点不仅对银行来说是如此，对客户来说同样如此。

从理论上看，在转换成本较低的情况下，各类银行产品之间就会有较大的可替代性，因此也就增加了不稳定的因素。由于交易费用的低廉，网络银行的用户比较愿意持有利率较高的产品，同时减少持有利率较低的产品。相应地，网络银行为了实现利润的经营目标，同样也会投资于收益较高的资产，因此在银行流动性需求和流动性供给两个方面都会体现出较大的波动性，这一点将在后续案例分析中得到相应的验证，从而较低的转换成本也促进了流动性的增强。当然从流动性来源和需求的交易成本来分析只是一个方面，这类分析还可以从流动性供求的数量、种类和期限结构分别展开。

除了上述的交易成本是造成网络银行供求数量不稳的一个因素之外，发展速度同样也是一个原因。近几年是网络银行的一个高速发展期，其规模的增长速度要超过传统银行，但相应地也产生了一个问题，即在这个上升通道中，流动性供给和需求增长速度以及波动程度也是非常大的，最直观地表现在存贷款数量方面的不稳定。这样的供求不稳定常常会造成超额的供给或需求，这对银行来讲会引起直接经济损失和机会成本，严重的更能导致银行短期财务危机，甚至是破产清算。从种类来看，存款和贷款都会有"趋利性"的表现，趋利性是伴随流动性的增强而增强的。网络银行在理论上应该能够比传统商业银行提供更高的流动性，因此其产品结构分布也会和传统商业银行有所区别，这类区别将表现为非利率敏感的产品趋向于利率敏感型。同时趋利性的表现也反映在期限的错配，产品结构发生了变化后将对产品的期限造成一定程度的影响，而对于期限（或是久期）的管理是流动性管理中的重要方面，因此这一差别也向流动性风险管理提出了挑战。

此外，由于以上所论述到的差异因素最终导致单个网络银行和传统商业银行平均水平的流动性需求波动呈现出较小的相关性，且流动性供给呈现负相关的特性。这样一来，就可以通过资产有效分配来达到流动性波动最小化的目的，这也为流动性风险提供了管理工具。

除了以上的一些主要区别以外，影响流动性风险的因素还有许多。从银行内部和外部来看的话，还存在网络银行业务模式、客户消费习惯等因素，但这里不再对这些因素展开分析了。

第三节　网络银行安全风险管理

随着网络银行的快速发展，网络效应促使金融机构与外部的互联越来越多，但在网络给金融业务发展带来便利的同时，安全问题也将随之浮出水面。目前，银行网络主要面临的安全问题既包括银行内部网络运行过程中出现的网络故障，也包括由于外部因素引起的安全问题。

面对越来越严重的网络安全趋势，不仅需要对现行网络构架的安全风险进行准确评估，而且要求网络银行引入新的理念和措施，确保网络银行安全。

一、安全风险概述

从 20 世纪 90 年代中期以来，电子商务在金融领域广泛应用，特别是对银行领域的快速渗透，对银行业传统的经营模式和经营理念产生了巨大的冲击。依托于互联网技术的网络银行，其业务领域也发生了翻天覆地的变化。网络银行不仅为用户带来前所未有的便利，也为金融界的发展起到了巨大的推动作用。网络银行的优势对用户来讲主要体现在交易渠道的便利性，用户可以不必亲自去银行网点办理相关业务，在任何能够接入互联网的地点都能够随时进行资产管理、办理查询、转账、缴费等经常性业务。从这方面来看，其优越性是显而易见的，但在面对这一新兴事物时，其安全性问题却成为用户心中的一个顾虑。

由于银行业务网络与开放式的互联网相连，使得网络银行容易成为黑客入侵和恶意攻击的目标。此外，目前网络信息环境和法律环境尚未完善，国内已经出现黑客攻击和仿冒银行网站的恶性事件，由此产生的示范效应给用户心理上造成了不良的影响。

国际标准化组织（ISO）对"计算机安全"的定义是：为数据处理系统建立的、采取技术和管理的安全保护，保护计算机硬件、软件数据不因偶然和恶意而遭到破坏、更改和泄露。

计算机安全可以分为两个方面：物理安全和逻辑安全。物理安全是指系统设备及相关设施等物理条件受到保护，免于损坏、遗失等。逻辑安全包括信息完整性、保密性和可用性。其中，完整性是指信息不会被非授权修改及信息保持一致性等；保密性是指保障信息仅为那些被授权使用的人获得；可用性是指合法用户的正常请求能及时、正确、安全地得到服务或回应。

网络系统的安全问题主要有两方面：安全控制机构故障和系统安全定义缺陷。前者是软件可靠性问题，可用优秀软件设计技术配合特殊的安全方针加以克服，而后者则需要精确描述安全体系结构。为此，对内联网需要解决的问题是：重要信息的保密性、网络系统的安全性。

从网络银行的角度来看，开展网络银行业务的企业将承担比用户更多的风险，除了安全风险本身以外，与之相关的还包括声誉风险、法律风险和其他银行风险等。因此，我国在现有的如招商银行、中国建设银行、中国银行等网络银行内，都建立了一套严密的安全体系，包括安全策略、安全管理制度和流程、安全技术措施、业务安全措施、内部安全监控和安全审计等，以确保网络银行的安全运行。下面，我们将网络银行的安全风险划分为四个方面分别加以分析。

（一）银行业务交易系统的安全性

网络银行业务交易系统是银行业务服务的扩展交易渠道，也是建立互联网络金融服务的新形式，用户可以通过互联网便捷地接入银行核心业务，从而进行各种资金交易。同时，互联网又是一个开放式网络，银行交易服务器是架设在互联网络的公开站点，虽然具有防火墙和CA认证加密等安全技术手段，但网络银行系统的开放性是一个不争的事实。因此，如何确保网络银行业务交易系统的安全，将关系到整个银行内部网络的安全，也是网络银行建设中至关重要的问题之一，同时保证用户资金安全是网络银行业务的根本出发点。为防止交易服务器受到攻击，目前比较常用的技术措施包括以下三种：

1. 设立防火墙，隔离相关网络

一般采用多重防火墙方案，其作用为：①通过软件和硬件技术，人为地在互联网与交易服务器中间设置屏障，防止互联网络非授权用户的进入；②作为交易服务器与银行内部网的分隔，有效地保护银行内部网的安全，同时防止内部网络使用人员对交易服务器的入侵，防止监守自盗的情况发生。这样一来，交易服务器便能独立于外部网络和内部网络，成为虚拟网络上的第三方的服务提供者。

2. 应用高安全等级的网站应用服务器

服务器使用专用的操作系统（而不是我们一般使用的Windows操作系统），借助其独特的体系结构和安全性能检查，确保仅由合法授权用户的交易、诉求才能通过特定的代理程序传送至应用服务器进行后续处理。

3. 全天候不间断实时安全监控

如目前已经获得采用的ISS产品，用此类产品进行系统漏洞扫描和防火墙实时入侵检测，能够取得较为良好的效果。

（二）身份识别和 CA 认证

网络交易是在当事人没有任何接触的情况下完成的，用户可以在任何时间地点发出请求。电子商务发展初期，此类身份识别方法通常是靠用户名和密码对身份进行识别。但是，用户的密码在登录时是以明文在开放网络上进行传输的，很容易被攻击者截获，一旦截获，风险将是巨大的。

在现行网络银行认证系统中，基于"RSA 公钥密码体制"的加密机制、数字签名和用户登录密码的多重保护能确保一个较为安全的认证方式，同样这一认证方式也需要借助第三方的认证中心共同完成。在这一过程中，网络银行将对数字签名和登录密码进行核对，全部通过后才能确认该用户的身份。用户唯一的身份标志就是网络银行所签发的"数字证书"。用户的登录密码将以加密后的密文方式进行传输，确保了身份认证的安全可靠性。数字证书实现了用户对银行交易网站的身份认证，以确保访问银行网站的真实性，另外还确保了用户交易的不可逆性。

由于数字证书的特点，网络银行为开展业务都成立了专业 CA 认证机构部门，专门负责数字证书的签发和管理，并进行网络身份认证。2000 年 6 月，由中国人民银行发起，12 家商业银行联合成立了中国金融认证中心（CFCA），标志着银行安全支付进入了电子商务发展的新阶段。

（三）网络通信的安全性

用户在开放式网络上的重要信息传送（如密码、交易指令等）过程中，必然存在被截取、破译和篡改的可能性。为了应对此类情况，网络银行系统一般都采用加密措施。目前，网络银行使用最广泛的是 SSL 数据加密协议，又分为 128 位和 1 024 位加密形式。

SSL 加密协议最先由美国网景公司研发成功，其目的是在通信节点之间提供秘密并且可靠的虚拟连接，大部分网站服务器和浏览器程序都支持 SSL 协议。用户通过身份认证之后，用户和服务提供方在网络媒介上所传输的数据全部都会用密钥进行加密，直至用户正常注销系统为止。而且每次使用的加密密钥都是以随机方式生成的，这样一来入侵者就不可能从网络上的数据流中窃得任何明文形式的信息。同时，通过数字证书对传输数据进行签名，一旦数据被改动，将与数字签名不匹配，也不可能通过身份认证。SSL协议的加密密钥长度与其加密强度有直接关系，可在浏览器中查到。

二、网络银行安全风险分类

网络银行的安全风险可以从物理安全风险、网络互联及数据传输安全风险等方面展开划分，同时也主要在围绕电子银行管理过程中的电子银行安全策略、内控制度、系统安全、用户保护等方面展开。

（一）物理安全风险

物理安全风险主要是按照国家标准 GB 50173—93、GB 2887—89、GB 9316—88 等加强场地设防。在计算机设备实体安全类别中，要求管理员对场地环境条件进行检测，对计算机网络的中心机房及其延伸点要完善基本环境建设，具备完整的防雷电设施，制定严格的防电磁干扰设施标准，机房内要有针对防水防火的预防工作，对主机房电源要有完整的双回路备份机制。尤其是银行主机机房的物理安全保障措施安全问题。同城异地备份甚至不同城市之间的灾难备份中心都是需要网络银行加强监管的。除此之外，信息处理设备安全、媒体介质安全也是需要重点考虑的内容。

（二）网络互联及数据传输安全风险

随着网络银行业务的发展，业务主机需要和外部系统相互连接。实现跨行资金汇划的电子联行所采用的天地对接基本上是建立在公共通信网络基础上的，开放式的网络环境和网络协议为系统互联提供了方便，但同时也降低了系统的安全性。银行中间业务的发展更是促进了不同行业之间的网络连通，这样的一张公共通信网更需要数据互联的安全保障。网络的连接是引起安全风险的重要源头，需要对不同安全级别的网段之间进行安全隔离。除物理隔离外，逻辑虚拟隔离按照通信方式有几种级别：双工通信、单工通信和按需通信等。按照安全级别的要求可分为简单包过滤、状态包过滤、应用层代理、专有协议隔离等。

（三）网络入侵和病毒安全风险

此种风险的表现形式主要有两类：第一，人为入侵（包括内部和外部）；第二，病毒的网络渗透和传播。目前这两种形式有逐渐趋于统一的趋势，对于这两种行为，网络银行都要进行严格监控，并且需要一个统一平台进行关联监控，以更好地达到安全检测的目的。这样在银行网络中发生入侵行为或蠕虫传播时，网络银行技术人员能够很快确定网络和系统的症结所在，减少故障时间，降低损失。尤其是在结构复杂的网络中，管理员可以迅速定位被感染的服务器，控制传染源。

（四）操作系统安全风险

作为应用程序的平台，操作系统的安全是网络银行信息系统安全的必要保障。为了更有效地预防金融犯罪，杜绝银行内部人员作案，网络银行要求采用的操作系统具有相当高的抗攻击能力，有必要时需要采用 B1 级别的安全操作系统，相当于国防控制水平的等级。

此外，还需要从时间、地点、访问方式等多个方面进行极细致的访问控制，并且要求其动态安全扩展技术使得服务器能够高强度抵御未知的攻击类型，尤其是缓冲区溢出类型的攻击，从而避免损失，为安全管理员争取宝贵的时间。这种防范措施要求各大系统平台都能兼容，并且不依赖特征库的升级即可完成防范功能。

三、网络银行安全风险管理

对于网络银行的安全风险管理可以从技术和管理两个方面入手，从早期的加密技术、数据备份、防病毒到近期网络环境下的防火墙、入侵检测、身份认证等。网络银行在安全技术和产品的研发上不遗余力，新的技术和产品会更凸显安全性的特性。当然，仅依靠技术是难以达到这一目的的，许多动态的安全威胁和隐患依靠产品本身是无法根除的。因此，管理也将成为信息安全保障能力的重要基础。

（一）网络银行安全设计原则

网络银行安全设计有以下六项原则：

1.安全性为主与性价比兼顾

网络银行安全方案的设计必须在安全需求、安全风险和安全成本三者之间做出权衡。对网络银行业务来说，由于要面对开放性的互联网结构，所以它的安全性是第一位的，因此要在安全性与开放性、可用性与代价之间综合测算，确定适当的安全风险战略。

2. 网络安全与效率权衡

如前面所述，安全与便利程度是一对矛盾体，网络安全的加强可能会以网络性能的下降和资源消耗的增加为代价，故而在设计网络安全方案时，程序员需要采取多样化的网络安全技术，同时网络性能的衰减也要在一个可接受的程度范围内，包括使用高性能的系统平台和计算机硬件设备、多种复合技术、对原有网络传输煤介进行优化等，最终达到安全与效率的均衡点。

3. 多层次与多重安全保护

该原则意指网络银行通过多种安全技术手段，包括包过滤、加密传输、审计、代理服务、安全扫描等，实现多层次的安全防护；通过防火墙、路由访问表、访问控制等建立多重安全防线。如果通过概率来解释，每一项安全技术都有一定的入侵概率，将这些安全技术共同使用，综合的入侵概率等于各个入侵概率的乘积，如此一来，最后能够成功入侵网络银行的概率可能就很小了。

4. 多个安全单元

多个安全单元是由防火墙、路由器、子网、应用网关等组成的，它具有一致性安全防线的特点。这和上述的多层次原则是类似的结构，多层次原则强调的是技术安全层次，而单元安全原则是建立在网段的基础上，强调的是网段多元化安全管理。

5. 网络分段

建立在第四个原则的基础上，网络分段原则通过物理分段（交换机连接）和逻辑分段（子网）方式，将非法用户与物理资源相互隔离，以限制非法用户访问。

6. 最小授权

最小授权是指建立相互制约的用户授权机制，特别是对于特权用户（包括VIP 用户），更要在安全授权上加以控制，以降低风险程度。

（二）信息安全的内容及其原则

根据以上的原则，我们可以从以下四个角度考虑对于网络银行的安全风险防护：

1. 信息保密内容

信息保密的实施点可以分布于各个部位，包括内网出口、内部各部门间接口、服务器及用户终端等。它包括：信息等级的划分；保密信息的加密存储介质（数据库、邮件、主页等）；保密信息的加密传输手段（HTTP、FTP、SMTP 等）；加密用户群（或工作组）的划分及互通；访问控制、权限分配及身份认证；防篡改（无纸办公、EDI 等）；密匙分割、分发及密码机的管理等。

2. 信息保密原则

这一原则是基于上述各原则的考虑，加密设备是实现信息安全最可靠、也最直接的方案，在对安全网络加密系统进行设计时，应尽可能参考以下原则：①网络设计应与加密体系的设计配合，采用合适的密码和加密解密设备；②加密方案力求实现多层次、全程化，并充分考虑网络容量、速度、路由、节点等指标的效率提升，以及加密体系的维护管理措施。具体来说，就是将数据链路层或 Internet 网络层的线路加密机与应用层的终端加密机配合使用；加密传输与加密存储同时考虑，加密系统要针对网络升级保留一定的冗余；大规模的加密系统要使用远程管理和集中控制。

3. 网络安全内容

网络安全的设施点基本围绕在银行金融网的各个出口处，具体内容包括：安全策略的制定、实施及修改；抵御非法用户从外部对内联网的攻击，主要表现在黑客的攻击与反攻击；控制内部用户对外的访问；对网络运输的信息内容的检查。

4. 网络安全原则

对网络外围设置安全设备和内部网采用安全加密技术，不但要积极防御，而且要能主动反攻击。在网络的周围，需要安置确实有效、可以信任的防火墙，并装有信息监测设备，如电子邮件监测设备、网络扫描仪、报警装置等。在同一系统中，各个网络之间交换的信息必须确保在信道上以加密的形式传输，以防窃取、篡改。网络内部的各终端、服务器，除采用访问控制技术外，还应有的放矢地在信息进入网络之前，对它进行加密。

第四节 网络银行法律风险管理

网络银行业务在降低传统商业银行的运营成本而造就高额利润的同时，也带来了不同于传统商业银行的各种风险，其中包括网络银行业务的法律风险。网络银行业务的电子化交易对传统的法律制度与理念及其内在的内控机制提出了严峻的挑战。这是由互联网本身所固有的性质所决定的，因为互联网存在着迅捷性、开放性及虚拟性等特点，造成了网络银行不同于传统商业银行的风险。

一、网络银行对传统法律的挑战

网络银行的法律风险是与网络银行的先进性相伴相随的。相对于复杂易变的社会经济形态而言，法律制度总是固守相对的稳定。因此，网络银行的存在和发展对传统的法律制度提出了严峻的挑战。当一种现存的经济形态发生变化时，许多新兴的社会关系就有可能游离于传统的法律框架之外，新的事实与旧的法律制度之间不可避免地产生不甚和谐的地方。网络银行所面临的法律问题主要体现在以下五个方面：

（一）金融监管问题

网络银行这种新型的金融方式的监管在各国基本仍由传统的金融监管机构监管，但是网络银行的无边界性，使得跨国金融问题更为复杂。

金融法律监管是通过国家立法的方式由国家对金融业实施监督管理。它是国家进行宏观调控、确保金融运营安全的根本保障。在金融电子化深入发展的情况下，通过现代化技术手段和金融工具，大笔资金可以转瞬之间在全球各国、各个市场之间转移。这种转移具有高度的流通性。为国际金融资本的活动提供了广阔的天地。传统的金融法律监督只是局限于本国内，且是针对以实物货币或票证进行的业务活动的金融监管，而网络金融是建立在计算机空间而不是地域空间上的全球性经济的一种表现形态。网络金融引起的管理方面的根本问题源自电子市场与政治地理之间的脱节。在数字化的世界里，电子货币、控制货币供应量这些概念不再符合传统的假定，即经济边界是有效的，货币的跨边界流动是可以监视和控制的，一个固定的地理区域内的货币总量是重要的。电子货币和数字市场的日益重要性给各中央政府对经济和经济活动参与者的控制带来了难题。

（二）网络银行业务中法律关系的确认和界定问题

网络银行的发展对传统的以纸质流通工具为基础而构建起来的金融法规产生了巨大的冲击，许多法律、法规显然已经不适应或者落后于网络时代的经济发展。除了金融监管体系问题以外，还有一个在网络业务经营方面的基本法律问题是网络金融当事人之间法律关系的确定。

与传统商业银行及其客户的法律关系相比较，网络银行与其客户之间的法律关系出现了许多未知的新领域，如网络银行服务协议的法律效力问题、客户身份问题、电子合同的法律效力问题、电子签名的法律效力问题、网上不可抗力的认定与责任承担问题等。引起网络银行业务法律关系问题的原因还在于网络银行业务的技术特征。网络银行业务的交易主体增多，相应的法律关系也随之变得更为复杂。例如，在一项通过网络银行进行的电子支付中，参与的主体有客户、金融机构、系统运营者、通信线路提供者、软件设计者、计算机制造商等众多相关者。

在一项交易活动中各方当事人的法律地位如何，各自的权利和义务内容如何，都是有待界定的。相应地，随着互联网与银行结算体系的联系日益紧密，结算系统的风险日益提高，当出现某一形式的故障使结算发生错误或障碍时，各自的责任如何划分都是基于对当事人之间的权利和义务的确定。因此，明确法律关系是解决当事人责任的基础，而法律关系的不明是现在网络银行经营业务风险在法律上的首要问题。

另外，网络银行业务中，原先银行和客户之间的利益平衡关系也在发生变化。金融电子化后，电子货币赖以生存的基础是银行计算机网络系统，而网络系统又是开放共享的，这就容易在金融交易中产生法律责任问题。而且由于无纸化的操作使得错误的交易难以及时纠正，也不利于当事人事后举证，一旦发生错误往往会造成很大的损失。同时，金融电子化后，计算机犯罪、信用卡犯罪开始不断出现。黑客入侵、信用卡诈骗等犯罪具有隐蔽性、跨境性和后果严重性等特征，因此对传统的商业银行和客户之间的利益平衡的法律关系提出了挑战。网络银行业务中应更注重银行对客户的义务内容，这也是符合消费者权益保护立法的根本原则的。

（三）网络银行金融活动的税收问题

税收作为国家实现其职能取得财政收入的一种基本形式，同样也受到了网络金融活动的深刻影响。与传统金融活动相比，打破地域疆界的网络金融给传统税制与征管手段带来了挑战，主要表现在以下三个方面：

1. 税收客体

资金划拨作为无形交易带来了税收客体的难以确定，现行税法的征税对象以物流为主，容易监控，而网络金融究其形式是一种信息流，再加上电子加密技术，很难依法准确监控和定义税收客体。

2. 纳税主体

纳税主体由于网络空间身份难以确认，在网络金融活动中，网上的身份往往和现实身份并不对应，且信息不一定确切，纳税主体变得多样化、模糊化、边缘化，这样以属地原则和属人原则为控制要素建立起来的传统税收制度去确认网络金融活动纳税主体就变得极其困难。

3. 税源控制

网络金融活动的跨地域性，对部分属地原则的冲击，造成税收流失，加剧地区之间税源分布不平衡；交易环节模糊，避税问题更加严重，特别是在避税地设立网络银行，在线交易主体之间的关系模糊，更易采取转移所得、转移定价等形式规避所得税。此外，网络金融可能导致所得类型难以区分以及税收管辖权问题等。

（四）网络金融活动中的隐私权保护问题

在网络银行业务中客户的个人信息受到了前所未有的威胁。现代信息技术和网络技术大大提高了个人资料被侵犯的概率，同时也扩大了其范围。网络交易中的个人数据包含了有些在传统的隐私权保护法中不被认为是个人隐私的个人信息，如姓名、邮箱等。而在网络金融交易过程中，客户需要提供大量的个人信息，而这些信息具有经济价值，是客户不希望被他人知晓和利用的信息。在网络世界里，原本传统民法不认为是隐私的信息，也有必要受法律的保护，未经客户许可一般不应向他人披露。因此，在网络银行的环境里，关于隐私权的保护客体有必要扩大，同时，侵犯隐私的行为还具有与一般隐私侵权行为不同的特征。如经营者侵权的动因一般都是从营利目的出发。对银行客户而言，隐私权受侵害的后果除了造成精神上的痛苦，最主要的还是会导致消费者财产上的损失或不得益。例如，将用户的个人信息如身份证号码、信用卡账号透露给第三人更可能导致消费者的巨额损失。

在个人数据收集、个人数据二次开发利用、个人数据交易等环节都可能产生侵犯公民隐私权的问题。网络银行业务中存在着隐私泄露的巨大隐患。一些网站将自己的注册用户资料进行私下买卖，使客户的邮箱中出现了很多的垃圾邮件。另外，现在大多数商业银行网站存在的一个很大的安全问题是：对客户地址、邮箱这样的重要资源的保护力度不大。对于黑客攻击导致的用户个人数据的泄露，银行是否应承担责任，对于银行收集的用户个人信息银行应尽何种义务，这些应该由法律做出明确界定。

（五）网络金融纠纷救济问题

自网络银行产生以来，网络金融的纠纷就与之相伴相随。解决纠纷的司法途径的第一问题是管辖权的确定。虽然传统的跨越国界的法律管辖问题在国际上并没有得到实质性解决，也未形成一个确定的、强有力的统一法律规则，但是在传统的管辖中却存在着确定管辖的连接因素，如当事人的住所、经常居住地、国籍、标的物所在地、行为地及结果发生地等都可以构成一国行使法律管辖权的基础。法院可以根据与案件当事人的属人原则或者案件涉及物和行为的属地原则行使管辖。

然而，一方面，由于网络空间是一个虚拟的全球性的系统，网络外地理边界的存在对网络的活动并无多大意义，并且网络银行交易的当事人是多元化的，其分别处于不同国家和法律管辖的区域内，此种随机性和全球性使得法律管辖的界限模糊，从而增大了法律管辖的难度，特别是如何确定管辖权的标准非常困难。

另一方面，由于网络是跨越国界的，而各国之间有关金融交易的法律、法规存在着差异，使网络银行的跨国交易可能会产生国与国之间的法律冲突。目前，国际上尚没有一个权威仲裁机构来解决客户与网络银行之间的法律纠纷，而法律适用的选择在网络空间也遭遇困境。

网络银行交易争议解决的证据问题也是一个不容忽视的难题。根据我国目前有关法律的规定，计算机储存的数据资料可作为视听资料类证据，但由于此类证据易于被篡改或伪造，提供证据一方往往要负担较重的真实性举证责任。一些银行在其交易协议中对电子证据的地位做了规定，如有的银行服务协议中规定"网络银行服务中发生的电子凭证和交易记录是确定交易效力的真实性和有效性的依据"。这种约定虽然具有补充意义，但是不能从根本上解决问题。

二、网络银行法律风险类别

网络银行的业务基本与传统的商业银行的业务是相同的，主要从事吸收存款、发放贷款和结算业务，因而期间的法律风险大多与这些业务相关。但是由于网络银行的虚拟性等特征，且网络银行的参与者众多，法律关系复杂，因而法律风险的表现形式也与传统的商业银行法律风险有所不同。根据巴塞尔银行监管委员会在《电子银行和电子货币活动风险管理》中的分类，网络银行的法律风险可以分为：适用法律的不确定或不明确的法律规定、洗钱、向客户披露信息不充分、没能保护客户隐私、与网站链接点出现问题、认证机构风险以及跨国经营带来的风险。下面，我们将对各种风险的产生及其表现形式做介绍。

（一）客户信息披露不足的法律风险

市场约束是保证银行安全运行的一个重要的支柱，而市场约束实现的前提是银行信息向公众披露。因此，信息披露是银行应遵守的一项法定义务。"信息披露"被认为是商业银行风险控制的一个支柱。信息披露被纳入了全球银行业的"基本法"《巴塞尔协议》之中，并成为其第三支柱"市场约束"的核心。网络银行作为金融机构也应遵循信息披露的要求。网络银行没有适当进行信息披露，会对银行的信用带来风险，同时也会增加法律风险。因为在网络银行交易中，很大一部分是涉及消费性的金融交易，此时银行与客户之间则可适用消费者权益保护法。作为消费者的客户依法拥有知情权，如果客户的知情权没有得到保障，一旦客户与银行之间的业务关系产生纠纷，银行就会承担未尽信息披露的责任。当然，网络银行的交易方式不同于传统的银行交易。网络银行交易中的操作更复杂，因此网络银行应仔细权衡法律规定的信息披露的必要性。

（二）未能有效保护客户隐私的风险

用户在网络银行上进行操作时，通常需要输入许多个人资料，如姓名、地址、职业、电话、电邮、身份证号码，甚至是账户和密码等。对于这些属于客户隐私权利的内容，由于在网上传输极其容易暴露于公众之中，并极其可能被陌生人士阅读甚至利用，隐私权在网络交易中被窥探的可能性极高。银行在没有征得客户许可的情况下泄露客户交易、账户等信息，或未对客户采取有效的保护措施，客户可能因此采取起诉等手段挽回声誉、财产等多方面的损失。其中风险主要有：他人截取传递过程中的资料，篡改或非法复制资料内容；未经授权使用相关设施，加载不实记录或信息进入网络银行系统；改变或破坏存储在网络银行中的信息或档案；通过计算机侵入网络银行客户的账户，窃取他人金钱。

（三）链接网站不履约的风险

网络银行为了扩大用户基数，往往利用与拥有广泛用户的门户网站进行超级链接。网络链接使得互联网站的不同页面之间以及亿万个不同网站之间建立了联系，使它们相互连接起来，形成了互联网络，是网络银行存在的物理基础，可以说链接是互联网的根本特征之一。然而，随着链接的诞生，相关的知识产权法律问题也随之产生。就网络银行提供链接而言，最常产生的是两个方面的法律责任：一是网络银行在提供链接时可能会涉及侵犯他人已有的版权等知识产权的侵权责任；二是因为被链接的网络门户或第三方供应商的不履约而导致的合同责任。我们在这里并不讨论网络链接的知识产权侵权问题，而只限于网络银行链接时，链接网站不履行协议的责任承担问题。当网络银行的网页上链接着其他网站，而这些被链接的网络门户或第三方服务供应商在网页上的广告可能是虚假违法的，或者不能如期按约履行与银行客户所达成的约定，客户因此受到了损失。这时，网络银行有可能会承担一定的连带责任，而且即使从事实关系而言，银行没有过错，但客户由于是经网络银行链接而进入上述第三方网站的，因此很有可能直接起诉银行。这些情况下，银行至少有信誉受损的风险。

（四）认证证书的风险

网络银行是没有柜台的银行，客户无须亲自前往就可以在家通过计算机和网络进行银行业务。为保证交易的公正性和安全性，保证交易方身份的真实性，网络银行通常建立了安全证书体系结构。因此，网络银行应该认真核实证书的内容，确保其所提供的证书符合法律的相关规定。鉴于认证机构本身的可靠性对保证电子签名真实性和电子交易安全性起着关键作用，各网络银行应当高度重视，增加认证机构的透明度，做到公平、公正、公开，引入合法的认证机构为用户提供安全可靠的数字证书。

一些国家和地区通过第三方建立一个独立的认证中心，为银行提供统一的认证。但是，再复杂的安全系统也难免会在设计、实施和维护中存在缺陷而被攻破或泄露。犯罪分子可能会利用伪造的证书以银行的名义销售给客户，或者银行在未进行身份确认的情况下向伪装的银行客户发放认证证书。银行因此而进行撤销和重发证书需要费用，更为严重的是因信赖伪造的或欺诈获得的证书会给客户或者第三人造成损失，而客户或者第三人会将银行告上法庭，这些都会给银行带来法律风险。

（五）国外司法管辖的风险

银行通过国际互联网吸引国外客户，银行必须遵守不同国家的法律规定，银行发售的电子货币也可能在注册地以外的地方流通，银行必须遵守该地方的法律，否则可能招致意想不到的损失。

这主要涉及几个方面的问题，如对网络银行业务交易是否需要管辖；应确立何种标准来划分管辖；是否沿用传统的国际冲突规则来划分管辖权；若是不采取传统的做法，在国际层面上应采取何种对策等。

三、防范和化解网络银行风险的法律对策

面对网络银行这一新生事物及与其相伴相生的法律风险，需要完善设计网络金融法律法规。韦伯曾经指出：对于那些对市场经济感兴趣的人们而言，法律的一般理性化和系统化以及在法律程序中具体的可预见性，是经济活动，尤其是资本活动存在的重要条件，没有了法律保障，这一切是不可想象的。对于网络银行

而言，建立和完善规制这种新型金融组织形式的法律制度，是防范和化解其风险的重要手段之一。就我国目前情况而言，防范和化解网络银行的法律风险主要需解决以下三方面的问题：

（一）建立网络银行的市场准入法律制度和退出法律制度

在交易风险极高的网络金融业中，如缺乏监管，网络银行将面临灭顶之灾。而金融监管的第一关就是准入监管。

网络银行业务准入规则的建立，要体现对交易安全的维护和对公平竞争及提升效率的追求的原则。在市场准人方面，某些国家和地区监管部门的做法是：对现有组织机构框架下开展网络银行业务不再需要进行审批，由银行自行发展，对设立独立的开展存贷款业务的网络银行法人，审批相对严格，单独发给银行执照。而在我国，对网络银行实行的是一种较为严格的市场准入制度，根据《网上银行业务管理暂行办法》的规定，所有商业银行开办网络银行业务都需要向中国人民银行报送必要的材料，由中国人民银行进行核准。这样适度严格的准入管理制度有利于网络银行市场环境的形成和维护消费者利益。

金融行业涉及主体众多，网络银行退出市场，也会危害客户权益和金融市场的安全。所以，对于网络银行的市场退出应采取非常谨慎的态度，尽量把由其所产生的社会负面影响降到最低。如果说市场准入制度是监管的第一道防线，那么市场退出制度就是最后一道防线。只有这样，才能把由于网络银行退出所造成的社会利益损失降到最小。

制定准入和退出的标准是监管者的职责，而作为金融机构而言，也应努力提高自身的硬件设施，完善服务体系。因此，网络银行应比照市场准入标准，完善技术设施、交易操作规程、内部控制和公司治理制度。

第一，提高技术设施。提高银行的技术设施条件。网络银行业务不仅要求银行必须有相当数量的计算机、自动柜员机（ATM）、销售点终端（POS）、连成一体的电子营业网点等，而且需要银行有确认合法交易对象、防止篡改交易信息、防止信息泄露等技术。网络银行交易的安全性高低在很大程度上取决于其是否具备上述关键技术。银行应努力提高技术条件，否则消费者的合法权益难以保障，银行的权益也可能遭受侵害。

第二，制定交易规程。银行还应制定关于交易操作的规程。完善的银行操作规程一方面有助于提高银行的服务效益，另一方面也有助于降低电子交易的风险。银行应对客户申请开立账户、客户授权的声明、一般交易程序的要求等拟定细则。

第三，规范内控制度。网络银行业务的无纸化特点，使得交易的安全与合法更有赖于银行的内部控制机制的健全。违法交易及侵害网络银行交易系统的违法犯罪活动，往往来自内部管理上的疏忽和内部人员的配合不善。因此，法律有必要对从事网络银行业务的银行在内控制度上做出要求。

第四，完善公司治理制度。降低网络银行的交易风险还可以通过完善公司治理制度来实现。现在的商业银行都是股份有限责任形式。网络银行的风险是客观存在的，而且风险也是银行不可避免的组成部分。银行无法限制风险，而是应当管理风险，通过风险管理活动使银行在安全运行中获取最大的利润。公司管理层的有效监管和高管人员的主动监督可以有效地监督和控制风险。良好的公司治理可以使得银行对风险的监管更为有效。这些做法同样也应在网络银行中推行。银行董事会应当定期查看有关银行风险暴露的信息，应该定期地评估银行重要风险管理政策和方法，尤其要把重点放在那些界定银行有关业务活动风险容忍度的政策和方法上。

高级管理层应负责实施董事会批准的战略，负责制定各项确认、计量、监督和控制风险的政策及方法，确保银行遵守法律、法规。银行管理层应该对银行所有业务拥有足够的认识；特别是对网络银行新型的业务方式，更应对其实际的操作有具体的了解。

（二）界定网络银行与客户之间的新型法律关系

网络银行的基本法律关系与传统银行没有太大区别，客户和银行之间存在存贷款关系。而在网络银行业务中大量存在的支付结算和其他委托业务，在客户和银行间形成了委托关系。在银行的中间业务中，由于网络的运用，银行和客户的法律关系通常都是附着于某一系统中，当事人众多，法律关系复杂。例如，网络银行业务涉及的电子资金转账，为满足大额资金客户的支付要求进行的转账系统是中国国家现代化支付系统（CNAPS）；而为满足社会成员因日常交易而进行的大量的小额支付则是通过诸如自动柜员机系统（ATM）、销售点终端设备系统（POS）、居家银行系统、自动清算系统完成的。一项网上支付业务的完成，除了客户和银行通过一定的支付工具进行以外，还需要诸如商品和服务商、发卡机构、收款银行、开户银行、数据处理公司等主体的共同参与才能实现。

另外，还应明确网络银行业务中的责任制度。风险责任的划分应该是对双方当事人之间权利和义务的明晰化。两者之间的民事权利与义务不仅是结构上的相互关系与功能上的互补关系，而且两者数量上存在着等值关系。责任的划分涉及民事责任的归责原则，即过错责任、严格责任和公平责任。其中，涉及网络银行的有事故和故障的责任制度、信息披露的责任制度以及链接违约等。

1. 银行在网络银行业务中事故、故障造成损失时的责任

网络银行业务的正常开展对服务系统的依赖性极强，网络系统的事故和随之所引发的法律责任的追究是银行和客户均需关注的问题。

（1）电子交易的硬件与软件存在的问题所导致的交易错误或交易不能。网络银行业务的开展有赖于计算机系统等硬件设施的正常运行。这些硬件的质量存在问题可能导致银行客户的损失。由于法律一般都规定银行有义务保障对当事人服务的及时和准确，因此由服务硬件所导致的错误或不能，也应由银行负责。当然，如果硬件所引发的事故是由于硬件设备本身的质量不合格所致，则银行在对客户承担法律责任后，可向设备提供者、生产者追究相关责任。从银行与其客户的关系及保护消费者合法权益的角度来看，法律不宜要求客户直接向设备提供商追究责任。

（2）软件或具体操作程序问题导致服务上的迟延不当或不能，有关的法律责任承担同硬件质量问题所致的责任承担应是一致的，即应由银行承担责任。由于网络银行业务所需的软件技术的条件如何，直接关系到网络银行服务质量的高低，诸如加密技术、数字签名技术、报文摘要技术、安全认证技术等都是网络银行业务顺利开展的前提。银行的准确、安全的服务承诺，也是对这些技术条件准备的承诺。如果银行的有关技术条件不足，则自然应承担相关的法律责任。

（3）由于第三方——网络经营商的过失所致的事故或障碍，应由网络经营商承担法律责任。但可否由银行先承担责任，再由银行向网络经营商追究有关法律责任？从网络商、银行、消费者三方关系的角度来看，应由银行先行承担法律责任。因为银行在利用网络建立银行服务项目时，网络商对其服务的安全性给予了相应的承诺，而银行又与其客户之间存在服务安全的承诺关系。相反，银行客户则未与网络商建立直接的法律关系。另外，从保护消费者角度来看，也应由银行先行承担责任。当然网络经营商的责任并不能由银行与客户的协议来约定，而只能由银行与网络商的服务协议来进行约定。

（4）因不可抗力导致的事故或障碍引发的责任，应归入免责的范围。在各国，不可抗力通常都是民事责任全部免除或部分免除的根据之一。但是，不可抗力的具体界定则是实践中的重要问题。因为网络银行交易不同于传统的民商交易，影响电子交易而属于不能预见、不能避免、不能克服的事件可能有新的表现。传统立法所含纳的战争、自然灾害等事件仍然应该纳入不可抗力事件的范围之中。至于黑客袭击网络系统、供电系统停电、通信系统故障等事故是否可纳入不可抗力事件，则应具体分析。

2. 银行信息披露的责任

根据我国金融法律制度和消费者保护法律的规定，银行有义务及时充分地向客户进行信息披露。违反这一法定义务的应承担相应的法律责任。在电子商务环境下，基于交易双方的信息不对称以及合同订立过程中的非谋面性和非协商性特征，为保护消费者权益，应该建立网络业务中有助于保护消费者的信用体系。包括企业基本信息、资质证明、交易情况和信用状况等，还可以由有关部门认证，如 CA 管理部门颁发的认证和工商管理部门出具的认证。

制定公平交易原则、建立可靠的电子交易保障体系和为客户提供电子交易信息是确保网络银行交易的安全和可靠性的三项要求。其中，为客户提供电子交易信息主要包括以下三点：

（1）说明服务提供者的主体资格并公开交易规则内容。

由于网络银行的虚拟性和远程业务交易的特点，金融机构应当与客户签订电子银行服务合约，明确双方的权利、义务。在服务协议中，金融机构应当充分揭示电子银行交易过程中客户可能面临的风险，说明已采取的风险控制措施和各方应承担的责任。网络银行应当在其网页上对于银行的主体资格做较为具体的介绍，而且网络银行还应当在其网站上对所提供的电子银行服务进行必要的说明，明确启动电子银行服务的合法渠道与途径等。

（2）说明交易过程发生错误的责任承担的主体和方式。

例如，在网络银行业务占极大比例的电子结算中，最重要的环节是接受客户的支付指令以及最终执行结算，对于该类服务的提供者在电子结算之前除应向客户说明和公开网络银行支付的交易规则外，还应对结算信息处理过程中发生错误的相应责任规定、责任主体和责任方式给予说明。这都已经是世界各国法律共同遵守的基本规定，如结算服务提供者的责任、客户的责任、信用卡丢失的处理方法、索赔的时间、证明方式及交易记录获取的方式等。

（3）交付有关交易过程的信息。

为了使客户能够确认并举证银行是否应该对某个错误负责，有必要从法律上做出规定，要求结算服务提供者必须具备完善的向客户提供有关交易过程信息的程序和手段。

3.银行网页所链接网站的不履约责任

网站链接产生法律纠纷已经是互联网世界中的法律热点问题了。网络银行通常在其网页上提供不同的网站链接，这样的链接除应注意知识产权问题以外，还有一个潜在的风险就是因为被链接的网络门户或第三方供应商的不履约而导致的网络银行的合同责任。

（三）构筑完善的网络银行法律调控体系

在现今这个崇尚法治与法制的社会中，网络银行的健康发展，离不开法律的有效调控。传统银行法律制度虽然还有不完善的地方，但其在总体上已经形成了一个较为完整的法律框架，有关法律规定及规则，能够给交易的各方一个比较明确的预期，当事人权利义务的划分基本上可在现行银行法律中找到依据。

因此，应针对网络银行的特点和风险成因，从网络银行发展的全局出发，尽早建立网络银行的法律体系，在法律层次上制定一部完整的、涉及网络银行运营各个方面的网络银行监管法，在该法中明确界定网络银行业务中交易各方的权利和义务，使安全的操作措施与管理规范化、制度化，通过对网络银行这种新型的社会关系进行全方位的法律调整，最大限度地发挥法律在防范与化解网络银行风险方面的功能与作用。

第六章　金融风险下的金融创新概述

第一节　金融创新的本质及特征

我国当前要推动经济发展方式转型、实现可持续发展，亟须发挥金融在资源配置和生产效率提高中的作用。受我国金融业发展的客观现实制约，推进金融创新是充分发挥金融功能的重要一环。如何在金融创新中趋利去弊，这就需要我们结合金融创新史，把握金融创新的内涵，分析金融创新的基本特征，在总结规律的基础上结合中国的实际需要进行创新，推动我国金融业快速健康发展。

一、金融创新的本质是金融业的自我发展

（一）金融创新是实践经验的积累和理论认知的提升

我国对金融创新的认识主要来源于国外的金融实践和理论创新。国外对金融创新更多地体现为金融系统实践，对其认识多是建立在实践基础上，是金融创新推动者——金融机构所进行的总结，其认识来源于实践，是对实践经验的总结和提炼，对金融创新的认识也体现在金融工具使用上，认为多样性的金融工具组合和对市场需求的满足是金融创新的主要内容。

美国纽约 Barlno's Educational Series Inc 出版的《银行辞典》认为，"支付制度促进银行及一般金融机构作为资金供求中介作用的减弱或改变"就是金融创新。金融创新主要包括：信用创新、风险转移创新、流动性增加型创新、股权创造创新四种基本类型；十国集团中央银行研究小组 1986 年编写的《近年来国际银行业的创新》则认为，金融创新就是对若干具有特性的金融工具进行重新组合，从而创造新的金融工具以适应经济发展的需求。

1986 年，国际清算银行（BSI）出版了《近期国际银行业的创新》。国际清算银行在对金融创新进行历史性总结基础上认为，金融创新是按照一定方向改变金融资产特性（收益、风险、期限、流动性）组合的过程。因此，有学者认为，金融创新是指各种金融工具的采用、新的金融市场及提供金融服务方式的发展。

从理论上分析认为，金融创新本质是一种制度创新，金融制度的创新会受到一国社会制度和传统习俗所形成的思维模式影响，最终对交易成本形成影响，对一国金融发展起到促进作用和抑制作用。因此，一个金融创新活跃的时代往往是制度创新活跃的阶段，金融创新也是制度创新的重要内容和组成部分。从国外金融创新实践和理论发展来看，金融创新的本质是在金融创新实践经验积累和理论认知提升基础上，以满足社会金融需求为导向，在控制适度金融风险的前提下，金融机构通过系统的金融产品创新，借助经营理念和模式的改变来影响经济运营体制机制，营造有利于自身发展的环境，实现自身发展绩效和社会经济效益的提高。

（二）金融创新本质体现了金融业的自我发展

结合目前金融创新的实践经验积累和理论创新，金融创新的内涵是金融业自我发展的需要，主要体现在以下四个方面：

第一，创新是金融的本质属性。金融业能成为现代经济的核心，关键在于能发挥资源配置和效率提升的作用，但随着社会经济结构的变化和一国资源要素禀赋条件的改变，资源配置的模式、方法和思维都需要优化。这就要求金融机构必须主动进行创新来满足市场的需要。因此，创新是金融业发展的本质属性。纵观整个金融发展史，每一次的重大金融创新不仅推动了金融业本身的发展，而且促进整个社会经济的发展，成为经济发展的助推器。16 世纪荷兰的阿姆斯特丹为适应当时国际贸易的需要，即时推出金融创新的新产品汇票，成就了当时荷兰的世界贸易金融中心的地位。

第二，创新是提升金融机构市场竞争力和盈利水平的重要手段。金融企业作为微观经济主体，以追求利润最大化为目标，面对竞争日益激烈的金融市场，金融机构只有适时推出新产品才能满足社会需要，在激烈的市场竞争中获得先机，大幅度提高盈利水平并增强竞争力。美国的花旗银行就是抓住信息化的快速发展和资金需求便捷化的特征，推出信用卡业务而成为全球最大的信用卡发行银行，信用卡业务为其提供80%以上的利润并增强竞争力。

第三，创新是金融业自我发展的需要。传统的金融业务往往会随着社会经济发展而出现收益边际效率递减的问题，如果不能适时推出新的金融产品，金融机构就难以克服效益和投资人投资意愿下降的困境，只有持续不断地推出满足市场需要的金融产品，通过产品创新提高银行收益，满足投资者对利润的需求，才能确保银行源源不断地获得发展所需要的资金。

第四，金融创新是思想解放和制度创新的重要组成部分。金融创新可以理解为整个金融行业为适应经济发展需要在理念与业务上进行创新，而金融创新的成功需要政府和社会的支持，这就需要解放思想和制度创新，为金融创新创造良好的社会制度与环境，推动金融深化与发展，避免出现金融抑制；在金融监管上兼顾创新与金融系统的安全与稳定，在监管的同时又为金融创新保留足够的空间，建立科学的金融监管体制。此外，制定相关的法律法规为金融创新创造条件和基础，在维护法律权威的同时还需要对已有法律法规进行与时俱进的修订。

二、金融创新的特征是金融系统的自我完善

金融创新是在原有服务内容和形式的基础上，利用新的服务理念推出新的服务内容和模式，通过不断的调试，增加金融产品、创新服务模式，提升服务效率，是金融业发展的自我完善。金融创新对金融系统的完善主要体现在以下四个方面：

第一，金融创新增强了金融系统适应市场需求的功能，并借助市场的检验进一步完善金融系统服务功能。金融创新的根本目的在于满足市场需求，通过系统性的变革来适应经济社会发展的需要。历史上成功的金融创新都是因满足了经济社会发展的需要，而失败的金融创新都是与经济社会发展需要脱节。英国近代金融体系的建立，推动了英国的工业革命，成就了"世界工场"的地位。正如希克斯所提出的"技术革命不是技术创新的结果，或者说至少不是其直接作用的结果，而是金融革命的结果"，如果没有金融创新，英国的工业革命不得不停下来等候

金融革命。正如金德尔伯格所认为的那样，金融革命不断为技术革命注入资本燃料和动力。因为拥有充足的原料，英国这艘经济巨轮才能扬帆远航，同时也成就了英国世界金融中心的地位。金融创新本身是一个不断进行自我调节以适应经济社会发展的过程，金融创新的滞后会削弱金融服务经济的能力，但超前的金融创新因市场缺乏对风险的防范，也可能出现欲速则不达的后果。因此，创新的效果需要市场来检验。

第二，金融创新为金融机构适时推出异质性金融新产品创造了条件，是增强金融机构的竞争与合作能力的重要途径。早期的金融创新以推出全新的金融产品为主，现代金融创新多以金融产品组合为基本特征。1580年，威尼斯银行的成立标志着近代金融创新的开始。原始时期金融创新比较少，金融创新围绕银行体制展开，1972年以后围绕金融产品创新展开。因此，金融产品创新呈现出阶段性特征。随着经济的发展和市场竞争的日益激烈，金融服务需求呈现出差异化的特征，金融机构提供系统单一的金融产品难以满足市场需求，推出差异化的系列金融产品则成为解决问题的关键。在20世纪70年代以后形成了国际金融市场金融产品组合创新的浪潮，金融产品从单一的存款、现金、债券、商业票据演变为多目的、多形式的产品组合。金融产品的创新使金融业内部的原有的分工界限模糊，商业银行和其他金融机构的业务走向综合化、一体化，仅依靠单一金融机构来进行创新已经很难满足市场需要。众多的金融机构进行合作，通过集成创新来满足市场的需要，合作创新成为金融创新的一大特征。因此，金融创新也是增强金融机构竞争与合作能力的重要途径。

第三，金融创新为新技术融入金融业提供了机会，提升了金融业工作的效率与服务水平。纵观人类历史上每一次的重大金融创新，金融创新与技术创新结合，尽量使用先进的科技来为金融创新服务，为技术融入金融业提供了机会，也为金融业开展业务提供了便捷，提升了工作效率。尤其是随着互联网技术的进一步发展，网上银行和电子货币以及第三方交易平台的出现，金融业和技术结合更加紧密。技术创新正在成为金融创新的重要推手，同时也使金融业效率得到极大提高。

第四，金融创新有助于突破金融监管和创新的失衡，实现金融监管与创新之间的良性互动与平衡关系。过于严格的金融监管会窒息金融机构的创新空间，金融监管的缺失又是产生系统性金融风险的诱因，金融创新的出现需要金融监管的变革来引导，而金融监管的变革又为金融创新提供了新的空间。创新与监管之间相互推动有助于在金融创新和监管之间形成均衡，这对于维护金融系统的生命力具有重要意义。

金融创新在很大程度上是金融业发展过程中的自我完善，通过持续的创新增强市场竞争力和市场适应能力，形成金融业的自我发展和完善，不仅能提高金融业自身的盈利水平和能力，还能增强服务经济社会发展的功能。国外金融创新的成功无一不是适应社会的需要，而失败的金融创新多是超前或滞后于社会发展的需要。因此，国外金融业创新的这些经验对于推动我国当前的金融创新具有非常重要的启示与借鉴意义。

第二节　金融创新风险的概述、分类及其形成

一、金融创新风险概述

自 20 世纪 60 年代以来，金融创新已经成为金融体系促进实体经济运行的"引擎"。金融创新层出不穷，通过金融制度、金融产品、交易方式、金融组织、金融市场等的创新和变革，促进金融领域各种要素的重新优化组合和各种资源的重新配置，促进金融市场发育、金融行业发展和经济的快速增长。同时，金融风险与金融创新如影随形，金融创新在规避风险的同时也带来了新的风险。随着企业和个人对金融产品和服务的需求日益增多，为了满足金融消费者不断增长的需求，也为了拓宽收入渠道、提高国际竞争力，金融机构竞相创新，不断拓展业务领域，开展综合经营试点，越来越多地参与复杂的金融创新的衍生产品业务，金融创新的风险也日益凸显。

金融创新具有非常明显的双向效应，也就是人们通常所说的双刃剑。从积极作用来看，金融创新具有转移和分散风险的作用，极大地促进了全球金融业的发展，给金融体系的结构、功能以及制度安排带来巨大改变，这种深刻变化极大地

推动了经济金融化与金融自由化的进程,促进了金融业的繁荣和经济的高速增长。但从负面效应来看,金融创新同时也带来许多问题,特别是加剧了全球金融风险的形成,并且产生了新的风险。金融创新使金融体系创造信用关系的渠道方式越来越多,信用创造变得越来越容易而且迅速,整个经济体系中的信用关系日益庞杂、多变,信用膨胀显著。在金融自由化成为当今金融发展的主旋律时,以确保金融系统稳健运行为目的的金融监管在如雨后春笋般出现的金融创新中显得被动无力,这些金融创新在分散与转移风险的同时,也正在潜在地提升和积累着一定的新的风险。另外,金融创新活动本身就具有风险性,创新就其本质来看,要投入较大的财力、人力和物力,并会有很高的失败率,创新之初往往会缺少实际投入产出的财务数据支持,加上传统惯性思维的阻力,常常使创新活动中途夭折。同时,业务创新很易于被其他银行模仿而使创新的收益大大减少。

根据以上对金融创新与金融风险关系的分析,我们可以把"金融创新风险"定义为金融创新活动本身的风险和由于金融创新所带来的新的风险。

二、金融创新风险的分类及形成

(一)金融创新自身活动及产品风险

1. 金融创新活动本身的风险

金融创新的本质是在金融领域的创新,而创新活动本身就具有风险性。所谓创新,就是创造原来没有的。就其过程来看,创新就要投入较大的财力、人力和物力,并且面临随时失败的可能。另外,在创新之初,往往缺少实际投入产出的财务数据支持和运行、管理的经验,加上传统惯性思维的阻力,常常使创新在推广的过程中便夭折了。同时,即使创新活动获得成功,并很好地得以推广应用,但业务创新很易于被其他机构模仿而使创新的收益大大减少,所以金融创新也面临创新保护不足的风险。

2. 金融创新产品设计风险

金融创新产品设计风险要归因于最近几年兴起的金融工程。金融工程包括新型金融工具与方法的设计、开发和应用,并为金融问题提供创造性的解决办法。这一定义中的"新型"和"创造"具有三种含义:一是金融领域中思想的跃进,其创造性最高，如创造出第一个零息债券、第一个互换合约等；二是指对已有的观念做出新的理解和应用，如将期货交易推广到以前没能涉及的领域，发展出众多的期权及互换的变种等；三是指对已有的金融产品和手段进行重新组合，以适应某种特定的情况，如远期互换、期货期权、互换期权的出现等。所有的金融创新产品都不可能是十全十美的，都会有这样或那样的缺陷，在规避或转移了某种风险之后，又创造了新的风险，只不过有的很快显现，有的潜伏其中，在一段时期内并不被人所知。

另外，在大量的金融工程活动中，杠杆都起着重要的作用。保证金交易的普遍使用使杠杆的比率往往很高。因此，杠杆在放大可能的财务收益的同时也放大了相应的财务风险。金融创新使金融产品多样化，高技术的采用使金融资产具有更大的流动性，再加上金融工具以小博大的特点，交易的规模日趋扩大，风险也日益增大。金融创新产品设计中高杠杆的使用也是放大自身风险的致命弱点。

（二）金融创新的市场风险

1.流动性及结算风险

流动性是指金融资产的持有者无法在市场上找到出货或平仓机会所造成的风险。流动性风险的大小取决于合约标准化程度、市场交易规模和市场环境的变化。对于场内交易的标准化合约（如期货、期权）来说，由于标准化程度高，市场规模大，交易者可以随时根据市场环境变化决定运作方式，流动性风险较小，但是场外交易的衍生工具中，每一张合约基本上都是"量体裁衣""度身订造"的，所以没有一个可流通转让的市场，很难转售出去，流动性风险很大。结算风险又称交割风险，即交易对手无法按时付款或交货所造成的风险。多数结算风险是由时差和结算方式不同所导致的，但有时也会由交易对象本身的性质所引发。例如，在利率互换交易中可能出现一方每一季度支付一次浮动利息，而另一方则每年支付一次固定利息的情况。这样，当一方已支付了三个季度的利息，而另一方在期满不能履约付息时，已付利息就变成了损失。

金融创新产品特别是金融衍生产品市场大多是场外交易，而且具有较高的金融杠杆系数，流动性风险和结算风险远远高于成熟的基本的金融产品市场。

2.投机及盲从性风险

在当代金融创新中，一大批高收益和高风险并存的新型金融工具和金融交易应运而生，如股票指数交易和期权、期货交易等。衍生工具的虚拟特性使金融市场成为一个充满不确定性的市场。根据现代投资理论，金融市场价格的高低往往取决于投资者对未来价格的预期。当一种金融产品价格发生波动时，价格越是上涨，就越是有人由于价格上涨的预期而入市投机，从而产生所谓的"羊群效应"，出现虚拟资本市场价格数倍、数十倍于原生资本市场价格而膨胀的现象，助长金融市场的投机和盲从，从而使金融资产价格严重偏离价值，形成资产泡沫。这种泡沫膨胀和过度投机达到一定程度后，一旦泡沫破灭必然导致价格狂跌，引起金融动荡，提高整个金融体系的风险，这也是近年的金融危机发生的直接诱因。

（三）金融创新的机构风险

1.经营风险

由于金融创新打破了传统上金融业务的分工和垄断，随着各类金融机构同质化倾向加强，它们之间的竞争也日趋激烈。激烈的竞争迫使各金融机构不断涉足一些自已并不熟悉和擅长的业务领域，竞相开展高风险、高收益的业务，这些都增加了金融机构的经营风险。其中，最突出的是金融创新中涌现出诸多新型表外业务，这些创新的表外业务给传统的商业银行带来了很大的经营风险。

2.技术操作风险

技术操作风险又称运作风险，是由于金融机构内部控制系统或清算系统失灵而导致的风险。这种失灵可能是由于监管体系的不完善，或是电脑系统发生故障，导致了工作或技术流程出现问题。同时，大规模的金融电子创新在提高金融活动效率的同时，也伴生出新型的电子风险，如计算机病毒、电子犯罪、网络安全问题等由于技术创新所导致的操作风险。另外，由于创新产品大多结构复杂，在估价和进行动态交易时往往会涉及数理模型，因此操作上人为失误的可能性会大大增加，特别是衍生工具，由于其价值计算、交易环节和支付过程比较复杂，更容易引发操作风险。所以，金融技术的创新使广泛采用这些技术的金融机构技术操作风险提高，每一次金融技术的创新就会创造出新的技术操作风险。

3.信用风险

信用风险又称履约风险，是交易中的一方不按合同条款履约而导致的风险。在金融创新的背景下，金融监管薄弱、金融业竞争加剧、高杠杆利润机会大量存在，受趋利心理支使，不少金融机构通过增加杠杆比扩张信用牟取暴利，金融机构的稳健经营风格发生偏离，高杠杆风险不断衍生，尤其在场外交易市场，由于交易对手是分布在全球各地的数以百计的单个交易者，又没有可靠的资本保证与监管，所以金融创新使信用风险不断提高。

（四）金融创新的货币政策及监管风险

1.货币政策风险

金融创新削弱了货币政策作用的发挥。金融创新产品对货币政策的影响主要体现在政策工具、中介目标和传导过程三个方面。

首先是对政策工具的负效应。许多金融创新产品尤其是以规避管制为目的的产品，如 NOW 账户、ATS 服务等，使得部分传统的选择性货币政策工具失灵。一些不受存款准备金制约的非存款工具，如回购协议（RP）、货币市场互助基金（MMMF）等缩小了存款准备金制度的作用范围。通过资产证券化、发行短期存单等金融创新产品，中央银行再贴现窗口的作用也减弱了。

其次是对货币政策中介目标的负效应。金融创新产品模糊了作为货币政策中介目标的金融变量的定义，降低了中介目标的可控性。

最后是对货币政策传导过程的影响。货币资金的"脱媒"，即原来采取活期存款形式的金融资产纷纷脱离商业银行这个重要的金融中介，流向非银行金融中介和证券市场，直接影响了货币性金融中介的货币创造过程，加剧了经济生活的不稳定性。

2.金融监管风险

现代金融的基础是信用经济，现代金融机构本质是信用机构，金融业必须凭借公众对其的信任实现负债经营或代理经营。由于金融创新的一个基本动机就是绕开金融管制，许多创新品种是基于这一目标而进行的，而目前整个国际金融业（包括金融监管相对完善的发达国家的金融业）也还没有形成一套对金融创新业务实行有效监管的方法，从而削弱了金融监管。另外，金融创新打破了传统金融分业经营模式，全能银行越来越多，各种金融创新工具使得各种业务越来越难以区分，金融机构向综合性和一体化发展，从而增加了监管的难度。对于中小银行来说，如其倒闭，一般不会对金融体系造成多大的影响，但对于巨型银行来说，其一旦倒闭，对整个金融体系甚至整个社会经济都会造成灾难性打击。除此之外，金融市场也进入了垄断竞争时代，中小银行面临的生存压力会更大，巨型银行之间的竞争会更加激烈，防止超级垄断、维护一个充分竞争的有效率的金融市场成了监管当局面临的迫切任务。

（五）金融创新的系统化、国际化，以及经济虚拟化风险

1. 金融创新系统化、国际化风险

在金融创新背景下，世界金融机构之间的交往越来越密切，逐步形成了以资金联系为纽带的互惠合作关系，表现出很强的相关性。任何一个部门出现问题都将迅速波及其合作方，产生"多米诺骨牌效应"，从而影响整个金融系统的稳定性。当一家金融机构因经营不善出现风险，通过债权债务链条很快会传递影响到其他金融机构，在金融国际化程度不断加深的情况下，这种风险还将在国际迅速传播，威胁到整个国际金融体系，形成金融创新系统性风险。

当代金融创新的另一大趋势是金融市场的全球一体化，现代计算机和通信技术使各地金融市场连为一体，从而使金融业的国际风险提高，一国的金融风险会殃及整个世界金融体系。在金融业务国际化、金融机构国际化、资本流动国际化、金融市场国际化的发展新趋势中，由于金融活动的国际化，信息不对称性及其交易活动的不确定性，特别是发展中国家明显处于劣势，大量资本的国际性流动不仅会提高汇率风险，而且使金融机构的资产负债状况起伏不定。此外，国际金融关联度的增加也使各国金融业之间的连带风险更为突出，他国的金融风险会累及本国金融业，新兴的离岸金融市场成为国际投机者的乐园和国际风险的滋生地，巨额国际游资亦成为国际风险的重要因素，在金融国际化中还伴随着风险的国际转移和国际性金融犯罪等，这些新型的国际风险随着金融国际化进程有增无减。

2.金融创新经济虚拟化风险

金融创新经济虚拟化是指金融工具独立于现实资本运动之外，却能给金融工具的持有者带来一定收入的特性。金融衍生工具本身并没有什么价值，而只是代表一种获得收入的权利，即收入所有权证书，它是按照利息资本化的原则来设计的。金融衍生工具的虚拟性不同于其他具有虚拟性的原生工具，其显著区别在于：具有虚拟性的原生工具（如股票、债券等）所有权的获得需要缴付足额的现值货币资产，而在进行金融衍生品交易时，只需要缴付一定比例的保证金，即可获得对其原生工具收益的所有权；正是由于金融衍生工具具有虚拟性，金融衍生市场的规模才大大超过相关资产市场的规模，其价格甚至会远远脱离原生工具的价格。

虚拟资本数量的急剧增长和经济虚拟化的发展，是经济高度发达、高度成熟的必然结果。发达经济中的居民长期积累了一定的财富要进行投资活动，此外，还有一些民间组织如协会、基金会等机构也将其积累的货币资金投入金融市场增值，从而进一步刺激了虚拟经济的发展。经济虚拟化又进一步削弱了虚拟资本与真实资本的联系，使金融资产日益脱离实质经济的基础而自我膨胀，形成了一个极不稳定的倒金字塔结构。其上层的虚拟资本越膨胀，底层实质经济的支撑压力就越大，一旦公众对金融资产价值转化为物质产品的信念破灭，或物质生产出现动荡，金融危机的爆发就不可避免。同时金融资产的虚拟性越高，自我膨胀性就越强，泡沫就越多，投机的狂热性就越强，金融风险也越高，尽管最终会因泡沫破灭而消肿，但在这种膨胀和消肿过程中，不仅提高了金融风险，造成金融市场的动荡，还会危害整体金融和经济的正常运作，加大经济波动的幅度并引发危机。

第三节　金融创新对金融发展所造成的影响

一、金融创新对我国金融发展所造成的总体影响

金融创新是一把双刃剑。金融创新主要通过对现有的金融体制进行变革并通过增加新的金融工具用以有效的挖掘在现有的金融体制下所无法实现的金融利润。金融创新将缓慢而稳定的推动金融体系的发展并制造出比以往更多的利润。

金融创新是金融行业为满足实体行业发展所需而对金融体系、金融工具和金融产品所进行的创新活动，其对于经济的发展尤其是实体经济的发展有着巨大的推动作用。金融创新对金融行业的改变不仅涉及对金融制度的创新，其还是对金融市场、业务以及金融工具等各方面的创新发展。金融创新并不是对原有的金融秩序进行颠覆式的变化，而是对原有的金融秩序进行补充和完善，使得金融体系能够更好地服务于国家发展的需要。在金融创新的过程中不可避免地会对原有的金融秩序产生一定的冲击并带来一定的金融风险，应当积极加强对于金融创新后的风险管控，保障金融体系健康、稳定的发展。

二、金融创新对我国金融发展所产生的积极影响

金融创新对于金融体系的积极作用主要表现在金融机构、金融市场和金融制度三大主体上。

（一）对金融机构的影响

金融创新能够有效地激发金融机构的内在活力提高金融机构的运作效率。各种新的金融工具、金融业务以及金融服务方式的出现将帮助客户更好地进行资产的管理和融资服务，从而使得金融机构的经营活动范围和空间得到极大的拓展，提高了金融资金的利用效率和流转速度，推动了经济的快速发展。同时，金融创新也使得金融机构的盈利能力得到进一步的提升。

新时期金融机构之间的竞争日趋白热化，且各金融机构之间的差异化竞争更加明显，通过金融创新将在金融体系中不断地加入新的金融机构和新的金融成分以构建更加多元化的金融服务体系，能够为客户提供更加多样、灵活、高效的金融服务。

金融创新与金融竞争一体两面，金融创新在加剧了金融竞争的同时金融竞争又进一步地推动了金融创新，从而更好地推动金融体系的创新和发展。金融创新将为金融体系构建新的经济增长点和核心，通过金融创新尤其是构建以客户为中心的金融创新用以为客户提供更好的金融创新服务将能够进一步的推动金融体系的发展，提升经济增长火力，保障经济的健康稳定发展。

通过金融创新，能够进一步释放金融业的增长活力。金融创新通过在金融业务、机构以及人员等多方面、全方位的提高和创新，将使得资本在经济发展中的地位得到进一步的凸显，以金融创新带动金融业发展，以金融创新带动金融产业的快速增长，同时通过金融创新使得金融业能够更好地为实体经济的发展服务。

（二）对金融市场的影响

我国金融业发展起步较晚与国外发达国家的金融业之间存在着一定的差距，为促进金融业的发展应当进一步做好金融创新工作，成功使得我国的金融业能够实现"弯道超车"追上甚至超过国外金融业的发展，为我国的经济发展注入新的活力。

在金融创新方面我国有着较为典型的成功案例，以"支付宝"为例，其所代表的互联网金融是金融创新的典型应用。"支付宝"的出现极大地创新了我国的金融服务体系，并深刻影响着我国的金融格局，尤其是"支付宝"在国外的成功应用迈出了我国金融创新发展成功的第一步。

同时，金融创新能够有效地增强我国金融体系的抗风险能力和风险管理能力，大量创新的金融工具将极大地丰富我国的金融市场，从而使得客户有着极大的选择空间，客户可以根据自身需求选择符合自身所需的金融工具和金融产品。再以"期货"为例，客户通过购买"期货"用以实现对于自身持有产品的套期保值，减少了因市场价格波动所带来的损失，有效地维护了客户的权益。

金融创新能够使得市场价格可以及时地反映出最新的资讯信息，提升了剔除个别风险的能力。金融创新通过提高市场组织与设备的现代化程度和国际化程度使得金融市场的价格能够对所有可得的信息做出迅速灵敏的反应，提高了金融市场价格变动的灵敏度，使得价格能够快速、及时地对所获信息做出反应，提高了价格的合理性和价格机制的作用力，有效地降低了因市场价格剧烈波动对金融市场所造成的影响。

通过金融创新将能够有效地推动金融证券化进程，利用新的金融交易工具和金融交易技术将能够使得客户可以进行更加多元化的投资，从而使得客户金融投资的风险得到分散和降低，促进融资证券化，为客户提供更加多元化、便利化的融资新渠道。

（三）对金融制度的影响

通过不断进行金融创新能够进一步推动金融制度的创新发展、促进金融混业经营，从而更好地打破传统金融体系的束缚，更好地激发金融活力；同时，通过金融创新，我国金融体系能够加快国际化进程，实现对于国际金融资本的高效、灵活的运用，从而更好地为我国的发展服务。

第四节　金融创新理论与金融体系创新

当代金融创新理论起源于 20 世纪五六十年代，由美籍奥地利经济家约瑟夫熊彼特首次提出。20 世纪 70 年代以来，金融领域发生了革命性的变化，人们将金融领域的变化称之为金融创新。但是 20 世纪 80 年代，金融创新才真正成为金融领域一种引人注目的现象并形成高潮。金融创新理论的兴起与迅猛发展，给整个金融体宏观调节及世界经济都带来了深远的影响。

一、金融创新理论的内涵

金融创新的主要目的是提高金融机构竞争能力、提高金融效率、优化资源配置等。着眼于对金融创新目的的分析，形成了金融创新分析理论。

（一）"规避"型金融创新理论和"压抑诱导"型金融创新理论

"金融创新"与"金融管制"是一对矛盾。"金融管制"是金融监管当局为金融体系的安全和稳定而颁布的法规和采取的各种措施，其目的是防止过度竞争。从理论上讲，金融管制是金融创新的障碍，但从金融创新的历史实践来看，"金融管制"又是"金融创新"的诱发因素，两者之间存在内在一致性。

凯恩就是从这一角度出发提出了"规避型金融创新理论"。他认为，"金融创新"主要是由于金融机构为获取利润而回避政府各种金融管制行为引起的。这里的"规避"是指回避各种规章制度的限制。各种形式的经济立法和规章制度，是保持经济均衡和稳定的基本措施，代表着公众普遍的根本利益。金融机构则以创新产品作为"替代品"来规避和绕过管制。而且，管制与替代品创新相互作用，这种互动作用的过程，使被管理者的适应能力增强，金融创新的效率提高。

希尔柏的"压抑诱导型创新理论"则认为，金融业回避或摆脱内部和外部的金融压制是金融创新的根本原因。微观金融组织进行的金融创新是为了追求利润最大化，减轻内外部（尤其是外部）的压抑而采取的"自卫"行为。外部压抑产生于政府管制，它使金融机构经营效率降低、机会成本提高。内部压抑来自企业自定的规章制度，如资产负债管理制度等。两种压抑限制了金融企业的盈利能力。为寻求利润最大化的机会，金融机构必将努力创新和探索新的产品、服务和管理方法等，以弥补压抑带来的损失。

（二）制度创新理论

如同把"新金融工具"和"服务开发"称作创新一样，有人把"金融管理制度"本身的变化视为金融创新。以诺思和戴维耶斯等为代表的制度学派就持有此种观点，他们认为，金融创新是一种与经济制度互为影响、互为因果的制度变革。因此，金融体系的任何因制度改革的变动都可视为金融创新。政府部门并非只是设置金融关卡，与民间金融机构一样，政府部门和金融管理当局也有制度创新一类的金融创新行为。政府部门主动进行的制度创新的目的，不是限制或压抑金融活动，而是稳定和发展金融，或是提高金融效率和资金配置效率。例如，美国 20 世纪 30 年代存款保险制度的诞生、80 年代国际性的放松金融管制的政策、欧洲货币体系的建立及欧元的创立等。

金融制度的创新属于宏观层次，它是金融业务、金融市场等微观行为的结果，因为微观层次的创新使原有的金融制度显得过时，成为金融机构和金融市场进一步发展的障碍，金融制度创新不可避免。另一方面，金融制度的创新又为金融业务、金融市场的创新奠定了良好的外部环境。制度创新所引发的金融自由为金融业务、金融市场等方面的创新提供了更广阔、更自由的创新舞台。

（三）交易成本创新理论

希克斯和涅汉斯提出的"交易成本创新理论"则从降低金融成本方面揭示了金融创新的目的，该理论认为，"金融创新"是科学技术进步导致的交易成本降低的结果。交易成本是作用于货币需求的一个重要因素，不同的需求产生对不同类型金融产品的要求，交易成本高低使经济个体对需求预期发生变化，交易成本降低的发展趋势使货币向更高级形式演变和发展，产生新的交换媒介、新的金融工具。因此，金融创新的支配因素是降低交易成本。科技进步具有不断促进交易成本降低的趋势，并反映在金融创新或者说新的金融工具和金融服务的诞生上。金融制度的创新和组织结构的调整有利于节约金融交易中发生的"无形的交易成本"，而金融交易技术的改善会直接达到降低金融交易成本的效果。

（四）控制风险的金融创新

20世纪70年代初，布雷顿森林体系的基础受到了严重动摇，两次石油危机、通货膨胀加剧以及经济衰退等，人们开始面临汇率和利率不确定变动的风险。银行收益不确定性和风险急剧上升，给银行经营管理带来了巨大的压力，国际金融业纷纷寻求新的工具和手段来降低得率风险和汇率风险，在外汇、证券等金融市场出现的巨大风险面前，人们呼唤保值避险工具的发展。

诺贝尔经济学奖得主、著名的美国经济学家费里德曼公开呼吁开设外汇期货业务，将商品期货的成功经验引入金融领域。1972年5月，芝加哥商品交易所（CNU）的一个分部国际货币市场开设7种外币的期货合约交易。1973年4月芝加哥期权交易所（CBOF）成立，并对以前在场外进行的、不标准的期权交易标准化、场内化，拉开了金融期权大发展的序幕。1975年10月芝加哥期交所推出首张利率期货合约。1982年2月勘萨斯城交易所（KCBT）开设股指期货。还有诸如浮息票据、金融期货、金融期权、得率互换、货币一换、远期利率协议以及资产证券化等新型金融工具和交易形式，金融工具、金融市场创新呈现出空前活跃的局面。20多年来，美国和世界各地期货、期权、期权组合等金融衍生产品及保值技术的开发，迎合了人们包括避险保值在内的多方面的需要。

二、我国金融体系创新的探析

（一）产权制度创新

产权制度改革势在必行，当前最主要的是要按照现代企业制度的要求，政府由直接所有者退居为出资者的地位，把国有金融机构发展成国家控股的股份制金融企业，实现银行产权主体的多元化，赋予国有金融企业独立经营权，依法经营各项业务。通过理顺产权关系，使国有金融企业真正成为自主经营、自负盈亏、自担风险、自我发展，面向国内外市场的法人实体和市场竞争主体，真正建立起银行追求利润最大化的内在机制。只有这样金融机构才会主动参与行业竞争，积极降低交易成本，设法绕开金融监管，有意识地去防范和规避金融风险，从而开发出大量的金融创新产品。

（二）经营体制创新

现如今，世界金融业逐步走向混业经营，个性化金融产品，往往都涉及银行、保险和投资等方面，这需要金融机构能够同时拥有这三方面的资源与动作能力；否则，金融产品的创新只能处在一个较低的层次上，难以满足市场的需求。而我国目前仍然采取的是银行、证券和保险分业经营，中国人民银行、证监会和银保监会分业监管的分离的金融制度有它特殊的历史背景，但从近年来的运行状况来看，分业经营、分业管理实际上是把国内金融机构的业务范围限制在一个更狭窄的范围内，其业务风险实际上更加集中和扩大，而且不利于金融创新的发展。

开办无追索权保理业务的国际惯例应由保险公司与银行共同分担此业务的权利和风险，但目前我国金融业是分业经营，国内保险公司无法对银行买断的应收账款提供账权保险，而且国内保险公司目前也还没有开展这项业务的经验，但是，随着我国加入了WTO，金融业的垄断壁垒即将被打破，我国金融业要想在国际竞争中立于不败之地，就必须消除分业经营的界限，推选混业经营制度，提高金融的竞争能力，研发出更多的符合市场需求的金融创新产品。

（三）组织体系创新

目前，我国金融业仍然是一种计划金融体制，实行的是大一统的计划控制。中央政府对各类金融机构实行严格管制，并控制民间金融机构的发展，这种体制看似有利于监控风险，实际上缺陷很多。市场主体较少，缺乏市场竞争，缺乏市场健康运行和发展创新的微观基础。要解决这些问题，相关部门必须大力支持和发展中小金融机构，进一步深化农村信用合作社改革，积极发展非银行金融机构，完善发展证券和基金公司的相关制度；积极鼓励金融企业之间相互兼并，实施资产重组，盘活存量，实现低成本扩张，稳步推进民营金融机构的发展，准许民间进入，规范和发展民间信用。

（四）金融监管创新

规避风险的金融创新理论告诉我们，金融创新是与金融风险相伴相随的，为了降低各类金融风险，金融机构必然要不断寻求新的工具和手段，从而形成金融创新。加入 WTO 将使中国经济全面融入国际经济体系，充分享受当代国际分工的比较利益。但是也要看到，依照承诺，我们的金融市场也在不久后全面放开，长期处于高度政策壁垒下的中国银行业，尤其是国有商业银行不可避免地面临外资银行的全面冲击，风险环境不断发生变化。外资金融机构已经具有了大量的新的金融产品，它们会想出各种办法逃开金融监管，把这些成熟的金融产品用在中国的金融市场上。同时，竞争的加剧会导致金融机构作为一个特殊的企业和市场主体，总是倾向于创新更多的"金融产品"，以求得更大的利润。

然而，每个金融经济主体所做的最佳选择并不总能导致宏观收益的最大化；相反，这种"个人理性"行为规则在无约束的条件下还可能导致单纯市场调节的失败和金融体系的灾难性危机。此外，从事金融创新的微观主体在自身利益的驱动下，可能出现扰乱市场秩序、危害金融安全的行为。因此，金融创新的同时，要求随之而来的是另一种内容和结构的金融监管政策，即金融监管随之创新。

在金融监管和创新的动态博弈过程中，如果没有监管的规范和限制，被追求利润最大化的动机所驱使的金融创新将给金融业带来巨大风险，最终影响整个经济的发展。

由此可见，在引导金融机构金融创新的同时，必须正确认识金融创新与金融监管之间的关系，使金融创新与金融监管协调发展。唯一的出路是加速金融监管创新，明确金融监管的真正目的不在于消极地防范金融风险，而在于通过打击各种违法违规行为，有效地维护金融运行秩序和有序地推进金融发展，以支持实体经济部门乃至整个国民经济的发展。为此，监管目标应从通过行政管理来抑制金融风险转向通过维护金融市场秩序和金融发展来化解金融风险。

金融监管要紧跟金融创新的步伐，及时调整监管范围和方法；同时注意监管的适度性，要给金融创新提供一个良好的环境。

第五节　金融创新体系的基本框架与要素构成研究

一、金融创新的基本框架体系

金融创新是一个系统工程，涉及诸多要素。如何从繁杂、孤立的诸多要素中梳理出一个相互关联、逻辑严密的系统架构，值得我们深入思考。

近年来，在国内外城市发展过程中，衍生出衡量和评价城市的创新水平和进展的城市创新指数，无论是反映美国硅谷创新能力的硅谷指数，还是反映国内城市发展的杭州创新指数、张江创新指数，都为我们提供了很好的借鉴。

本节结合金融行业的独特特性，参考城市创新指数规则，提出了金融创新体系的基本框架，用来衡量和评价金融企业的创新水平和能力。该体系主要包括六个要素：创新环境、创新主体、创新人才、创新资源、创新成果和创新辐射。其中，创新环境是支撑、创新主体是基础、创新人才是核心、创新资源是保障、创新成果是表现、创新辐射是衍生。这六个要素之间互为依存、相互支撑，构成了严密的逻辑体系。

二、金融创新体系的要素构成分析

（一）创新环境要素：构成了金融创新的金融生态

创新环境的好坏，影响着金融创新的速度。从国内金融业的发展历程来看，每一次重大的革命性的创新突破，无不是政策监管环境放开的产物。同时，金融企业自身创新环境成熟与否，构成了创新的内生性力量。

1.外部环境决定金融企业创新的客观意愿

金融企业所处的外部生态环境，是推动金融创新的重要力量。而构建良好的监管环境、法律环境和合作环境，在当前的金融创新中发挥着非常重要的作用。

构建良好的监管环境关键是明晰政府部门、监管机构在金融创新中的角色定位。无论政府的宏观决策，还是"一行三会"的监管要求，都应该营造一种鼓励创新的监管环境，即凡法律规定不禁止的领域如要素市场产品创新等，都可以鼓励商业银行大胆进行产品创新。

构建良好的法律环境重点是建立适应区域经济特色的立法、仲裁等环境。在全国统一的金融法律法规框架下，积极鼓励地方性的创新，形成有利于创新的法律环境。

构建良好的合作环境主要是建立促进金融创新发展的良好合作氛围。金融创新不是一个孤立的事物，需要发挥全社会的力量，以互惠互利、合作共赢为原则，整合内外部资源的综合优势，实现金融同业及各种社会力量之间的共同发展、共赢共生。毕竟金融创新涉及诸多方面，不仅银行、证券、保险、基金等金融企业之间需要合作，而且金融企业与非金融企业之间也需要相互合作，实现共赢发展。

2. 内部环境决定金融企业创新的主观能动性

从内部环境来看，金融企业内部是否建立了鼓励金融创新的良好环境对金融创新发挥着至关重要的作用。尤其是金融企业自身的创新战略、创新体制机制、创新文化，基本上决定了金融企业创新的主观能动性。

创新战略是根本。创新战略就是指金融企业的最高决策层自上而下明确的创新战略取向和发展目标。如果一个金融企业没有从战略上明确创新的战略取向和目标，创新将是无米之炊、无源之水。因此，许多银行将创新战略作为其发展的核心战略，目前包括工行在内的多家银行已制定了自身的创新战略和规划。

创新体制机制是保障。创新体制机制是金融企业为确保创新战略实现而建立的与金融创新相关的体制和机制。创新战略的实施，必须靠体制机制来保障，必须建立起一套适应创新发展的组织架构、工作职能、运作模式。只有在正确有效的创新机制的支持和推动下，创新活动才能真正得以不断循环、持续发展。近年来，许多银行成立了业务与产品创新委员会、产品创新部，完善了创新的考核激励评价机制，有力地推动创新的步伐。

创新文化是灵魂。创新文化是金融企业在内部营造的一种人人参与创新、以创新为荣的创新型企业文化。能否形成鼓励创新、敢于创新的企业文化以及有利于创新活动思维方式、价值理念和行为规范，决定了创新能否真正久远。良好的创新文化，就是让企业的每一个员工都能主动参与创新，为创新出言献策、贡献力量。

（二）创新主体要素：决定了金融创新的基本内涵

创新是一个大概念，内容广泛、形式多样。对金融企业而言，最具代表意义的是产品创新、服务创新和管理创新。产品是载体、是工具，服务是根本、是促进，管理是基础、是保障，这三者构成了金融创新的主体。

1. 产品创新——提升企业核心竞争力的基础性创新

产品是金融企业与客户之间联系的纽带。金融企业对客户的服务，最重要的体现就是产品。只有开发出满足客户需要的产品，才能获得客户的青睐，才能在日趋激烈的市场竞争中占据一席之地。因此，金融企业必须把产品创新放到非常重要的地位。

产品创新不仅要重视原创性，还要注重继承性和整合性。笔者认为，产品创新至少包括以下三种类型：一是原创性创新，即通常意义上的全新创新，要求新产品的用途及其原理与以往相比有显著的变化。这种创新具有首创性，是在市场上第一个推出的新产品，而且能够申请专利和版权保护。二是优化类创新，即现有产品的优化改进型创新，在产品内涵没有重大变化的情况下，基于市场需要对现有产品所做的功能上的扩展和技术上的改进。这种创新具有继承性，是对现有产品的承继和发展，能够使现有的产品功能更加优化、更加完善、更为适应市场和客户的需求。三是组合类创新，即组合多个现有产品，形成个性化的产品组合方案。根据客户的个性化需求，通过产品组合、包装的方式为客户提供个性化的解决方案。这种创新是对现有金融产品的包装，能够满足客户日益增加的综合化、多样化和个性化的金融需求。

对产品创新的评价，主要应该看三个指标：一是产品创新的数量，包括创新产品的总数、创新产品的分类结构等情况。创新产品的数量情况，表明了该企业产品创新的组织能力和推动能力；创新产品的结构情况，表明了该企业在不同领域产品创新领先能力。二是产品创新的质量，包括创新产品的知识产权认定、产品社会影响力、获奖情况以及风险管理情况。产品通过知识产权认定，表明产品在创新性上得到了专业机构的认可；产品社会影响力好，表明产品得到了老百姓的认可，或者在民生、市政等社会领域具有一定的示范效应；产品获奖，表明产品创新性、可行性和收益性等方面具有比较优势；产品风险程度低，表明产品满足合规安全等要求。三是产品创新的收益，包括创新产品带来的规模扩展、质量优化、效益提升。产品创新既可以带来企业业务存量规模的提升和增量规模的拓展，也可以提升经营管理效率和减少风险发生的可能性，还可以提升金融企业的直接效益和间接效益。

2. 服务创新——提升客户满意度的必然性创新

服务创新的推进，必须把创新融入金融企业服务相关的诸多要素或流程之中。员工是服务的主体，产品是服务的载体，管理是服务的机体。服务创新就是将创新融入员工、产品和管理等与服务相关的各种要素中，将新的设想、技术手段转变成新的或者优化的服务方式，使潜在用户能够感受到不同于从前的崭新内容。这反映了金融机构创造、开发、应用新的服务方法、服务途径、服务对象、服务市场的能力。

近年来，各金融企业创新推出了一系列的服务措施，无论是网点的服务环境、员工的服务态度、内部的服务承诺，还是服务流程、管理架构、考核评价，都有了质的飞跃，服务战略正逐步深入每一个金融企业员工的思想深处。

服务创新的好与坏，必须以客户、社会等外部力量的评判为准则。服务创新可以通过三个要素来衡量：一是客户满意度。金融企业服务的水准，最重要的评价对象是客户，只有客户满意了，才能说明服务的质量好。从客户来看，各种客户服务满意度排名，以及客户对不同企业服务的口碑，都可以作为客户满意度的衡量标准；从企业来看，可以通过客户投诉率等指标进行衡量，如客户提出了多少投诉、投诉的整改落实率情况等。二是教育引导度。金融企业对客户的服务，不能仅从自身出发只注重营销指标的完成，而应该重视对客户的帮助、培训、教育和引导，使客户可以尽可能地规避各种潜在的风险，这可以通过对金融企业在投资风险的客户教育机制和实施情况进行衡量。三是社会美誉度。监管部门、专业机构等对金融企业服务的评判，同样可以作为服务创新的一个重要标准，如监管部门每年关于金融企业的服务排名等；同时，政府机构、企事业客户对金融企业支持其发展的力度，也可以作为一个重要参考，如在中小企业发展、民生工程、市政工程等方面是否积极参与。

3. 管理创新——提升企业经营管理效率的制度性创新

管理作为企业的生产关系，其制度的好坏、措施的优劣直接影响企业经营管理的效率高低。

一方面，管理创新直接反映了金融企业的上层建筑适应外部市场变化的能力。从管理创新的内涵来看，管理创新反映了金融机构把新的管理要素（如新的管理方法、新的管理手段、新的管理模式等）或要素组合引入企业管理，以更有效地实现组织目标的创新活动的能力。应该看到，管理上的一点点突破，往往会对经营发展带来意想不到的效果。对金融企业而言，无论是决策模式、组织架构还是管理机制、业务流程等，都应该主动适应外部市场情况的变化，适应客户需求的变化，不断进行创新突破，实现二线为一线服务，一线为客户服务，提升企业的管理创新能力。

另一方面，管理创新最重要的是组织架构、运作机制和管理流程的创新。管理创新涉及范畴众多，关键是要实现体制的优化和机制的完善，其中最重要的是架构、机制和流程的创新，架构代表了体制，机制实现了运转，流程体现了效率。对管理创新的评价也主要包括四个指标：①是否具备创新的、科学的组织架构；②是否具备创新的管理办法、制度流程；③是否具备创新的考核办法、激励办法；④是否具备创新的后评估机制。这些指标是否完备、优化，决定了管理创新的成效。

（三）创新人才要素：构成了金融创新的力量源泉

人力资源是第一资源。创新是否具有旺盛的生命力，创新人才是核心。金融创新人才就是具备创新精神和创造能力，尤其是熟悉国际惯例、具有相当专业水准、具有一定金融业从业经验的经营管理人才。创新人才的培育必须从队伍建设、机制完善等方面下功夫。

建立"结构合理、层次分明"的创新人才专职队伍。一是管理人才队伍。企业发展需要好的领头羊，具有创新精神、开拓意识的管理人才队伍是支撑创新的重要力量。应该看到，如果一个企业、一个部门的管理人员有创新意识，他所在的企业或部门必定在创新上非常有活力。创新战略的推动，创新举措的落实，创新文化的塑造，都离不开管理人才的组织和推动。二是营销人才队伍。营销人才直接面向市场和客户，不仅可以第一时间获取客户的需求信息，还可以向客户提供其需要的产品和服务。产品创新的出发点和落脚点都是客户，在产品设计阶段，需要由市场一线的人员收集客户需求，设计出客户需要的产品来；在产品推广阶段，创新产品的好与坏需要市场和客户来检验，而这些都需要一支懂营销、善创新的营销人员队伍来实现。三是产品人才队伍。金融产品的创新需要一支专业化、具有国际视野的产品研发人员做保障，能够不断推陈出新，设计出客户需要的产品。具备这样一支专业的产品人才队伍，不仅可以创新出全新的金融产品，同时还可以对现有的产品进行优化、组合，满足客户的个性化、多样化需要。

构建"权责清晰、激励有效"的创新人才管理机制。一是健全创新人才选拔任用机制。制订创新人才发展规划，通过新员工接纳、现有员工再造等多种方式，培养一批创新型人才队伍；完善创新人才的选拔、任用、晋升、淘汰机制，充分发挥优秀人才才能，做到"能者上，劣者下"；建立起内部人才的交流机制，使创新人才能够不断得到培养；建立外部人才引进机制，对于有成熟经验的创新型人才，可择优录用。二是完善创新人才考核评价机制。加强对创新人才的考核评价，按照创新发起、创新过程、创新结果等多重维度，既重视过程，也重视结果，实现公平、公正、公开的考核。对产品创新而言，建立跨部门、跨机构的人员考核评价机制，完善项目组考核办法，既能调动项目人员参与项目的积极性，又能保证其所在部门的认可，逐步形成矩阵式的考核评价体系。三是创新人才激励机制。强化创新激励力度，调动创新人才的创新积极性和能动性。开展创新评奖活动，对于有突出贡献的人员，加大奖励力度。对产品创新而言，开展产品创新评奖活动，对于创新性、可行性、效益性好的产品或项目进行评奖；开展产品推广评奖活动，对于直接收益和间接收益比较好的产品进行评奖；开展产品创意评奖活动，对于好的金点子或产品建议，可考虑给予一定的奖励。

（四）创新资源要素：提供了金融创新的物质保障

金融创新能否源源不断一直得以延续，需要一定的资源投入做保障。当然，无论是财务资源、人力资源，还是其他相关资源，都属于资源范畴。这里重点强调与创新相关的研究资源、IT 资源和合作资源等方面的投入。加大创新软资源投入。创新的软资源，主要指与创新相关的人力、研究和合作等资源投入。一是创新人力资源。主要是指为建设与创新相关的人力资源队伍需要的资源投入，这一投入既包括各类创新人才引进、培养、交流等相关的人员力量投入，也包括与人才相关的工资薪酬、福利激励等人力费用投入，还包括各类奖励活动涉及的奖励费用投入。二是创新研究资源。加强金融创新的前瞻性研究力度，实现创新研究投入的费用增长率与经营业绩增长率成正比。重点加强与国内外知名公司、研究机构、院校之间合作，建立起战略性、前瞻性的金融创新合作平台，真正实现借力发展、创新发展、持续发展。三是创新合作资源。产品创新不是一个孤立的事物，需要发挥全社会的力量，以互惠互利、合作共赢为原则，整合内外部资源的综合优势。因此，需要加大创新合作资源投入，推进与第三方机构的合作力度。

在条件允许的情况下，可成立金融产品创新合作基金，鼓励、促进金融企业与社会资源合作联盟的成立。加大创新硬资源投入。创新的硬资源，主要指与创新密切相关的 IT 资源、设备等资源投入。一是创新 IT 资源投入。创新 IT 资源投入是由于金融创新所需的 IT 软硬件开发的投入成本，它同样反映了金融机构对于金融创新的投入力度。加强创新的 IT 软硬件资源投入，实现创新的 IT 资源投入增长率与经营业绩增长率成正比。二是创新其他设备资源投入。在创新活动开展中，可能涉及网点改造、设备购置等相关的费用投入，这些投入应该根据创新需要予以适当考虑。

（五）创新成果要素：反映了金融创新的效果体现

金融创新的好与坏，不仅要注重过程，也要注重结果；不能仅凭感觉，而必须由一定的创新成果来体现。创新成果体现在两个方面，既包括直接成果，如产品、服务、管理创新所带来的成果，也包括综合成果，如金融企业的总体规模、结构、效益等情况，其与直接成果只是表现形式不同而已。

从直接成果来看，不同的创新主体具有各自的创新成果体现。创新类型不同，成果的表现形式也有所差异。产品创新重在强调金融企业产品方面的创新成效，主要体现为产品创新的数量、质量和收益情况等；服务创新重在强调金融企业以创新提升服务水准的成效，主要体现为客户满意度、社会美誉度、教育引导度等；而管理创新重在强调金融企业以创新促管理的成效，主要体现为管理架构、制度办法、考核评价等。这些成果的表现形式，主要是就某一创新主体而言的。

从综合成果来看，其反映了创新对金融企业整体发展水平提升的影响。创新成果，不仅是单一创新主体带来的直接成果，事实上，创新更反映了一个金融企业的整体经营发展水平。因此，可以通过金融企业总体经营指标的好与坏，作为创新成效的综合反映。一是规模效应指标。通过金融创新，实现金融企业规模的提升，包括存款、贷款、中间业务、客户规模、网点规模的提升，其涵盖了存量的提升和增量的拓展。二是结构优化指标。通过金融创新，实现金融企业各项结构指标的优化，推进整体的结构调整和转型发展，包括业务结构、客户结构、人员结构、网点分布等方面的调整和优化。三是效益指标。通过金融创新，实现金融企业效益的增长，包括经营利润、中间业务收入等方面的提升。

（六）创新辐射要素：扩展了金融创新的影响范围

如果说成果要素反映了金融创新对企业自身的提升作用，创新辐射要素则反映了创新对外围的辐射能力和扩展能力。只有把金融企业置身于一定的参照系中，才能反映出其辐射能力。对于金融创新而言，最重要的参照系就是同业和系统。只有在同业中具有示范效应，在系统内具有领先效应，才能真正说明创新是领先的。同业示范性反映了金融企业的创新在所处外部环境中的影响力。金融企业的创新能力是否在同业中领先，需要用一定的标准来衡量。通常意义上，是否最先研发出客户需要的新产品，是否最先推出满足客户服务的新方法，是否在管理机制上有新的创新举措，都可以作为重要依据。这些可以通过引入同业竞争力比较的方法来实现，评价指标可包括金融企业总体经营业绩在同业中的排名，各项业务品种在同业中的排名，同业首创产品、服务或技术的数量等。系统领先性反映了金融企业分支机构的创新在本系统内的影响力。金融企业分支机构在本系统内的地位如何，可以以系统领先性来考虑。这种领先效应，主要体现在产品、服务和管理创新能力是否在本系统中领先，具有先发效应。系统领先性评价指标包括金融企业总体业绩在本行系统中的排名，各项业务种类在本行系统中的排名，本行系统首创产品、服务或技术的数量等。

第六节　金融创新促进产业结构转型升级研究

金融创新与产业结构转型升级之间存在着密切关系，金融创新带来的社会经济增长，可以促使国民收入增加、经济规模持续扩张，进而对产业结构产生影响。除此之外，对金融产业的创新，也在信息技术发展、金融资源配置和社会需求方面得到了体现，通过间接影响，对产业结构转型升级产生作用。

一、金融创新对产业结构转型的影响

（一）金融创新对消费需求的影响

随着社会经济的增长，人们的投资意识有了很大转变，致使传统消费方式已经无法满足人们的消费需求和理财需求，金融企业为了适应这种社会形势，开始不断开发新型消费种类，在满足人们消费需求的同时，也促进了社会投资意识的发展。在社会现阶段的消费结构中，信用卡和消费贷款等金融产品的推出，刺激了人们的消费意识，减弱了原有消费限制，在增加市场资金流通的同时，改变了原有的居民消费结构。在社会经济的不断发展作用下，我国居民消费需求正朝着多样性、多层次方向发展，金融企业通过推出满足居民消费需求的金融产品，改变了原有社会消费习惯，间接性地促进了社会产业结构转型升级。

（二）金融创新对社会资源配置的影响

在金融行业紧随时代发展的不断创新中，将社会资金朝着回报率较高的产业流入，回报率低的产业在社会资金分配中逐渐被过滤至市场边缘，提高我国产业结构资金利用率水平的同时，通过效益回馈方式促进金融市场的繁荣。通过金融创新，对社会资源分配运行效率进行催化，并结合其他实体产业，对金融企业运行中的风险进行管理，以达到对国家产业结构整体进行调整的效果。同时，促进产业结构的转型升级也是我国金融企业发展和完善的体现，是社会资金配置进一步优化。

二、金融创新促进产业结构转型的具体措施

（一）改革金融体系以促进服务产业转型升级

我国现阶段的金融产业中，中小型银行发展势头不足，国有商业银行在金融产业中呈垄断格局，使金融产业整体竞争力不足，不利于促进我国产业结构转型升级。为了实现金融产业的创新，需要先对金融行业内结构进行优化，提升金融服务效率。

在金融产业结构优化的具体实践中，需要先对国有银行内部体制进行改革，在提高企业融资效率基础上，推动中小银行的发展，增加金融产业机构数量，增强金融产业的整体竞争力和市场化水平。此外，对一些保险、证券等非银行的金融机构也需要完善其体制发展。

（二）创新金融市场以构建多层次的产业结构体系

多层次的产业结构包括直接融资和间接融资方式，在促进产业结构转型升级阶段，提高企业直接融资渠道、平衡企业发展和融资之间的关系尤其重要。由于银行的融资成本较高，不利于构建多层次产业结构体系，为了拓宽企业融资渠道、加快产业结构的转型，国家可以出台相关政策，鼓励具备上市资格的公司积极上市，打造出一批机制健全、市场竞争力较高的上市企业，规范资本服务市场，以建立能满足多种企业融资需求、运作高效的多层次产业结构体系。

新兴产业的发展过程中，可以通过股票、债券等融资方式扩大产业规模，对于产业市场内的电子信息、生物医药、新兴服务业等产业，为其提供直接融资的绿色通道，降低产业筹资成本，鼓励其通过创业板或中小企业板进行上市，以满足新型金融市场对产业结构转型与升级促进作用。

（三）创新金融产品以促进产业结构的升级

金融产品的创新不足会严重制约金融结构的升级，为了实现金融创新对产业结构转型升级的促进作用，相关部门需要在产业市场内不断探索创新金融要素，运用新型金融工具，加强金融产品的创新，积极鼓励中小企业运用多种新型金融工具进行融资，以促进自身发展。对于外贸企业，可提供一定的保值避险金融工具，促进外贸企业在我国产业结构中的发展，丰富产业结构；对于新型创业投资

企业，国家应给予其一定支持，设立创新投资基金和风险赔偿机制，让创业风险降到最低，并积极探索研究新型金融产品和服务方式，全方位地促进我国产业结构转型升级。

（四）创新金融制度以加强产业结构的监管

在促进产业结构转型、升级过程中，需要对金融创新行为制定相应的以技术为导向的金融政策，引导金融企业对社会资金配置的利用效率，运用科学手段将社会资金往科技含量高、带动能力强的新型产业中流入，从而促进产业结构转型升级。

通过政府采购或补贴等手段，加强金融相关政策与国家财政政策的相互配合，并对大力创新金融带来不利影响，通过增强制度管理以引导金融支持，在产业结构转型升级中增强政府对金融的监管作用，通过一系列的金融创新措施来促进我国产业结构转型升级。

在对金融创新促进产业结构转型升级的作用探讨中，为了证实金融创新在产业结构转型升级中的积极作用，需要从金融创新对消费需求、社会资源配置的影响等多方面进行分析。但是由于金融创新领域进入门槛较高，无法全面发挥金融创新在产业结构中的规模效应和结构效应，因此，在我国产业结构转型升级过程中，扩大金融创新规模和改变创新结构，对优化产业结构具有重要现实意义。

第七章　财务管理与金融创新

第一节　金融环境变化与企业财务管理创新

一、金融市场与企业财务管理的联系

企业从事投资和经营活动需要大量资金，除了企业拥有的部分自有资金外，主要从金融市场取得。金融市场为企业提供了资本融通的场所，将资本的供求双方联系起来。企业通过金融市场，将财务活动融合到开放性的金融市场体系之中，成为联系企业和资本市场的纽带，甚至企业还可以走出国门，到国际金融市场上去筹集资本。

企业发展离不开金融市场，金融机构、金融工具和利息率等金融环境因素与企业财务活动密切相关，金融市场环境的演化对企业财务管理会产生重要影响。

（一）金融市场直接影响财务管理理念

从财务管理的范围来看，金融市场的存在使企业财务管理不仅局限于企业内再生产过程的资金运动，还把视野拓展到了整个社会经济运动过程中。企业必须从整个宏观环境出发，考虑企业的发展和对财务信息的利用。

从财务研究的方法来看，传统的研究方法无法确定宏观经济中未来的风险，归纳实证才是提高财务管理的预测能力，使决策能力更加科学的方法。由于金融市场固有的高风险特性，它的风险补偿机制对企业加强风险控制的管理能力提出更高的要求。就拿不断发展的金融衍生工具为例，金融衍生市场为企业营造一个更加有利、成本更加低廉具有更大选择空间的投资环境。但由于它高风险、高收益的潜在性，表外反映性、杠杆性等特征，也使它成为企业财务管理的一柄双刃

剑。如何在利用金融衍生工具方面规避市场风险、利用风险就成为衡量企业财务管理能力的标尺。

（二）金融环境影响财务管理方式

从企业财务管理的程序来看，企业财务管理的程序包括预测、决策、预算、控制、分析。金融市场上的股票价格和国际市场利率的瞬息万变使财务预测变得更加重要。只有加强企业的事先约束，才能保证金融市场成为企业运筹资金的重要场所，抵御金融市场中尤其是具有潜在性、杠杆性的高风险。

从企业财务管理的监督体制来看，随着金融市场环境的演变，企业财务报表的使用人已经从债权人扩展到潜在的股东和相关利益集团，因此必须根据国家经济法规和管理制度，强化对企业财务活动合法性、合理性、有效性的监督，保证国家宏观经济秩序的稳定有序。

从企业财务管理的信息系统来看，在现代市场经济中，信息成为企业一切经济活动的媒介。现代企业财务必须有一个极其灵活而有效的信息系统，以保证信息的完整收集、迅速传递和有效使用。为企业内部财务主体进行财务规划和财务控制减少不确定性。

二、金融环境变化对财务管理的影响

我国金融环境的变化，使公平合理的市场机制不断完善。它为企业的发展带来更多机遇，但也对企业增强应变能力，改变财务管理的理念和方式带来挑战。现从金融环境中的各个主体出发，探究我国金融市场变化对企业财务管理的影响。

（一）政府管理经济方式的转变

政府作为市场管理者，已经开始把管理经济的方式由直接管理转变到以间接调控为主。我国的上市公司绝大多数为国有企业改制而成，国有资金占控股地位和主导地位。但我国资本市场尚处于发展阶段，部分投资者缺乏理性，市场融资功能不足，缺乏足够的资源配置的引导能力。国有企业尚未成为真正的市场主体。要使企业以自行融资为主，独立承担风险，政府必须在法制、管理手段等方面推动金融市场的主导作用，从深度和广度上扩大财务管理的范围。

（二）银行对企业的监督将逐渐加强

随着市场经济体制改革的不断深化，银行资金已成为企业资金的主要来源，如缺乏合理的信用风险控制机制，再加上企业信息失真，银行不良债权就会急剧增加。随着我国商业银行改革的进一步发展，商业银行之间的市场竞争的加剧，银行通过企业财务信息对企业的监督将逐渐加强。

（三）金融市场逐渐国际化

改革开放以后，世界银行向我国提供各类贷款，各类外国企业和金融机构也纷纷在我国落户。新的投资主体不仅引入了财务管理国际化的理念，而如何在这一前景下使我国财务管理与国际接轨逐渐成为我国财务管理改革的方向与目标。此外，近年我国企业也开始主动通过股票市场向国际融资，我国企业可以直接吸收外国投资和直接对外投资，财务管理走向国际化的需求越来越大。因此，企业管理层必须清醒地认识到企业财务管理将面临的挑战，采用新的手段解决新的问题。

三、做好企业财务管理创新的思路

企业财务管理创新是一个系统的工作，涉及各个方面，要实现切实的创新需要对企业的理念、发展战略、制度体系、组织形式等各方面的创新改革，对企业整体的财务管理工作进行优化。

（一）理念上的创新

企业财务管理的创新工作中，理念上的创新是整个工作的切入点，也是做好创新工作的指导。要落实财务管理的创新需要以改变理念为切入点，用创新的思想改变陈旧的财务管理意识，在企业内部推行具有创新精神的管理理念。在现今企业内部，企业管理人员缺乏先进的管理理念，没有良好的竞争意识和危机意识，这是企业财务管理创新改革工作的主要障碍。在企业内部实行理念的创新改革十分重要，是以后整体财务管理创新工作的基础。新的管理理念可以改变陈旧的管理方法和思维模式，让企业管理者更好地认清企业经营环境，用全新的视角和思维管理方式来对企业的自身发展与管理作出相应的决策，不断提升企业经营管理水平。

（二）战略上的创新

在激烈的市场竞争环境下，企业的自身战略对于企业整体发展走向有着重要的决定性作用。把握企业生存发展方向，需要企业根据市场经济环境的变化对自身进行创新和改革。以提高企业自身竞争力和生存能力为基础，着眼全球化的经济形势，做出合理的战略发展规划。

在现代社会中，企业制定适合自身的，合理的战略规划可以提升企业自身的竞争能力，从激烈的市场竞争中保证自身的经济份额。

企业战略上的创新需要从技术和管理的角度上进行改革，在技术上要提高企业自身研发实力，吸纳高水平的人才提高企业自身的核心竞争力；在管理上要做好市场营销工作，提高市场营销水平。在企业的自身品牌价值和形象宣传工作上，企业也应进行合理的调整和增减，根据市场形势不断地进行调整适应。企业领导者指定合理的发展战略，使企业在预定的发展道路上随着市场经济变化而不断地调整自身，不断地适应市场经济环境，真正地达到适者生存。

（三）制度上的创新

企业的自身运营发展需要一个完善合理的财务管理制度，随着经营环境的不断变化，财务管理制度需要根据现阶段市场水平进行不断的调整。创造具有创新性并且完善的财务管理制度是做好企业财务管理创新工作的重要基础。好的财务管理制度可以使企业更好地适应当今市场经济环境，推动企业不断的发展，使企业形成一个高效的财务管理体系，针对市场实际情况进行自身的调整和发展，从而形成更具有发展潜力和运营效率的情况。

（四）组织形式上的创新

要进行财务管理创新，组织形式的创新是十分必要的，利用组织结构的调整和创新提高管理效率十分关键。

在组织形式的创新工作上，要减少管理的纵向层次，对传统的垂直多层管理结构进行调整，对企业的管理结构进行纵向压缩，增加管理幅度，建立紧密的、扁平化的管理结构，提升日常管理中的效率。在传统组织结构上，陈旧的组织管理结构对企业的财务管理束缚相当大，难以保证企业自身灵活的管理。在组织结构的调整上，要注重整体结构的灵活性和多样性，提高组织结构对外界的适应能力。

在科学技术不断发展的今天，利用计算机网络技术对企业结构组织进行管理有很大的优势。利用网络技术对整体结构组织进行动态的调整和更新，可以将企业人力资源和相应信息更好更准确地进行传达和体现，可以更好地实现企业自身管理的目的。

第二节　金融工具创新对企业财务管理问题的研究

一、金融工具创新对企业财务管理的影响

（一）优化风险管理

企业建设过程中风险管理非常重要，有效地加强风险管理，并且对其进行控制，能够最大限度地降低企业的不良影响，更好地促进企业的发展。因此在其发展过程中，风险管理是非常关键的部分，越来越受到人们的重视。

随着社会的不断发展、市场不断的开发和扩大，越来越多的产品进行创新，模式也越来越完善，进一步增加了企业经营风险，给企业带来了一定的挑战。在企业财务管理过程中，风险管理是非常关键的，需要引起高度重视，使其更好地促进企业的经济发展。

（二）优化筹资管理

使用金融工具能够更好地提高企业的自身管理水平，同时更好地促进企业获得经济效益。企业利用金融创新工具来进行投资管理控制的时候，能够更好地确保整体水平。不仅如此，其金融创新工具能够充分的利用优势来最大程度控制融资成本，降低企业的负担，主要是通过债券以及股权的变化，从而有效地控制投资风险，促使企业获得更大的经济效益。另外也能够通过低风险高收益的特点来进行金融产品的投资吸引更多的企业，最大程度降低筹资，更好地满足发展需求。

（三）增加经营实力、接轨国际市场

金融工具创新背景下，能够更好地促进金融市场与国际接轨，同时也能够更

好地促进财务管理工作的开展。随着社会的不断发展，我国金融市场得到很大发展，越来越多的金融工具种类出现。但是不得不承认的是，和发达国家相比还是存在着很大的差距，主要是因为我国金融工具的种类偏少，同时市场规模整体小，人民币的兑换还未实现自由形式，因此在未来的发展中需要重点对这些方面进行优化，从而更好地促进金融市场的发展。

二、利用金融工具创新开展财务管理的方法

（一）优化融资管理

一般情况下，企业发展非常重要的部分是资金流动，这也是日常生产经营活动非常关键的部分，只有做好流动资金的控制，才能够更好地确保资金的再循环，更好地促进经济效益发展，因此需要进一步加强融资管理的优化。

一方面企业可以构建新的金融财团融资，企业发展过程中融资是非常重要的，为了能够更好地控制融资成本，发挥其优势，需要重新构建融资机构，在内部金融机构的监督下，确保整体融资工作的有效开展。通常情况下金融行业会使用这种方式来进行自我滚动，不仅能够更好地保障整体的经济效益，同时也能够有效地防止利润所产生的风险。

另一方面，使用股权融资的形式，除了上面分析的相关因素外，股票对于企业的融资也会产生很大的影响，董事会成员所持股票份额直接影响着相关成员在董事会占据的位置。为了能够获得更大的经济效益，企业也可以选择使用转让股权的形式，进一步拓宽融资渠道，吸引更多的投资者，从而能够更好地确保企业资金的周转，促进企业的发展。

（二）企业利用金融创新工具进行财务管理可以优化风险管理

企业财务管理过程中风险管理是非常重要的部分，对于企业的发展具有非常重要的意义。企业通过利用金融创新工具进行财务管理，能够有效地控制风险，更好地促进企业的建设发展。作为企业在面临风险中需要考虑不同的金融工具及其衍生工具，因此不能够只是局限在传统的财务管理方法上，需要充分地了解各个金融工具带来的风险和收益，进行有效的合理选择。

风险管理包括的内容比较多，主要是系统性风险、经营风险以及财务风险和

交易风险等。企业在利用金融创新工具的时候，可以使用流动性的方式来进行财务风险的转换，通过对金融创新工具的调查，降低交易风险等。企业通过金融创新工具的优化，能够更好地保证财务管理水平，降低风险，更好地促进企业的发展，因此需要引起我们的重视。

（三）优化企业的财务风险管理

为了进一步优化企业的财务风险，需要做好以下方面：首先，掌握和熟悉金融工具，主要是金融工具的创新，从而能够有效地控制风险。目前金融市场上金融工具的类型有债券、股票以及票据的形式，企业的金融创新工具中远期和约外汇是低风险使用比较多的。同时对于利率的转化等方面和商品价格风险因为都是需要进行优化控制的，而对于权益风险主要是针对市场的场外交易期权。因此，我们可以知道风险管理和金融工具最大的关系是创新金融产品。随着社会的不断发展，越来越多的金融工具种类出现，企业需要充分的了解金融创新产品，有效地将其用于财务管理中，从而更好地促进企业的创新，满足企业发展需求。其次，对金融工具的使用范围进行创新。金融工具的创新会给企业带来很多的好处，同时也存在一系列的风险，如果存在的风险超出了企业能够承受的范围，就会引发很多的问题，长时间积累后企业只能进行高风险交易，最后很容易出现破产的现象。对此，相关企业需要在适当的范围内进行金融工具的创新，并且充分考虑企业的自身发展特点。合理的方式进行金融工具的创新，进一步优化财务管理，才能够更好地确保企业的有效发展。

总之，在进行企业财务分析管理的过程中，不仅需要懂得相关财务分析的方法，同时也需要充分利用金融工具的创新优势，更好地进行财务管理控制，从而能够更好地确保企业的有效发展，促进金融市场的发展。

第三节　金融产品创新与企业财务管理

金融产品的创新作为最近几十年不断发展和完善的工具，而市场的本质导致人们为了利益不断地创新，如果没有合理的办法规避遇到的问题，将会产生严重的影响，企业财务管理作为企业资金运行的处理者，有着不可忽视的力量。

一、金融产品创新的内涵

所谓金融产品创新，顾名思义，即金融领域内的创新，金融领域内通过各种要素的重新组合和创造性的变革或者引进新事物。它有广义和狭义之分。广义的金融创新涵盖了金融体系和金融市场上各种革新，包括新制度、新市场、新工具、新业务、新机构甚至新的组织形式和管理方法，而狭义的金融创新则是指金融产品、金融工具的创新。两者一个是源，一个是流。金融创新起源于金融工具的产生，各种创新产品的产生会带来相应的新的金融市场的出现，并在此基础上引起原金融结构的变化。而广义上的金融创新中的制度又为金融发展构建了基础，不但使产品合理化、规范化并最终保留，还会为金融自由发展提供更广阔的天地。

二、金融产品创新和企业财务管理的关系

一方面，金融产品创新发展的好坏直接取决于金融市场发展的好坏，而企业财务管理的好坏则直接影响着金融市场的好坏，对企业的发展有着决定性的作用；另一方面，金融产品创新对企业财务也有着相当的影响，两者合则两利，分则两害。

（一）财务管理的缺乏会直接导致金融风险的加剧

众所周知，财务是企业资金进入和支出的关卡，如果说一个企业财务控制和管理缺乏，那么资金进出将会混乱，资金贷出后无法按时收回，加大了资金的周转时间，影响企业对资金的投资利用，同时也会加大坏账、呆账的数量，增加了企业的运行风险。另外对于企业内部来说，下属企业和上级公司财务不能很好地对接，造成资金运行缓慢，财务数据错误或遗漏，会造成金融风险的加大。金融风险的加大，会导致金融市场混乱，金融产品的创新又需要一个稳定的金融市场，这样，金融产品创新也会受到极大的冲击，企业的效益下降。

而企业的财务人员如果徇私舞弊，用虚假的财务信息来向市场开放，可能当时能够取得一定的利益，但是却不利于企业的长远发展，对个人、对企业、对社会、对国家，都是有害的。

同样，如果金融产品创新停滞不前，企业的销售收益只会停留在当时的水平。由于缺乏创新，企业的发展就会停滞不前，金融市场和社会发展会进入一个缓慢的发展期，对我国这样需要高速发展的国家来说，是一个致命的打击。所以，金融创新不能停止，企业财务管理也要跟上时代发展的步伐。

（二）企业财务管理要做到合理规范和有效

企业对于财务管理严格控制，采取积极主动的财务政策，树立新型的财务决策意识，将财务管理引进到企业决策当中来，对企业的各项指标进行科学真实的反应，及时对公司的资产、负债、投资、融资进行合理的跟踪和关注，将会对企业的发展有巨大的作用。在这个基础上，人们将会看到金融市场的有利之处，对金融产品创新会有极大的热情，给予极大的支持，这样才能使得金融市场和社会有更好的发展。

金融产品的创新会给企业带来新的收益增长点，如果金融产品发展符合市场的要求，会给金融市场带来生机和活力，人们会看到金融产品的前景，市场就会茁壮发展。对于企业来说，财务管理将会出现新的挑战，使得财务管理在不断运行中逐步完善，适应市场的需要，在自身发展的同时，为金融市场把关，控制资金的合理利用，达到深化金融市场的作用，两者发展形成良性支持，企业才能常青。

三、企业财务管理和金融产品创新应如何配合

（一）形成积极主动的财务决策机制，科学决策

稳定金融市场财务决策是金融机构决策的重要组成部分，先进的财务决策手段将会是金融机构的决策合理化和科学化，因此需要做到以下两点：

1.建立专业化的财务决策队伍

企业应挑选具有专业知识的人才进入财务队伍，对企业的财务进行分析和管理，只有前期的数据管理和分析正确了，才能为决策者提供真实可信的依据，否则一切都是空谈。

2.将财务管理直接引进到决策当中来

一个优秀的决策者，在决定企业发展方向的时候，绝不能仅仅依靠自己单方面的想法，自己的阅历及自己的喜好，要有大量合理科学的依据。如果将财务管

理引进到决策当中来，建立专门的投资融资委员会，就不会盲目决策，为企业发展减少相当的风险，使得金融市场稳定，为金融产品创新创造一个良好的环境。

（二）严格执行财务管理制度，为金融创新奠定基础

俗话说"国有国法，家有家规"。如果一个企业没有一个严格的财务制度，并且这个制度没有被严格执行的话，不可避免地会造成一定的混乱。企业应该要将这些财务制度宣传下去，使得公司内部员工特别是财务部门员工熟读于心，时刻记着企业的要求。同时，不定期地进行相关人员培训和测验，了解和掌握企业员工对财务制度认识和熟悉的程度。

金融市场不是一成不变的，是瞬息万变的过程，而财务管理则是对企业一定时间里的管理，长期的财务管理是在瞬间的金融发展基础上得来的，而财务管理的执行，会在同样的层面上支持金融市场的发展，为企业适应金融市场的瞬息万变提供依据。所以，严格执行财务管理很重要，要制定专门的人员对此进行监督和检查，如果发现有违反财务制度、以权谋私、徇私枉法的行为一概要严加惩处，还给财务一个清明的天空。只有这样，企业决策才能正确有效，金融市场才能活跃发展，金融工具创新才能蒸蒸日上。

（三）加强财务部门和金融投资融资部门的合作

企业在发展过程中，各部门只有合理的合作、有效的配合，才能最大化地利用资源，实现目的。要想加大财务管理和金融创新的配合力度，企业各部门就必须在平时进行大量的训练。企业应在平时的工作中就有这种意识，使得两个部门或者多个部门积极合作，在合作中磨合两者的关系。只有这样，在需要进一步配合的时候才能游刃有余，不会出现配合不熟练、产生疏漏的现象。两个部门的领导要在一起商量合作的事宜，尽力将两个部门的合作完善化。企业要投入一定量的人力、财力、物力进行磨合，使得两者尽快合作无间。同时，两个部门在合作的同时，要相互进行监督。

金融创新是一个长期的过程，我国在发展金融创新的时候，不仅要坚持自力更生，自己创造出符合我国国情的金融产品，同时也要放眼世界，对于世界上出现的好的金融产品，要多加以学习和利用，而在这个过程中，有着很大的人力、

财力投入，财务管理可以对这些成本进行控制管理；并且在进行金融创新学习的同时，财务管理也可以学习到新的思路和模式，从而更好地为金融产品创新服务。

（四）加强内部控制制度，规避金融产品新风险

虽然金融风险与金融创新相伴相生，但在产品创新时就注意规避和有效金融监管都能使风险可控，而最重要的是强化内控。企业的发展不仅取决于其业务量的多少，内部控制制度的完善与否也是一个很重要的指标。只要内部控制合理到位，即使杠杆效应强、风险大的衍生品风险也可以控制。所以，执行严格的内控制度和财务管理制度，是金融创新必不可少的一个环节。

在激烈的竞争中，创新是满足客户所看中的特殊需要的法宝。在企业面临全球金融一体化和国内竞争日益激烈的困境的时候，求变求新就成了企业的必然选择。金融产品创新作为金融市场中最主要的一环，起着重要的作用，而财务管理作为企业发展决策，资金运行的阀门必定要和金融创新紧密联系在一起，两者也只有紧密地联系在一起，才能使得企业有更加长远的发展。

参考文献

［1］蒋冰. 金融经济风险及其防范措施探讨［J］. 中国集体经济，2023（5）：97-100.

［2］邓湘缘. 投融资视角下企业金融风险控制分析［J］. 商场现代化，2023（2）：85-87.

［3］郑钟琴. 金融工具创新及其对财务会计的影响研究［J］. 财会学习，2023（3）：133-135.

［4］张艺凡. 金融科技在资管中的应用与风险管理［J］. 上海商业，2022（12）：82-84.

［5］任洁. 企业财务管理中金融投资风险分析与应对措施［J］. 财经界，2022（34）：132-134.

［6］王婷婷. 企业财务管理中金融投资风险与完善措施［J］. 商场现代化，2022（22）：129-131.

［7］付天一. 经济新常态下企业金融风险的控制措施［J］. 今日财富（中国知识产权），2022（8）：19-21.

［8］唐松，伍旭川，祝佳. 数字金融与企业技术创新：结构特征、机制识别与金融监管下的效应差异［J］. 管理世界，2020，36（5）：52-66，9.

［9］杜勇，谢瑾，陈建英. CEO金融背景与实体企业金融化［J］. 中国工业经济，2019（5）：136-154.

［10］黄贤环，吴秋生，王瑶. 金融资产配置与企业财务风险："未雨绸缪"还是"舍本逐末"［J］. 财经研究，2018，44（12）：100-112，125.

［11］刘清源. 我国融资租赁公司风险管理研究［D］. 济南：山东财经大学，2014.

［12］田皓天. 基于中小企业融资视角的供应链金融研究［D］. 成都：西南财经大学，2014.

［13］曾爱民，张纯，魏志华. 金融危机冲击、财务柔性储备与企业投资行为：来自中国上市公司的经验证据［J］. 管理世界，2013（4）：107-120.

［14］肖璞. 后危机时代中国有效金融监管问题研究［D］. 长沙：湖南大学，2013.

［15］雷晓燕. 基于供应链金融的应收账款融资风险控制研究［D］. 重庆：重庆大学，2012.

［16］赖娟. 我国金融系统性风险及其防范研究［D］. 南昌：江西财经大学，2011.

［17］王农跃. 企业全面风险管理体系构建研究［D］. 天津：河北工业大学，2008.

［18］汪办兴. 中国银行业全面风险管理改进研究［D］. 上海：复旦大学，2007.

［19］夏喆. 企业风险传导的机理与评价研究［D］. 武汉：武汉理工大学，2007.

［20］王恒. 商业银行对中小企业授信风险管理研究［D］. 泉州：华侨大学，2007.

［21］杜兰英，余道先. 中小企业财务风险预警系统研究［J］. 商业研究，2005（17）：46-48.

［22］郑文博. 论中小企业融资效率［D］. 北京：中共中央党校，2004.

［23］王振山. 金融效率论：金融资源优化配置的理论与实践［D］. 大连：东北财经大学，1999.

［24］阳洁，胡静. 金融风险预警系统评价与分析［J］. 经济问题，1999（5）：48-51.

［25］葛家澍. 当前财务会计的几个问题：衍生金融工具、自创商誉和不确定性［J］. 会计研究，1996（1）：3-8.